Franziska Franke

# Der Tod des Jucundus

Ein Kriminalroman aus dem römischen Mainz

LEINPFAD
VERLAG

© Leinpfad Verlag
Frühjahr 2011

Umschlag: kosa-design, Ingelheim, nach einer Illustration von
Christoph Haußner, „Rheinbrücke von Mogontiacum"
Abb. S. 284: ©Landesmuseum Mainz, Foto: Ursula Rudischer
Layout: Leinpfad Verlag, Ingelheim
Druck: Druckerei Wolf, Ingelheim

Leinpfad Verlag, Leinpfad 5, 55218 Ingelheim,
Tel. 06132/8369, Fax: 896951
E-Mail: info@leinpfadverlag.de
www.leinpfadverlag.com

ISBN 978-3-942291-18-7

# Inhalt

# Personenverzeichnis

| | |
|---|---|
| **Marcus:** | Freigelassener des Marcus Terentius, Inhaber eines Weinhandelskontors |
| **Lucius:** | Freigelassener des Marcus Terentius, etwas liederlicher Bruder des Marcus |
| **Longus:** | Diener von Marcus und Lucius |
| **Petrina:** | Haushälterin von Marcus und Lucius, kocht am liebsten Schweinsfuß |
| **Cicero:** | Leibsklave des Marcus |
| **Respectus, ein Gallier:** | Marcus' Teilhaber |
| **Sabina:** | Ehefrau des Respectus |
| **Aulus:** | ein gallischer Kaufmann, Verwandter des Respectus |
| **Jucundus:** | Freigelassener des Marcus Terentius, Viehhirte und Freund von Marcus und Lucius |
| **Caius:** | Sklave des Jucundus |
| **Marcus Terentius:** | Römischer Gutsbesitzer |
| **Cornelia:** | Sklavin des Marcus Terentius, Verlobte des Jucundus |
| **Domitian:** | Kaiser (regierte 81-96 n. Chr.), hielt sich 83 n. Chr. in Mogontiacum auf |
| **Tiberius Claudius Zosimus:** | der Vorsteher der Vorkoster des Kaisers, ebenfalls 83. n. Chr. in Mogontiacum |

# 1. Das Fest der Anna Perenna

Jedes Jahr, wenn sich der Tod des Viehhirten Jucundus jährt, opfere ich Wein vor dem Grabstein, den ihm sein Patron Marcus Terentius errichten ließ. Dann betrachte ich die in die Vorderseite des Steins eingemeißelte bukolische Szene: Ein Hirte mit einer Peitsche und zwei Bäume sind darauf zu sehen sowie fünf Tiere, bei denen es sich wohl um einen Hirtenhund und vier Schafe handeln mag. Aber der Steinmetz war kein begnadeter Künstler, weshalb ich mir nicht ganz sicher bin. Jedoch für die entlegene Provinz Obergermanien mochte sein Talent wohl reichen, denn die anderen Grabsteine, die die Ränder der Ausfallstraße säumen, sind auch nicht von wesentlich höherer Qualität.

An diesen Jahrestagen erinnere ich mich stets an den Abend, an dem ich von einer zweiwöchigen Geschäftsreise zurückkam. Der Winter neigte sich endlich seinem Ende zu und ich hatte daher die Weinberge inspiziert, die unser Handelskontor an der Mosel besitzt. Wie immer hatte es mich mit Stolz erfüllt, dass wir inzwischen unseren Moselwein sogar nach Rom lieferten. Um die steigende Nachfrage befriedigen zu können, hatten wir einige Weinberge dazugekauft, deren Kultivierung ich in den vergangenen zwei Wochen überwacht hatte. Nun reiste ich als Passagier auf einer Prahm zurück. Das ist ein Schiff mit flachem Boden, dessen kastenförmiger Rumpf an Bug und Heck abgeschrägt ist. Der Vorzug derartiger wenig elegant aussehender Schiffe ist, dass sie auch ohne Hafenanlage am Ufer landen können und das ist sehr praktisch, denn solche Hafenanlagen waren an der Mosel meist nicht vorhanden. Aber auch auf dem Rhein zu navigieren ist schwierig. Denn flussabwärts verengt sich das Tal des Stroms, wodurch das

Wasser reißend wird und es drohen Stromschnellen und Klippen.

Am Horizont zeichneten sich bereits die breite Rheinbrücke und die Mauern des Legionslagers Mogontiacum ab, das sich auf einer Anhöhe am Rheinknie erhob. Den Germanen auf der anderen Rheinseite sollte es signalisieren, wer das Land auf dem linken Rheinufer beherrschte. Gleichzeitig war die Zivilsiedlung mit ihren kommunalen Bauten, ihren Tempeln und dem Forum um das Legionslager herum entstanden. Inzwischen war Mogontiacum eine richtige Stadt.

Ich freute mich, dass der Kapitän meines Handelsschiffes es geschafft hatte, die Stadt vor Beginn der Dämmerung zu erreichen. So würde ich früh nach Hause gehen können, da ich mich müde und abgespannt fühlte. Die Stadt kam immer näher und ich bemerkte, dass die Mauer, die das Legionslager umgab, in der Zwischenzeit frisch geweißt worden war. Ob man sich wohl die Mühe gemacht hatte, auch die Mannschaftsbaracken zu renovieren? Wohl kaum, zumal die Steinbauten erst vor zehn Jahren Holzbaracken ersetzt hatten.

Während ich mir diese Frage stellte, kam mir ins Bewusstsein, dass ich zwar unzählige Amphoren und Fässer an die Legionen geliefert, aber noch niemals das Lager von innen gesehen hatte, da es nur Angehörige der Armee betreten durften. Sicherlich hatte ich nichts versäumt, denn die römischen Legionslager wurden unter rein praktischen Gesichtspunkten errichtet. Aber es ärgerte mich trotzdem, dass ich mich mit der Rolle eines Zaungastes begnügen musste. Die Wachsoldaten mussten mich mittlerweile für einen besseren Fuhrknecht halten.

Trotz dieser finsteren Gedanken musste ich zugeben, dass die Umfassungsmauer mit ihren Toren eindrucksvoll war.

Die zur Zivilsiedlung gelegene Porta Praetoria mit ihren beiden Türmen war das prächtigste der Tore, denn die Rheinfront war sozusagen die Schauseite des Lagers.

Bei meiner Ankunft lagen mehrere Schiffe im rechteckigen Hafenbecken vor Anker. Das kam nicht häufig vor, obwohl Mogontiacum ein wichtiges Handelszentrum war. Trotzdem war der Ort aber eine typische Soldatenstadt geblieben, deren öffentliches Leben von den Legionären bestimmt wurde. An diesem Nachmittag ging es jedoch am Hafen recht lebhaft zu.

Unser Schiff wurde am Kai vertäut und die Hafenarbeiter schoben eine breite Planke auf das Schiffsdeck, die wir als Laufsteg benutzen konnten. Es war ein gutes Gefühl, wieder festen Boden unter den Füßen zu haben. Die Hände hinter dem Rücken verschränkt, pfiff ich eine Melodie vor mich hin, die abrupt verstummte als ich den unglücklichen Jucundus erblickte. Aber ich greife vor, denn damals war er noch munter und guter Dinge. Vielleicht sollte ich aber an dieser Stelle erwähnen, dass Jucundus und ich Freigelassene desselben Herrn waren. Daher teilten wir viele, wenn auch nicht immer besonders angenehme Erinnerungen.

„Marcus!", rief er mir schon aus der Ferne zu und ruderte dabei wild mit den Armen in der Luft herum.

Einen Augenblick lang erwog ich, in eine andere Richtung zu blicken, denn mir war nicht nach einem Schwätzchen zumute. Verschwitzt wie ich war, hätte ich lieber sofort die Thermen aufgesucht. Jedoch war es schlechterdings nicht möglich, jemandem an dem kleinen Hafenbecken auszuweichen.

Also kapitulierte ich vor dem Unvermeidlichen: Damit Jucundus nicht weiterhin soviel Aufmerksamkeit auf sich lenkte, winkte ich zurück und gab damit zu erkennen, dass ich ihn sah. Mein ehemaliger Mitsklave bahnte sich seinen Weg durch die Matrosen und Schauerleute, die am Hafen Säcke, an Stangen befestigte Transportamphoren und sorgfältig verschnürte Bündel von den Schiffen schleppten oder Fässer auf hölzernen Laderampen herunterrollten. Die Fuhrleute mit ihren Wagen warteten schon auf sie. Andere Waren gingen den umgekehrten Weg: Sie wurden von Händlern auf die Schiffe verladen.

Meinem früheren Mitsklaven folgte mit einem Schritt Abstand ein finster dreinblickender junger Mann in schmuddeliger Kleidung, bei dem es sich nur um einen Sklaven handeln konnte. Ich fragte mich, ob Jucundus, der die Herden fremder Gutsbesitzer weidete, sich einen Sklaven gekauft haben könnte. Aber ich verwarf diesen Gedanken wieder. Dies dürfte wohl jenseits seiner Verhältnisse liegen.

Als Jucundus mich fast erreicht hatte, schlug mir ein strenger Geruch entgegen, der von seinem Umgang mit den Tieren herrührte und den er wohl auch mit drei Durchgängen in den Thermen nicht hätte loswerden können. Beim Anblick seiner grob gewebten, mehrfach geflickten Tunika, die einfach zu nennen ein Euphemismus gewesen wäre, beglückwünschte ich mich dazu, Weinhändler geworden zu sein.

Hoffentlich umarmt er mich nicht, dachte ich schlecht gelaunt, denn ich trug eine frisch gewaschene Tunika aus feinem weißem Tuch. Schließlich musste ich bei meinem Beruf immer repräsentativ gekleidet sein. Aber glücklicherweise hob der Viehhirte nur die Hand zum Gruß. Die strahlende Miene des Jucundus stand in starkem Gegensatz zum mürrischen Gesichtsausdruck des Sklaven.

„Ich bin gerade auf dem Weg in die Taverne", verkündete

mein ehemaliger Mitsklave. „Heute ist der Tag der Anna Perenna und den will ich natürlich würdig begehen."

Ich stutzte einen Augenblick lang, denn zuerst konnte ich mit dem Namen der Göttin nichts anfangen, aber dann besann ich mich: Anna Perenna war eine der kleineren Gottheiten im großen Pantheon unseres Götterhimmels. Ihr zu Ehren wurden Frühjahrsfeste gefeiert, die wohl eher den Namen von Gelagen verdienten. Die Anhänger der Göttin glaubten nämlich, noch so viele Jahre vor sich zu haben, wie sie Becher Wein am Tag der Anna Perenna tranken. Glücklicherweise hing ich keinem derartigen Aberglauben an, denn ich war noch zu jung, als dass ich so viele Trinkgefäße hätte leeren können, wie ich noch Jahre zu leben hoffte.

„Vorher muss ich aber noch einen Abstecher ins Handelskontor machen, um einen Blick in die Rechnungsbücher zu werfen", wandte ich ein und hätte selbst nicht zu sagen vermocht, ob das nicht eher eine Ausrede war, um Jucundus abzuwimmeln. Manchmal war es mir regelrecht peinlich, mit dem stets ungekämmten Viehhirten zusammen gesehen zu werden. Man konnte schließlich nie wissen, ob man Kunden begegnete. In die Thermen hätte er mir folgen können, aber in meiner Schreibstube war ich höchstwahrscheinlich sicher vor ihm.

„Du kannst ja nachkommen, wenn du mit der Arbeit fertig bist. Ich fange schon mal an. Schließlich habe ich heute Abend noch viel vor", bot Jucundus mir an und zeigte auf eine der heruntergekommenen Schenken, an denen im Hafenviertel, das oberhalb der sumpfigen Uferzone des Rheins lag, kein Mangel bestand. Wahrscheinlich konnte er sich keine andere leisten.

„Ich werde sehen, was sich machen lässt", erklärte ich absichtlich ziemlich vage und ließ meinen ehemaligen Mitsklaven einfach an dem mit Pfählen befestigten Hafenbecken stehen.

Aus praktischen Gründen befand sich unser Handelskontor wie die meisten Lagerschuppen und Kontore der Stadt in der Nähe des Hafens. Daher war es für mich kein großer Umweg, tatsächlich dort vorbeizuschauen. Draußen stand ein leerer Wagen, den ich nicht kannte, dem ich aber keine besondere Bedeutung beimaß.

Ich drückte die Klinke der Eingangstür herunter, aber es gelang mir nicht, die Tür aufzuziehen. Erstaunt stellte ich fest, dass sie abgeschlossen war. Seit wann schloss sich Respectus, mit dem ich das Handelskontor führte, während der Arbeit ein? Dies war ein hochgradig geschäftsschädigendes Verhalten! Schließlich sollten die Kunden nicht abgeschreckt werden, wenn sie das Lager zu betreten wünschten.

Ich klopfte mit den Handknöcheln an die hölzerne Tür, aber niemand reagierte. Warum hörte Respectus mich nicht? Dass mein Bruder offenbar schon Feierabend gemacht hatte, war nicht weiter erstaunlich, aber wo mochte Respectus sein? Es passte gar nicht zu ihm, unser Kontor vorzeitig zu schließen. Gewöhnlich arbeitete er bis spät in die Nacht und kaum graute der Morgen, war er auch schon wieder in seiner Schreibstube. Er machte üblicherweise seinem Namen Respectus alle Ehre.

Missmutig kramte ich den Schlüsselbund aus meinem Bündel, suchte nach dem richtigen Schlüssel, drehte ihn im Schloss herum und öffnete die Tür. Drinnen war die Luft abgestanden und staubig. Es roch nach vergossenem Wein und dem Harz alter Fässer. Offenbar war während meiner Abwesenheit nicht ordentlich gelüftet worden.

„Guten Abend! Ich bin wieder da", rief ich in vorwurfsvollem Tonfall durch die mit Weinfässern und Amphoren angefüllte Eingangshalle, die uns als Verkaufsraum diente, denn noch immer war ich davon überzeugt, dass sich Respectus im Handelskontor aufhielt.

Keine Antwort.

„Wo bist du Respectus?", rief ich erneut, diesmal noch unfreundlicher.

Missmutig machte ich mich auf den Weg zu seinem Arbeitsraum, der sich am linken Ende der Halle befand.

Ich riss die Tür auf und wollte schon meinen Partner fragen, ob er neuerdings schlecht höre. Aber ich erstarrte mitten in der Bewegung, denn Respectus saß nicht an seinem Schreibtisch, wovon ich mit der größten Selbstverständlichkeit ausgegangen war. Zutiefst irritiert schaute ich in alle anderen Räume, aber er war nirgends zu finden.

Es kostete mich einige Mühe, aus seinen Papieren klug zu werden, zumal seine Schrift schwer lesbar war. Schließlich gab ich es auf und verließ meinen Arbeitsplatz zur achten Stunde. Während ich die Lagerhalle durchquerte, hörte ich ein polterndes Geräusch, das vom Speicher herunterdrang.

Ich blieb stehen und spitzte die Ohren, aber von oben kam kein weiterer Laut. Trotzdem erwog ich, auf dem Dachboden nach dem Rechten gesehen, denn ich vermutete Respectus könnte vergessen haben eine Dachluke zu schließen. Aber ich überlegte es mir anders, da ich meine Kleidung nicht verschmutzen wollte. Wir verwendeten den Speicher nämlich nur zum Einlagern von Weinen, die wir erst in einigen Monaten verkaufen wollten. Ansonsten überließen wir ihn den Spinnen, Ratten und Fledermäusen. So lang ich mich entsinnen konnte, war dort oben niemals gefegt worden.

Morgen ist auch noch ein Tag, dachte ich und riss die Haustür auf. Draußen war bereits schwarze Nacht und ein eisiger Wind blies mir ins Gesicht. Schon wollte ich mich auf den Heimweg machen, als ich mich plötzlich an die Begegnung mit Jucundus erinnerte und ein schlechtes Gewissen bekam. Schließlich hatte ich ihn am Flussufer regelrecht abgewimmelt, obwohl er mich immer freundlich behandelt hatte, zumindest seit wir beide Freigelassene waren. Mit einem leisen Seufzer rang ich mich dazu durch, seiner Einladung Folge zu leisten.

Ich lenkte also meine Schritte in Richtung Hafen. Als ich die große Säule passierte, die man zu Ehren aller Götter errichtet hatte, roch die Luft nach Teer und ich hörte die Möwen, die am Strom in den Wind schrien. Drohend erhob sich auf der Säule die triumphale, überlebensgroße Bronzefigur des Staatsgottes Jupiter, die mit Gold überzogen war.

Im fahlen Licht des Vollmonds sah ich aus einem Schornstein Dampf entweichen, ein untrügliches Zeichen dafür, dass sich im dazugehörigen Haus eine Badeanlage befand. Die Vorstellung, es mir im wohlig-warmen Caldarium gut gehen zu lassen, übte eine geradezu unwiderstehliche Anziehungskraft auf mich aus. Warum hatte mein ehemaliger Mitsklave bei meiner Ankunft am Hafen herumspazieren müssen? Ob er mir dort aufgelauert hatte? Oder war Jucundus zufällig vorbeigekommen, da sich die Taverne in der Nähe des Hafenbeckens befand?

Es kostete mich einige Überwindung, die Schenke in dem baufälligen Eckhaus zu betreten, denn durch die Fenster drang das Grölen betrunkener Legionäre. Einen Augenblick lang blieb ich unschlüssig vor der Tür stehen. Dann rief ich mir ins Gedächtnis, dass ich als Weinhändler derartigen Besäufnissen eigentlich eine positive Seite abgewinnen sollte. Ich gab mir einen Ruck und trat ein.

Das Innere des Lokals hielt, was das Äußere versprach: Von dem mit Binsen bestreuten Lehmboden bis zur niedrigen Decke aus groben Sparren war die Schenke so mies, wie eine Schenke nur sein konnte. Zwei Fässer waren hinter dem Ladentisch aufgestellt. Ein Mischkrug hing an einem Haken und ich vermutete, dass am diesem seltsamen Festtag der Wein stark verdünnt getrunken wurde, um die Anzahl der Gläser zu steigern.

Im Schankraum lungerten betrunkene Soldaten herum und ich wollte schon wieder gehen, da ich kein bekanntes Gesicht erblickte. Aber dann erkannte ich in der hintersten Ecke Jucundus, der mit meinem Bruder Lucius becherte. Er hätte mich vorwarnen sollen, dann wäre ich nicht gekommen, da ich aus verschiedenen Gründen nicht gut auf meinen Bruder zu sprechen war. Hinter Jucundus stand der mürrische Sklave. Also war Jucundus tatsächlich sein Herr. Ich war ehrlich gesagt ziemlich beeindruckt, dass der Hirte mittlerweile einen Sklaven sein eigen nannte, auch wenn dieser sicher ein Restposten des zwielichtigsten Sklavenhändlers am Rhein gewesen war. Er war nämlich recht schmächtig und hatte dünnes, aschblondes Haar, das seine großen Ohren kaum bedeckte.

Die widerspenstigen braunen Locken seines Herrn hingegen erweckten wie immer den Eindruck, als sei dieser soeben aus dem Bett aufgestanden. Dies und die Liebe zum Rebensaft hatte er mit meinem sauberen Bruder gemeinsam.

Als ich mich auf einen der wackligen Stühle fallen ließ, versiegte das Gespräch am Tisch und ich fragte mich, worüber man gerade gesprochen hatte. Lucius wich meinem Blick aus und ich suchte nach einem Vorwand, mich sogleich wieder zurückzuziehen. Doch Jucundus wusste dieses Vorhaben zu verhindern, indem er mir eine Portion des Tagesgerichtes und einen Becher Wein bestellte, der für mich eine Enttäuschung gewesen wäre, wenn nicht schon die altersschwache Einrichtung meine Erwartungen heruntergeschraubt hätte. Wenn ich eine derart schale Brühe verkaufen würde, hätte ich den Weinhandel schon längst an den Nagel hängen können. Missmutig würzte ich mein Essen – lauwarmes Geflügel und Fladenbrot vom Vortag – mit einer besonders großen Portion Garum.

Dann musterte ich die Umgebung: Offensichtlich kamen die Kunden weder wegen der Qualität des Weines noch wegen des Wirtes, der bärbeißig in die Runde starrte. Auch empfahl es sich, nicht zu genau die Sauberkeit der Tische zu überprüfen. Dazu bestand allerdings auch kaum Gelegenheit, denn nur vier kleine Öllämpchen funzelten in den Ecken des Raumes.

Allenfalls die Tochter des Wirts mit ihrem hübschen, wenn auch leicht einfältigen runden Gesicht, die die Gäste bediente, könnte den einen oder anderen Gast hergelockt haben. Trotz des frischen Wetters trug sie eine dünne Untertunika, die an den Schultern von billigen Spangen zusammengehalten wurde und darüber ein ärmelloses kariertes Gewand, das sich über dem Gürtel bauschte. Diese frühlingshafte Aufmachung wurde von einem Paar zierlicher Sandalen abgerundet.

Schnell war mein Weinbecher geleert, dessen Inhalt ich gebraucht hatte, um das fettige Essen herunterzuspülen. Aber ich konnte mich nicht überwinden, einen neuen Wein zu bestellen, weil er so grässlich schmeckte. Ich ließ also meinen Blick gelangweilt durch den Schankraum schweifen und spielte dabei mit meinem Trinkgefäß. Auf dessen Rand war geschrieben: „Trink, wohl bekomm's", auf dem des Jucundus hingegen „Spar das Wasser", was die Aufforderung war, unverdünnten Wein zu trinken. Leider hielt mein ehemaliger Mitsklave sich an diese Devise, genauso wie mein Bruder. Ich hingegen bestand auf verdünntem Wein.

Als ich sah, wie Lucius sich mit glasigem Blick an seinem Becher festhielt, fragte ich mich, was um Jupiters Willen nur bei seiner Erziehung schief gelaufen war. Von mir hatte man immer erwartet, dass ich mich vernünftig verhielt, während Lucius noch mit Anfang zwanzig der kleine Bruder war.

Jucundus gab mir einen weiteren lauwarmen Wein aus, obwohl ich der reichere von uns beiden war und es eigentlich hätte umgekehrt sein sollen. Ich konnte mich des Verdachtes nicht erwehren, dass er etwas auf dem Herzen hatte. Aber was mochte es sein? Das letzte Mal als er so freigiebig war, wollte er sich meinen Wagen nebst Zugtier ausleihen. Was konnte er nur schon wieder von mir wollen? Ich war mir sicher, dass ich es bald erfahren würde. Daher fragte ich nicht nach. Um nicht als Schmarotzer dazustehen, bezahlte ich den nächsten Wein und den übernächsten ebenfalls, denn langsam war mir der Gedanke peinlich, einer meiner Freunde könnte herumerzählen, dass der abgerissene Jucundus mich und offensichtlich auch meinen Bruder aushalten müsse. Obwohl es zum Glück höchst unwahrscheinlich war, dass einer meiner Freunde sich in diese Spelunke verlief. Was meine Kunden betraf, war ich mir nicht ganz so sicher. Einige von ihnen hatten keinen besonders guten Geschmack.

Ich schob diesen unangenehmen Gedanken beiseite, zumal mich der Wein in eine wohlig-träge Stimmung versetzt hatte.

„Womit handelt ihr eigentlich in eurem Kontor?", wollte Jucundus etwas unvermittelt wissen und ich fragte mich, ob er schon so früh am Abend völlig betrunken war, obwohl er doch vorhatte einen Becher für jedes Jahr zu trinken, das er noch leben wollte.

19

„Mit Wein natürlich", kam Lucius mir zuvor, „deshalb heißt es auch Weinkontor."

„Aber vorhin …"

Meine Aufmerksamkeit begann langsam nachzulassen und daher bekam ich das Ende des Satzes nicht mit, was mich später ziemlich ärgerte. Die Stimmen im Raum verschmolzen zu einem unverständlichen Klangteppich und alles drehte sich um mich herum.

„Das ist der zehnte Becher", waren die letzten Worte, die ich Jucundus sagen hörte und wer weiß, vielleicht waren es die letzten Worte, die er jemals gesagt hat.

Mein benebelter Blick streifte den Sklaven und ich fragte mich, ob er wohl den Aberglauben seines Herrn teilte. Man hätte ihn eigentlich mittrinken lassen sollen!

Meine Lider fielen immer wieder zu und mein Kopf wurde schwer und schwerer. Langsam, aber sicher sank er auf die Tischplatte hinab. Dann verschwamm alles um mich und ich schlief ein.

Lautes Gelächter weckte mich wieder und ich fragte mich, wie spät es wohl war. Mit einer wahrhaft titanischen Anstrengung riss ich meinen bleiernen Kopf wieder hoch.

„Ich jedenfalls habe für heute genug", verkündete ich dann in die verdutzte Runde. „Schließlich habe ich einen anstrengenden Tag hinter mir."

Ich warf meinem Bruder Lucius einen vorwurfsvollen Blick zu, denn ich hatte den Verdacht, dass er nur gefaulenzt hatte, während ich an der Mosel gewesen war. Anderenfalls hätte ich ihn am Nachmittag im Handelskontor antreffen müssen.

Aber Lucius zeigte keinerlei Reue, sondern zuckte nur mit den Schultern. Ich dachte an Cato den Älteren, der vorgeschlagen hatte, das Forum Romanum mit spitzen Steinen zu pflastern, um die Müßiggänger zu vertreiben, aber das war ziemlich lange her.

„Bleib doch noch etwas", bat mich mein Bruder mit schleppender Stimme und ich fragte mich ernsthaft, warum er das tat. Denn ich war alles andere als unterhaltsam, so müde und mehr als halb betrunken, wie ich war. Mir wurde in diesem Augenblick bewusst, dass ich mich den ganzen Abend lang so gut wie gar nicht am Gespräch beteiligt hatte.

„Du bleibst statt meiner. Du kannst die Familienehre hochhalten, was das Trinken betrifft", erwiderte ich und erhob mich mühsam wie ein alter Mann von meinem Stuhl.

Mit weichen Knien schwankte ich durch den Schankraum und fand erst im dritten Anlauf die Tür. Die Nacht war bitterkalt, aber der eisige Wind, der vom Rhein herwehte, tat mir gut, denn er vertrieb die schlimmste Trunkenheit. Doch er half nicht gegen die quälende Müdigkeit, die mich nicht verlassen wollte.

Das flackernde Licht von Öllampen erhellte hie und da ein Fenster. Da ich vergessen hatte, eine Fackel mitzunehmen, musste ich halbblind durch die Finsternis tappen. Daher bemerkte ich einen auf dem Weg liegenden Gegenstand zu spät. Ich strauchelte, ruderte mit den Armen in der Luft und fiel fast hin, ehe ich laut fluchend das Gleichgewicht einigermaßen zurückerlangte.

Ein Fensterladen des Hauses, vor dem sich dieses Drama abgespielt hatte, wurde geöffnet und eine schrille, weibliche Stimme beschwerte sich über die nächtliche Ruhestörung. Einige Sekunden später wurde der Inhalt eines Nachttopfes hinausgeschüttet und verfehlte mich nur knapp. Während ich weitertaumelte, streifte ein kalter Hauch mein Gesicht und ich begann am ganzen Körper zu zittern. Mit aller Willensanstrengung, die ich aufbringen konnte, schleppte ich mich weiter. Doch meine Beine waren wie aus Teig und die Straße schwankte.

Krampfhaft umklammerte ich meinen ledernen Geldbeutel, denn mit dem letzten Rest meines Verstandes befürchtete ich, beraubt zu werden und setzte einen Fuß vor den anderen. Aber eine lähmende Benommenheit nahm immer mehr von mir Besitz. Apathisch trottete ich weiter durch dunkle Gassen, an leeren Plätzen vorbei und um stinkende Straßenecken herum.

Irgendwie schaffte ich es, mich bis über die Schwelle unseres Hauses zurückzuschleppen. Dann brach ich zusammen. Das letzte, was ich noch wie durch einen Schleier wahrnahm, war, dass mir eine Öllampe vor das Gesicht gehalten wurde und sanfte Hände mich emporhoben.


## 2. Der Tag nach dem Fest

Am nächsten Tag wurde ich kurz nach dem Morgengrauen unsanft aus dem Schlaf gerissen, denn es trommelte jemand an die Tür meines Gemachs. Mein Kopf fühlte sich an, als würde er gleich in tausende Stücke zerspringen und ich fragte mich, warum man mich nicht schlafen ließ.

Ich rief nicht „Herein", sondern drehte mich verärgert mit dem Gesicht gegen die Wand und drückte mir das Kissen auf die Ohren.

Trotzdem wurde kurze Zeit später die Zimmertür lautstark aufgerissen. Ich rollte mich wutentbrannt zurück und sah das blasse, übernächtigte Gesicht meines Bruders durch den Türrahmen lugen. Schon wollte ich ihn mit einem Fluch zum Orcus schicken, als ich zu meinem namenlosen Schrecken bemerkte, dass sein Gewand mit Blutflecken besudelt war. Auch sonst sah er mit dunkel umschatteten Augen und kreidebleichem Gesicht schrecklich aus. Seine Locken waren mit Lehm verschmiert und seine Kleidung klebte ihm am Körper.

Trotz meiner Müdigkeit begriff ich, dass etwas Schreckliches vorgefallen sein musste.

„Was um der Götter Willen ist passiert?", fuhr ich ihn an.

„Jucundus ist tot", stammelte Lucius leise, während ich mir die brennenden Augen rieb und gähnte. „Ich bin vorhin am Rheinufer aufgewacht. Jucundus hat neben mir gelegen. Seine Augen waren ganz glasig und er hatte eine Wunde in der Brust. …. ich weiß wirklich nicht, wie ich dorthin gekommen bin …" Meinem Bruder versagte für einen Augenblick die Stimme. Dann holte er tief Luft, schluckte und platzte dann los: „Und in der Hand hielt ich ein blutiges Messer."

Ich schloss die Augen wieder um tief durchzuatmen. Dann massierte ich mir mit den Fingerspitzen die Schläfen. Noch immer quälte mich ein rasender Kopfschmerz. Also brauchte ich einen Moment, bis ich die volle Tragweite der Worte begriffen hatte. Mein ehemaliger Mitsklave, den ich schon seit meiner Kindheit kannte und mit dem ich erst vor wenigen Stunden in einer üblen Absteige gezecht hatte, war tot. Und als ob das noch nicht schlimm genug wäre: Mein Bruder hatte irgendetwas damit zu tun.

„Hast du ihn umgebracht?", entfuhr es mir in hilfloser Wut.

„Nein", rief mein Bruder empört aus. „Wie kannst du das nur denken! Aber ich habe leider keine Ahnung, wer es war!"

Jucundus ist tot, murmelte ich, aber mein benebeltes Hirn konnte noch immer den Sinn dieser Worte nicht fassen.

„Und was hast du mit dem Messer gemacht?", wollte ich dann wissen. Noch immer hatte ich das Gefühl, die Zeit sei stehen geblieben. Eine Welle der Übelkeit stieg unvermittelt in mir hoch.

„Das habe ich natürlich in den Rhein geworfen."

So natürlich fand ich das nicht, aber mein Bruder hatte sicherlich das Richtige getan, sich der Mordwaffe zu entledigen. Ich verkniff mir also einen boshaften Kommentar und forderte Lucius auf, mir alles so genau wie möglich zu erzählen. Aber mein Bruder erinnerte sich an gar nichts, außer daran dass er am Vorabend einen über den Durst getrunken hatte und dann am Rheinufer neben der Leiche des Jucundus aufgewacht war.

Tief in meinem Inneren fragte eine nagende Stimme, ob er den Viehhirten nicht doch im Suff erstochen hatte. Jucundus konnte eine ziemliche Nervensäge sein, aber eine derartige Gewalttat passte nicht zu meinem faulen Bruder.

„Hat dich jemand am Rhein gesehen?", erkundigte ich mich bei Lucius, nachdem ich meine Gedanken wieder etwas geordnet hatte.

„Nur eine Frau. Sie hat mich mit ihren schrillen Schreien aufgeweckt. Als ich die Augen geöffnet habe, hat sie mich angestarrt. Dann ist sie davongerannt und ich habe mich ebenfalls aufgerappelt, bevor sie mit einem Beamten wiederkommen konnte."

„Kanntest du sie?", fragte ich meinen Bruder schlecht gelaunt, denn es gefiel mir gar nicht, dass es eine Zeugin gab. Warum musste mir Lucius immer soviel Ärger machen?

„Nein", antwortete er, „aber so stark, wie sie geschminkt war, wird es sich um eine Prostituierte gehandelt haben."

„Na großartig! Bald weiß es jeder einzelne Soldat beider Legionen!"

Lucius schwieg, während ich mir so gut es mein Kopfschmerz zuließ über die Schadensbegrenzung Gedanken machte. Mein Bruder konnte nur ungeschoren davonkommen, wenn wir die Sache vertuschten. Noch besser wäre es, den Mörder zu finden und diese undankbare Aufgabe blieb wieder einmal an mir hängen. Denn so verstört wie mein Bruder aussah, würde man ihn sofort der Tat verdächtigen.

„Also, du verlässt auf keinen Fall das Haus, bis ich wiederkomme!", forderte ich ihn schließlich auf. „Im Handelskontor werde ich sagen, dass du krank bist, irgendetwas Ansteckendes."

„Das ist noch nicht einmal eine Lüge", kommentierte Lucius ziemlich kleinlaut. „Ich fühle mich wirklich fürchterlich."

Ich verkniff mir mühsam den Kommentar, dass er sich nicht so anstellen solle, da er nur unter einem ganz gewöhnlichen Kater litt.

„Was hast du jetzt vor?"

Seine Stimme klang wirklich kläglich. Er war noch immer kreidebleich und zitterte am ganzen Leib.

„Lass dich überraschen!" Mein Blick blieb an den Blutflecken auf seiner Kleidung haften. „Und bring dich gefälligst in der Zwischenzeit in einen präsentablen Zustand! Vor allem verbrenne diese blutverschmierte Tunika. Ich hoffe, du hast noch eine andere, die ähnlich aussieht?"

Ohne einen Kommentar meines Bruders abzuwarten, der momentan sowieso keinen besonders gesprächigen Eindruck erweckte, schlüpfte ich widerwillig aus meinem schönen warmen Bett, streifte mir eine dünne Tunika über und holte eine etwas dickere, frisch gewaschene aus der Kleidertruhe.

Ich öffnete das Fenster und sog die kalte Morgenluft ein. In der Ferne zeigte sich das erste fahle Licht, doch die Häuser der Straße waren noch von der Dunkelheit umhüllt.

Durch das offene Fenster drangen die unterschiedlichsten Geräusche: Vogelgesang mischte sich mit dem Poltern von beschlagenen Rädern und dem Kindergeschrei aus dem Haus gegenüber, wo eine Großfamilie wohnte, die offenbar niemals schlief.

Trotz dieses Krachs versuchte ich so leise wie möglich in die Küche zu huschen, um die Dienstboten nicht aufzuwecken.

Unser Haushalt wurde von zwei Sklaven geführt, die mir ein Kunde überlassen hatte, weil er ganz plötzlich die Stadt hatte verlassen müssen. Ich hatte die beiden, die ich dringend für unser damals neu erworbenes Haus benötigte, zu einem äußerst günstigen Preis erworben und ihn im Gegenzug nicht mit Fragen behelligt.

Obwohl ich nun ihr Herr war, konnte ich mich des Verdachtes nicht erwehren, dass die beiden uns nicht recht ernst nahmen, was ich im Fall meines Bruders auch nachvollziehen konnte. Er war alles andere als eine Respektsperson. Seltsamerweise schien ihn dies nicht zu bekümmern. Doch ich für meinen Teil hätte mir eine andere Behandlung seitens meiner Dienerschaft gewünscht. Vielleicht war ich aber auch etwas zu empfindlich, da ich früher selbst Sklave gewesen war.

Als ich auf Zehenspitzen durch mein eigenes Haus schlich, kam ich mir vor wie ein Verbrecher, aber je weniger Menschen von der Sache erfuhren umso besser. Ich spritzte mir etwas Wasser ins Gesicht, schlang hastig ein Stück trockenes Brot herunter und trank einen Becher stark verdünnten Wein. Dann verließ ich das Haus. Zwar war mir der

Weinhandel momentan herzlich gleichgültig, aber ich musste mich im Kontor blicken lassen, um nicht den Argwohn meines Teilhabers zu erregen.

Innerlich aufgewühlt eilte ich durch die Stadt. Was um Jupiters Willen war in der vergangenen Nacht passiert? Besser nicht zuviel darüber nachdenken, ermahnte ich mich selbst.

Nach und nach erwachte die Stadt zum Leben. Fensterläden wurden geräuschvoll aufgeschlagen, die Türen von Werkstätten geöffnet. Die Händler bauten Lebensmittel auf ihren Ständen auf, welche die Gassen und Plätze verstellten. Sklaven und Matronen mit quengelnden Kindern an der Hand kamen aus den Wohnhäusern und Lieferanten überquerten die Straße. Ich legte keinen Wert darauf, einem Bekannten über den Weg zu laufen, denn ich war nicht in der Verfassung um über Alltäglichkeiten zu plaudern. Also machte ich einen großen Bogen um das Forum. Trotz dieses Umwegs hatte ich bald die rußgeschwärzten Öfen von Töpfern und die Schusterwerkstätten, aus denen lautes Hämmern drang, hinter mir gelassen und das Hafenviertel erreicht. Ich ärgerte mich darüber, Respectus am Vortag nicht angetroffen zu haben. Dann wäre es mir an diesem Morgen erspart geblieben, ihm von meiner Geschäftsreise berichten zu müssen. Davor hatte ich nämlich in meinem desolaten Zustand einen wahren Graus, zumal mein Teilhaber um es höflich auszudrücken ausgesprochen gründlich war. Nach Meinung meines Bruders war er ein schrecklicher Pedant.

Der einfache Bau aus verputztem Fachwerk, in dem sich unser Handelskontor befand, wirkte geradezu repräsentativ im Vergleich zu den benachbarten Holzschuppen, von denen die meisten niedriger und schmaler, wenn auch sehr viel länger waren.

Trotz der noch immer recht frühen Stunde war das Portal diesmal nicht abgeschlossen. Als ich beim Durchschreiten unseres Lagerraums einen Seitenblick auf die Amphoren und Fässer warf, die sich zu beiden Seiten des mittleren Durchgangs stapelten, drohte ich völlig im Trübsinn zu versinken. Wer weiß, ob wir nicht bald die Stadt unter Zurücklassung unserer Ware verlassen mussten?

Ohne große Begeisterung ging ich ins Arbeitszimmer meines Partners, traf ihn jedoch dort nicht an. Aber die Papyrusrollen und wachsbeschichteten Schreibtäfelchen, die sich am Vortag auf seinem Tisch gestapelt hatten, waren weggeräumt worden, ein untrügliches Zeichen dafür, dass Respectus im Kontor war.

Also trottete ich auf den Nachbarraum zu, in dem mein eigener Schreibtisch stand. Noch ehe ich die Tür öffnete, wusste ich, was mich dahinter erwartete. Denn durch den Türspalt drang das unangenehm strenge Parfum, das Respectus benützte. Dies war die einzige Eitelkeit, bei der ich ihn jemals ertappt hatte. Aber ich fand, er hätte auch diese ablegen können, vor allem wenn er sich in unseren gemeinsamen Räumen aufhielt.

Verärgert fragte ich mich, was er in meinem Arbeitsraum verloren hatte. Ganz vorsichtig drückte ich die Türklinke herunter und riss dann die Tür mit einem kräftigen Ruck auf.

Mein Teilhaber, der an meinem Schreibtisch über einigen Dokumenten gebeugt saß, schrak zusammen und ich hätte zu gern gewusst, wobei ich ihn überrascht hatte. Wie immer trug er seinen karierten Kapuzenumhang, mit dem kein Römer auch nur einen Schritt vor die Tür setzen würde. Zu seinen Gunsten sei aber erwähnt, dass er kein Römer war, sondern ein rothaariger keltischer Händler aus dem Stamme der Treverer, dessen Familie schon vor der Ankunft der Legionen an der Mainmündung gelebt hatte.

Ich hätte mir keinen besseren Teilhaber wünschen können, da er wie besessen arbeitete. Mit seinem Fleiß schüchterte er meinen Bruder Lucius geradezu ein. Dies mochte aber nicht viel heißen, denn mein jüngerer Bruder hatte die Arbeit nicht erfunden. Nur aus Familiensinn ließ ich ihn in unserer Firma arbeiten, obwohl wir sicher einen besseren Angestellten in jeder Schankwirtschaft gefunden hätten.

„Schön, dass du wieder da bist. Wie ist deine Reise verlaufen?", stammelte Respectus mit bleichem Gesicht und schaute griesgrämig zu mir hoch.

Offenbar passte es ihm nicht in den Kram, dass ich so früh am Morgen im Handelskontor aufgetaucht war. Mir wurde plötzlich bewusst, dass ich ihm ohne weiteres zutraute, mich zu betrügen. Verstimmt nahm ich mir vor, ihn demnächst zur Rede zu stellen, aber an diesem Morgen hatte ich leider andere Probleme. Ich konnte mich aber nicht beherrschen, meinen Teilhaber zu fragen, warum er nicht in seinem eigenen Raum arbeitete.

„Ich habe mich nur ganz kurz in dein Zimmer gesetzt, weil es hier heller und wärmer ist. Du kommst ja sonst nicht so früh in deine Schreibstube", behauptete er, aber ich konnte beim besten Willen nicht finden, dass mein Raum tatsächlich deutlich sonniger war, zumindest nicht in den Morgenstunden.

Mit der rechten Hand fuhr Respectus gedankenverloren über das Eichenholz meines Schreibtisches, an dem er immer noch saß und von dem er sich offenbar nur schwer losreißen konnte.

„Warst du erfolgreich an der Mosel?", fragte er schließlich in dem teilnahmslosen Tonfall in dem man sich anstandshalber nach dem Befinden seiner Bekannten erkundigt.

Um nicht länger in der Tür herumstehen zu müssen, schob ich einen Stuhl aus einer Ecke auf die andere Seite des Tisches, denn noch immer machte mein Teilhaber keine Anstalten meinen Arbeitsplatz zu räumen. Während ich mit knappen Worten von meiner Handelsmission berichtete, versuchte ich einen Blick auf die Dokumente auf dem Schreibtisch zu werfen, aber Respectus bedeckte das oberste mit seiner Hand.

„Wo steckt eigentlich dein Bruder Lucius?", erkundigte er sich, als ich geendet hatte. Damit kam er meiner Frage nach den Akten zuvor, die er offensichtlich vor mir zu verbergen suchte.

„Er ist krank und irgendwer muss die Arbeit doch schließlich erledigen", erklärte ich in einem möglichst beiläufigen Tonfall, „deshalb bin ich heute auch etwas früher als sonst gekommen."

„Was fehlt ihm denn?", wollte Respectus wissen, aber es war offensichtlich, dass er in Gedanken woanders war.

„Er hat über Nacht hohes Fieber bekommen und kann keine Nahrung bei sich behalten. Außerdem ist seine Haut von roten Flecken übersät." Ich sagte mir, dass ich nicht übertreiben durfte und ließ es bei diesen Symptomen bewenden. „Die Tochter des Nachbarn hat die gleiche Krankheit", fügte ich aber mit einem Anflug von Bosheit hinzu. „Mein Bruder hat sich bestimmt bei ihr angesteckt."

„Das ist ja schrecklich", stammelte mein Teilhaber und verdrückte sich schleunigst aus meinem Raum, wobei er aber leider so schnell seine Dokumente zusammenraffte, dass ich sie wieder nicht einsehen konnte.

Mit dem muss ich noch ein Hühnchen rupfen, sobald diese Sache überstanden ist, dachte ich und eine Welle der

Übelkeit überkam mich, als ich vor meinem inneren Auge meinen Bruder mit blutverschmierter Tunika sah. Dieses schreckliche Bild ließ sich nicht aus meinem Gedächtnis verbannen. Noch immer hatte ich Kopfschmerzen und dies konnte nur an dem miserablen Wein aus dieser Spelunke liegen, denn normalerweise werfen mich vier Becher Rebensaft nicht gleich völlig aus der Bahn.

Ich erledigte nur die allerdringendsten Arbeiten, denn ich konnte mich nur mit Mühe auf den Weinhandel konzentrieren. Die Zeit verfloss mit quälender Langsamkeit, aber wenigstens ließ mich Respectus in Ruhe.

Als am späten Vormittag eine realistische Chance bestand, dass die Tavernen geöffnet sein könnten, verabschiedete ich mich unter dem Vorwand, eine dringende Besorgung erledigen zu müssen.

„Willst du nicht lieber nach Hause gehen?", rief mir mein Teilhaber nach. „Du siehst gar nicht gut aus. Bestimmt hast du dich bei Lucius angesteckt!"

Offenbar war meine Bemerkung über die in unserer Familie grassierende Seuche auf fruchtbaren Boden gefallen. Darauf hatte ich auch gebaut, denn mein Geschäftspartnet war schon immer ein ziemlicher Hypochonder gewesen.

„Ich werde es mir überlegen, denn mir geht es wirklich nicht besonders gut."

Ich drückte mich absichtlich etwas vage aus, weil ich den Verdacht hatte, dass Respectus mich loswerden wollte, um ungehindert seinen obskuren Geschäften nachgehen zu können.

„Keine Sorge, ich schaffe es auch allein."

Diese Hürde war also genommen! Unterwegs suchte ich nach einem geeigneten Vorwand, um den Wirt ausfragen zu können. Schließlich fiel mir nichts Besseres ein, als zu behaupten, ich habe einen wertvollen Ring in seiner Schenke verloren. Ich legte mir eine kleine Geschichte zurecht und hoffte zugleich, dass der Wirt sie schlucken möge.

### 3. Die Schankwirtschaft

Über dem Eingang der Taverne hing ein Holzschild, auf dem große rote Buchstaben verkündeten: „Um meinen Wein betrogen, gebe ich niemandem mehr Kredit". Dieser freundliche Hinweis war mir am Vortag in der Dunkelheit entgangen. Man konnte dem Wirt seine Prinzipien kaum verdenken angesichts der Gäste, die bei ihm verkehrten!

Meine Sympathie mit dem Besitzer der Spelunke verflog schlagartig wieder, als ich seine heruntergekommene Wirtschaft betreten und mein Anliegen geäußert hatte.

„Willst du mir unterstellen, dass ich stehle?", fragte der Wirt grimmig und baute sich vor mir auf. Er war breitschultrig, muskulös und hatte das brutale Gesicht eines Metzgers. Wahrscheinlich trainierte er jeden Abend, indem er betrunkene Soldaten aus seiner Schenke warf.

Neben ihm stand seine Tochter, das blasse, etwas einfältige Mädchen, das uns am Vorabend bedient hatte. Sie trug noch immer dasselbe dünne, karierte Kleid und die modischen, wenn auch unpraktischen Sandalen. Momentan war sie damit beschäftigt, die Trinkgefäße in einem Bottich zu spülen, der mit trübem Wasser gefüllt war, das den Endruck erweckte, als hätte sie zuvor die Pfannen darin gereinigt. Kein Wunder, dass der Wein in dieser Taverne so abgestanden und fade schmeckte!

„Das hast du gesagt", erwiderte ich grimmig. „Ich habe nur festgestellt, dass ich meinen Ring vermisse. Also frage ich überall nach, wo ich gestern gewesen bin. Du erinnerst dich doch sicherlich noch an mich? Ich habe am gleichen Tisch gesessen wie der Viehhirte Jucundus."

„Jucundus?"

Es war der angestrengten Miene des Wirts anzusehen, dass ihm das Nachdenken schwer fiel. Außerdem war er ein schlechter Schauspieler, denn selbstverständlich kannte er den Viehhirten, der sich regelmäßig in seiner Absteige zu betrinken pflegte.

„Er hat gesagt, dass er hier Stammgast ist", half ich daher nach.

Ein Aufleuchten ging über das Gesicht des Wirtes, aber ich war mir sicher, dass er schon vorher gewusst hatte, von wem die Rede war.

„Auf solche Gäste kann ich gut verzichten. Er hat gestern zuviel getrunken und ist dann ausfallend geworden. Ich habe ihn mit Gewalt vor die Tür setzen müssen", brummte er verdrießlich. „Ihn und einen gewissen Lucius. Der war noch viel schlimmer. Dann konnte ich endlich die Schenke schließen. Irgendwann muss schließlich auch ich schlafen."

Eigentlich hätte ich es mir denken können! Wusste der Wirt, dass er von meinem Bruder sprach?

„Jucundus und Lucius waren also die letzten Gäste, die deine Wirtschaft verlassen haben?", fragte ich vorsichtig nach, da ich wegen meines Kopfschmerzes nicht ganz sicher war, ob ich richtig verstanden hatte.

„Ja", fuhr der Wirt mich unwirsch an, „aber was hat das mit deinem Ring zu tun?"

„Ich dachte nur, vielleicht wurde hier geputzt, nachdem die Gäste gegangen sind." Ich ließ meinen Blick durch den Schankraum schweifen, der am hellerlichten Tag noch viel schmuddeliger aussah als unter dem gnädigen Schleier des nächtlichen Dämmerlichtes. Flusen und Staubmäuse lagen in den Ecken herum, die Tische schimmerten stumpf und der Tresen war mit Weinflecken besudelt „Und dabei könnte vielleicht mein Ring gefunden worden sein."

„Nein, ich habe beim Putzen nichts gefunden", entgegnete die Tochter des Wirtes schüchtern. Sie sah mich mit großen, unschuldigen Augen an und ich suchte nach einer Gelegenheit, um ungestört mit ihr zu sprechen. Sie schien mir recht zugänglich.

„Ich habe meine Zeit nicht gestohlen. Ich muss auf den Markt. Bald kommen die ersten Gäste", brummte der Wirt, als ob er meine Gedanken gelesen hätte und verschwand augenblicklich. Wahrscheinlich erwartete er, dass seine Tochter mir Geld für die gewünschte Auskunft abknöpfte.

Als ich mich so unvermittelt mit der Wirtstochter allein sah, bedauerte ich, Lucius nicht mitgenommen zu haben, denn am Vorabend hatte ihm das Schankmädchen schmachtende Blicke zugeworfen.

„Du erinnerst dich doch an mich?", fragte ich das Mädchen. „Schließlich hast du uns gestern Abend bedient."

In ihren Händen hielt sie einen frisch gespülten Becher, um ihn abzutrocknen. Selbstvergessen hielt sie in der Bewegung inne.

„Oh, ja", erwiderte sie lebhaft und ein Lächeln huschte über ihr rundes Gesicht. „Du warst in Begleitung dieses gut aussehenden jungen Mannes …"

„Das war mein Bruder", unterbrach ich unwirsch und fühlte wider meine Absicht Eifersucht in mir aufsteigen.

Ich blickte das Mädchen forschend an und versuchte es mit einem Frontalangriff.

„Was für einen Wein hast du uns gestern ausgeschenkt?"

Die Wirtstochter sah einen Augenblick lang nachdenklich

in die trübe Brühe des Bottichs, der vor ihr stand. „Den üblichen, warum?"

Das Mädchen hob ihren Blick und schaute mich mit großen Augen an. Vermutlich wusste sie nicht, mit was für einem Fusel ihr Vater seine Gäste vergiftete.

Ich beschloss es mit Schmeichelei zu versuchen.

„Das muss ich aber unbedingt wissen. Ich verstehe nämlich zufällig etwas davon, denn ich bin Weinhändler."

Sie blickte mich verängstigt an, als ob sie befürchtete, dass ich den Lagerkommandanten bitten könnte, ihren Vater aus der Vorstadt zu vertreiben.

„Und ich muss zugeben, der Rotwein von gestern Abend war ... außergewöhnlich." Ich brachte es nicht über mich, den grässlichen Hauswein zu loben, aber diese Formulierung traf den Nagel auf den Kopf. „Ich würde gern vorher noch die Meinung meines Teilhabers einholen, ..."

Mir fiel nichts mehr ein: Was würde ich dann machen? Als Weinhändler meine Ware nicht beim Winzer, sondern in der Taverne kaufen? Welch ein Unsinn! Nur gut, dass das Mädchen nicht besonders helle wirkte.

„Könntest du mir bitte den Krug zeigen, aus dem du uns gestern eingeschenkt hast?", fuhr ich mit der größten Selbstverständlichkeit fort.

Das Schankmädchen starrte mich einen Moment lang fassungslos an. Dann legte sie den Becher, den sie noch immer in der Hand hielt, auf den Tresen und zerrte mit vor Anstrengung rotem Kopf eine kleine Amphore aus einer Vertiefung im Boden.

„Vater hat mir aufgetragen, euch diesen Wein zu geben, weil Jucundus ein so guter Kunde ist."

„Das erklärt alles", sagte ich, obwohl dies eigentlich gar nichts erklärte.

Ich schnappte mir die Amphore. Sie war fast leer, daher konnte ich sie einigermaßen tragen.

„Danke, ich werde sie meinem Teilhaber bringen", murmelte ich so beiläufig wie möglich und wandte mich zum Gehen.

„Aber ..."

Das Erstaunen stand der Wirtstochter ins runde Gesicht geschrieben. Sie wich vor Schreck einige Schritte zurück und stieß dabei den abgetrockneten Becher von der Tresenkante, der zu Boden fiel und in Tausend Stücke zersprang. Mit einem leisen Seufzer bückte sie sich, um die Scherben aufzusammeln und ich hoffte, dass sie meinetwegen keine Schwierigkeiten bekam.

„Dein Vater wird von mir hören!", rief ich ihr zu und amüsierte mich innerlich darüber, dass sie bestimmt nicht die Drohung erfasste, die in meiner Bemerkung lag.

Wie gut, dass Respectus mir vorgeschlagen hatte, nach Hause zu gehen! Ich tat wie er mir geheißen hatte. So schnell es die Amphore zuließ, schritt ich aus und mit jedem Häuserblock, den ich passierte, wuchs mein Misstrauen gegen diesen Wein aus der Spezialamphore. Vor ohnmächtiger Wut innerlich kochend trat ich einen Kieselstein, der auf der Straße lag, doch die merkwürdigen Blicke der Menschen, die mir entgegenkamen, brachten mich dazu, mein Verhalten zu ändern. Schließlich konnte mir jederzeit einer meiner Kunden begegnen. Also setzte ich den restlichen Weg gemessenen Schrittes und mit wichtiger Miene fort, um den Eindruck zu erwecken, ich würde einen besonders edlen Tropfen persönlich ausliefern.

Endlich erreichte ich unser schönes, erst vor wenigen Monaten fertig gestelltes Haus, das mit roten Ziegeln gedeckt war, wie man sie in Italien verwendet. Ansonsten war das

Viertel kaum an Monotonie zu überbieten: Da der Platz in der Stadt ziemlich knapp war, grenzten fast alle Häuser an die Straße. Linear aneinandergereiht standen ihre Schmalseiten eine neben der anderen. Unmöglich zu sagen, was sich hinter der Straßenfront abspielte, aber an diesem Tag empfand ich den abweisenden Charakter der Bauten als Vorteil, denn ich konnte beim besten Willen keine Zeugen gebrauchen.

Obwohl ich mittlerweile ziemlich wütend auf Lucius war – schließlich konnte ich mein Geschäft schließen, wenn man ihn des Mordes beschuldigen sollte – widerstand ich der Versuchung, den Wein an ihm zu testen. Bis zu diesem Tag hatte ich geglaubt, dass Geschichten von Gastwirten, die ihre Gäste vergifteten, um sie anschließend auszurauben, in das Reich der Legenden gehörten. Aber es gab keine andere Erklärung für meinen hartnäckigen Kopfschmerz und dafür, dass Lucius sich nicht an den weiteren Verlauf des gestrigen Abends erinnern konnte.

Als ich die Haustür öffnete, fragte ich mich, wo meine Dienstboten steckten, die nicht zu meiner Begrüßung herbeigeeilt waren. Ich tröstete mich mit dem Gedanken, dass sie mich um diese Uhrzeit nicht erwartet hatten. Meinen Bruder hingegen fand ich als Häuflein Elend zusammengekauert mit einem halbleeren Becher Rotwein in der Küche sitzen.

„Schön, das du Nachschub mitbringst", begrüßte er mich und der Anblick der Amphore entlockte ihm ein mattes Lächeln.

„Hände weg!", fuhr ich ihn an. „Wenn du nur einen einzigen Schluck trinkst, erzähle ich Marcus Terentius, dass du Jucundus erstochen hast."

Der entsetzte Blick meines Bruders zeigte, dass er meinte, dies sei mein Ernst.

„Der Wein wird dich noch zugrunde richten", fügte ich etwas umgänglicher hinzu, denn ich bereute meine Worte.

Dann füllte ich den Wein in eine Trinkschale und schnupperte vorsichtig daran. In dem sauberen Gefäß roch er nicht mehr ganz so streng, wie am Vorabend in der Taverne.

Im gleichen Augenblick drang durch das offene Fenster ein ängstliches Tschilpen an mein Ohr.

„Catullus", durchfuhr es mich.

So hieß unser zahmer Spatz, dessen hölzerner Käfig im Atrium hing, wenn immer das kalte Klima in Germanien dies zuließ.

Ich eilte in den Innenhof. Dort sah ich meine schlimmste Befürchtung bestätigt: Eine der streunenden Katzen unseres kinderreichen Nachbarn hatte sich ins Atrium geschlichen. Angespannt saß sie da und beobachtete konzentriert unseren Vogel, der aufgeregt zwischen den Gittern seines Gefängnisses herumflatterte. Ihr glänzendes Fell hatte die Farbe von Ebenholz. Ohne sich von mir stören zu lassen, sprang die Katze ganz plötzlich anmutig und geschmeidig auf den Vogelkäfig und versuchte dann ihre krallenbewehrte Pfote durch das Gitter zu schieben.

Selbst daran Schuld, dachte ich als ich den kleinen Übeltäter am Nacken packte. Die schwarze Katze ließ automatisch alle Viere hängen. Ich setzte sie auf den Boden und stellte die Schale mit dem Wein vor ihre Nase. Dabei fragte ich mich bang, ob Katzen überhaupt Wein tranken. Diese zumindest tat es.

Mit angehaltenem Atem schaute ich zu, wie die Nachbarskatze die Schale leer schlürfte und sich anschließend genüsslich die Pfoten ableckte. Dies sah so possierlich aus, dass ich ein schlechtes Gewissen bekam, ihr den dubiosen Wein vorgesetzt zu haben.

Hinter mir hörte ich Schritte. Es war Lucius, der mir gefolgt war. Die Katze wollte verschwinden, aber ich packte sie rechtzeitig am Nacken und expedierte sie wieder ins Atrium. Sie legte die Ohren an, ihre Nackenhaare sträubten sich und sie machte einen Buckel. Ganz langsam fuhr sie ihre Krallen aus. Aber als sie versuchte, nach mir zu schlagen wurden ihre Bewegungen langsam und unkoordiniert. Ich sagte mir, dass wahrscheinlich jeder Wein diese Wirkung auf ein so kleines Tier gehabt hätte. Dann gähnte die Katze herzhaft.

„Was machst du da eigentlich?", fragte mein Bruder schließlich. Er wirkte fast genauso träge wie die alkoholisierte Katze. „Das ist eine der Hauskatzen des Nachbarn. Sie hat dir schließlich nichts getan."

„Ich habe ihr von dem Wein gegeben, den du gestern literweise in dich hineingeschüttet hast:"

„Woher …"

„Frag nicht soviel!", unterbrach ich ihn, denn ich wollte mich auf die schwarze Katze konzentrieren. „Warte lieber ab, was passiert."

„Was soll schon passieren, außer, dass die Katze betrunken wird?", maulte Lucius. „Du hättest den Wein besser mir geben sollen als ihn so zu verschwenden."

„Damit du jetzt durch das Atrium torkelst?", konterte ich und zeigte auf die Katze.

Mein Bruder sagte nichts, sondern beobachtete die schwarze Katze, deren Bewegungen immer träger wurden, bis sie sich in eine Ecke zusammenrollte und sich nicht mehr rührte.

„Ist sie tot?", fragte Lucius, der ganz bleich geworden war.

„Ich glaube nicht", antwortete ich. „Wahrscheinlich schläft sie nur."

Zur Bestätigung meiner Theorie berührte ich die Katze. Ihr seidiges Fell fühlte sich warm an und ich spürte, dass sie atmete, aber sie rührte sich nicht mehr.

„Was hat das zu bedeuten?", fragte mein Bruder und ich verkniff mir mühsam den Kommentar, dass er wenigstens ab und zu seinen Verstand gebrauchen sollte.

„Kleiner Bruder", erklärte ich salbungsvoll. „Das bedeutet, dass der saubere Wirt uns gestern ein Beruhigungsmittel in den Wein geschüttet hat. Wahrscheinlich hat er dies erst am fortgeschrittenen Abend getan, denn offensichtlich habe ich nur einen Becher davon getrunken, aber Jucundus und dich hat er betäubt."

„Warum?", fragte Lucius entgeistert.

Wieder hätte ich am liebsten „Dumme Frage" geantwortet, aber in dieser schwierigen Lage war es wichtig, dass wir zusammenhielten. „Um euch zu berauben", antwortete ich. „Ist dir etwas abhanden gekommen?"

Mein Bruder schüttelte ohne nachzudenken den Kopf.

„Nein. Allerdings war meine Börse leer. Was hätte man mir schon stehlen sollen?"

„Verdammt!", entfuhr es mir. „Du hättest die Tasche des Jucundus durchsuchen sollen!"

„Damit man mich für einen Raubmörder hält?", protestierte mein Bruder und ich musste innerlich zugeben, dass mein Vorschlag ziemlich töricht war.

Ganz plötzlich fiel mir ein, wie freigiebig der Viehhirte am Vortag gewesen war. Wahrscheinlich war auch bei ihm nichts mehr zu holen gewesen.

„Warum hat Jucundus uns eigentlich gestern Wein spendiert?", fragte ich daher.

„Hast du ihm denn gar nicht zugehört?", konterte Lucius erstaunlich heftig. „Jucundus hat uns gestern Abend lang und breit erzählt, dass er vorhatte, bald seine Verlobte Cornelia zu heiraten. Du kennst sie doch noch? Sie ist nämlich eine Sklavin unseres früheren Herrn. Er wollte sie freilassen."

Schuldbewusst fiel mir ein, dass Jucundus tatsächlich von einer Frau berichtet hatte. Da es mich aber nicht weiter interessierte hatte, war mir völlig entgangen, dass von der schönen Cornelia die Rede gewesen war.

„Ich glaube, da hilft nur eins, wir müssen den Wirt zur Rede stellen", bemerkte ich nach einer Weile.

„Glaubst du, dass er Jucundus erstochen hat?", fragte mein Bruder und hörte sich ängstlich an.

„Eigentlich nicht", beruhigte ich ihn. „Sonst würde ich nicht mit ihm reden."

„Und ich?"

„Ich glaube, es ist besser, wenn du weiterhin den Kranken spielst."

Mein Bruder unternahm keinen Versuch mich vom Gegenteil zu überzeugen, sondern starrte in seinen leeren Becher, den er ins Atrium mitgenommen hatte.

Ich vergewisserte mich nochmals, dass die Katze noch lebte. Dann marschierte ich wieder zurück zu dieser heruntergekommenen Taverne, obwohl ich mir noch am Vormittag geschworen hatte, niemals wieder einen Fuß auf ihre Schwelle zu setzen. Seit Mittag war das Wetter umgeschlagen und die Sonne schien, aber ich fühlte mich noch immer grauenhaft.

„In dem Wein, den du uns gestern ausgeschenkt hast, war ein Betäubungsmittel!", beschuldigte ich den Wirt ohne weitere Umschweife. „Jedes Leugnen ist zwecklos, denn ich habe die Wirkung des Giftes an einer Katze ausprobiert."

„Woher …?"

Der Wirt warf seiner Tochter einen mörderischen Blick zu. Diese errötete heftig und schaute dann zu Boden.

„Und wenn ich alles abstreite?", fragte er mich mit einem verschlagenen Gesichtsausdruck. „Du könntest selbst etwas in den Wein geschüttet haben, um mich dann anschließend zu erpressen!"

„Ich habe nicht vor, dich anzuzeigen", versprach ich, was auch der Wahrheit entsprach. Im Interesse meines Bruders wollte ich die Sache vertuschen. „Alles, was ich möchte, ist herausfinden, wer Jucundus umgebracht hat."

Der Wirt gab sich nicht die Mühe, den Erstaunten zu mimen.

„Ich war es nicht", sagte er etwas kleinlaut, „ich bin Jucundus und Lucius gefolgt …"

„Um sie zu berauben?", fragte ich.

„Um mich von ihrem Wohlbefinden zu überzeugen", erwiderte der Wirt unverfroren. „Als ich die beiden gefunden habe, war Jucundus bereits tot und ich habe mich schleunigst aus dem Staub gemacht."

Meiner Meinung nach trug der Wirt zumindest eine Mitschuld am Tod des Viehhirten. Außerdem half mir seine Auskunft nicht weiter, denn noch immer wusste ich nicht, wer Jucundus erstochen hatte.

„Sind die beiden eigentlich allein aufgebrochen?", fragte ich in einem letzten verzweifelten Versuch, dem Wirt eine brauchbare Information zu entlocken, „oder ist ihnen jemand gefolgt?"

„Nicht, dass ich es wüsste", erwiderte der Wirt schulterzuckend. Er dachte einen Moment lang nach. „Dieser seltsame, schlecht gelaunte Sklave, der ihn begleitet hat, der ist ihnen natürlich nachgetrottet."

Der Sklave! Dass ich den vergessen hatte! Dabei war ich

früher selbst ein Sklave gewesen und ich wusste, wie verletzend es war, dass Herren sich in Anwesenheit ihres Personals unterhielten als handele es sich bei Dienstboten um Möbelstücke. Sklaven waren für die meisten Menschen schlicht unsichtbar.

„Den werde ich mir vorknöpfen!", entfuhr es mir und der Wirt blickte mich erschrocken an. Befriedigt bemerkte ich, dass er Furcht hatte. Flackernde Unruhe lag in seinem Blick. „Er wird seiner gerechten Strafe nicht entgehen!"

Grußlos stürzte ich aus der Taverne.

„Nichts für ungut!", rief der Wirt mir nach. „Du wirst doch keine Geschichte über mich verbreiten?"

Ich tat ihm nicht den Gefallen, ihn zu beruhigen, sondern beschloss, der Hütte des Jucundus in Castellum Mattiacorum einen Besuch abzustatten. Daher eilte ich zu unserem Wohnhaus zurück, wobei ich diesmal den kürzesten Weg nahm. Einer der Gründe dafür, dass wir am Stadtrand lebten, lag darin, dass ich als Händler Wagen und Zugtiere brauchte. Das für den Stall benötigte Grundstück konnten wir uns aber nur in einem der ärmeren Viertel leisten. Aber ich hätte nicht erwartet, ständig zwischen meinem Haus und dem Hafen hin und herlaufen zu müssen.

Diesmal war der Empfang etwas besser: Kaum hatte ich die Haustür aufgerissen, eilte mir schon mein Diener Longus entgegen. Jedes Mal wenn ich ihn sah, fragte ich mich, ob sein früherer Herr sich über ihn hatte lustig machen wollen, indem er ihm diesen Namen verpasst hatte. Jedenfalls war Longus auffallend klein und gedrungen, was aber seiner Beweglichkeit keinen Abbruch tat.

Es hätte sich eigentlich gehört, dass meine Dienstboten mich beide begrüßten. Da die Haushälterin dem Diener nicht Gesellschaft leistete, nahm ich an, dass sie momentan

Besorgungen machte, falls sie nicht gerade mit den Sklaven der Nachbarn tratschte.

„Bitte sattle sofort mein Pferd!", befahl ich Longus. Der neugierige Ausdruck seines runden Gesichts mit der langen gebogenen Nase über breiten Lippen ließ erkennen, dass er sich fragte, was plötzlich in mich gefahren war. Denn normalerweise kehrte ich erst spät von der Arbeit zurück.

„Ich bin leider schrecklich in Eile, denn ich will nicht von der Dämmerung überrascht werden", fügte ich hinzu, um zu signalisieren, dass ich keine Zeit für lange Erklärungen hatte.

Als Longus mit brummiger Miene verschwand, fragte ich mich, warum ich mich eigentlich meinen Dienstboten gegenüber zur Rechenschaft verpflichtet fühlte.

Einen Augenblick lang erwog ich, nach meinem Bruder zu sehen, der sich nicht hatte blicken lassen, obwohl ihm meine Rückkehr unmöglich verborgen geblieben sein konnte, so laut wie ich mit Longus gesprochen hatte. Aber ich wollte lieber gar nicht wissen, was Lucius momentan trieb. Ich hatte auch so genügend Sorgen.

Während Longus mit meinem Braunen beschäftigt war, hetzte ich in mein Schlafgemach und streifte mir dort eine frisch gewaschene Tunika über. Falls der Besuch auf der anderen Rheinseite ergebnislos verlaufen sollte, hatte ich nämlich vor, das Landhaus des Marcus Terentius aufzusuchen und es wäre mir peinlich gewesen, nachlässig gekleidet bei meinem früheren Herrn vorzusprechen. Schließlich konnte er ruhig mitbekommen, dass ich es in der Zwischenzeit zu etwas gebracht hatte.

Dann schlang ich hastig einen kleinen Imbiss herunter und eilte zu meinem Reitpferd, das schon – von meinem Diener an der Leine gehalten – nervös auf der Straße tänzelte.

## 4. Der Sklave

Als ich die auf steinernen Pfeilern errichtete Holzbrücke überquerte, fragte ich mich, ob die Existenz der Rheinbrücke für mich an diesem Tag ein Fluch oder ein Segen war. Einerseits ersparte sie mir, mit der Fähre überzusetzen, andererseits hätte Jucundus sonst womöglich nicht nahe beim „Castellum Mattiacorum" genannten Brückenkopf von Mogontiacum Quartier genommen, wo es nur wenige Tavernen gab. Und wie mein Bruder interessierte er sich für nichts anderes. Schon am Vortag hatte ich mich gefragt, wo mein ehemaliger Mitsklave nach seiner Zechtour zu übernachten gedachte. Eigentlich konnte er nur geplant haben, bis zum Morgengrauen in der Schankwirtschaft zu bleiben.

Zweirädrige und vierrädrige Wagen kamen mir entgegen, die mit Weinamphoren und anderen Handelsgütern beladen waren. Ich schaute mich nach einem Bekannten um, der mich offenbar nicht bemerkt hatte, und mein Blick blieb an den Fischerbooten haften, deren helle Segel vom Wind aufgebläht waren und ich fragte mich, ob ich wohl jemals das Mare nostrum sehen würde. Es war schon seit Jahren mein sehnlichster Wunsch, Rom zu besuchen.

Dann erblickte ich einen Trupp Soldaten, die am anderen Ufer über die Hügel marschierten. Dieser Anblick ließ mich innerlich erschaudern; wenn auch der Anblick von Soldaten zum Alltag eines Legionslagers gehört, erinnerten sie mich stets an ihr kriegerisches Handwerk, das schließlich schlecht für das Geschäft ist.

Auch sonst fühlte ich mich nicht wohl in meiner Haut. Jeder Hufschlag meines Pferdes, der mich näher an mein Ziel brachte, ließ mich an meinem Vorhaben zweifeln. Was sollte ich diesen Sklaven fragen? War es klug, ihm auf den Kopf zuzusagen, dass ich ihn für einen Mörder hielt? Und

45

wenn er alles abstritt? Ich war nicht sein Herr und konnte ihm daher nichts befehlen. Was also versprach ich mir von dem Abstecher auf die andere Rheinseite?

Als ich das Ende der Brücke erreicht hatte, erwog ich ernsthaft, wieder umzukehren. Das musste mir nicht peinlich sein, denn ich hatte niemanden in meine Pläne eingeweiht. Ich zügelte mein Pferd, aber dann siegte die Neugier über meine Bedenken.

Ich hatte die Behausung des Viehhirten zuvor nur einmal aufgesucht und das war einmal zuviel gewesen, denn wir hatten uns nur angeschwiegen. Nach all den Jahren, die vergangen waren, nachdem sich unsere Lebenswege getrennt hatten, hatten wir uns buchstäblich nichts mehr zu sagen gehabt.

Obwohl dieser missglückte Besuch mindestens ein Jahr zurücklag, fand ich mühelos den Weg, was aber keine große Leistung war, denn die Zivilsiedlung um den Brückenkopf von Mogontiacum war winzig klein. Genauer gesagt, bestand sie nur aus ein paar Dutzend niedrigen Bauten. Sie wurden deklassiert vom großen Ehrenbogen mit seinen drei Durchgängen, den man Germanicus zu Ehren hatte errichten lassen. Die weiße Kalksteinverkleidung des Monuments reflektierte das Licht und das vergoldete Reiterstandbild, das den Bogen bekrönte, strahlte überirdisch in der Sonne.

Das Haus des Jucundus lag am Rande des Orts und ich muss zugeben, dass es mich angenehm überraschte. Schon die Tatsache, dass er sich mittlerweile einen Sklaven leisten konnte, hätte mich auf den Gedanken bringen sollen, dass der Viehhirte es zu einem bescheidenen Wohlstand gebracht hatte. Ein einfacher, aber gepflegter Ziegelbau hatte seit meinem letzten Besuch die einfache Hütte ersetzt.

Wer würde das Anwesen nun wohl erben? Soweit ich

wusste, besaß Jucundus keine Verwandten. Er war der einzige Sohn eines Kriegsgefangenen von der äußersten Grenze des Imperiums. Dies hatte er jedenfalls behauptet, aber vielleicht besaß er drei uneheliche Kinder in Mogontiacum und hatte sich daher ins Hinterland verdrückt. Man konnte nur hoffen, dass er einen letzten Willen zu Gunsten Cornelias verfasst hatte. Wenn ein Freigelassener kein Testament hinterließ, erbte nämlich sein Patron den Besitz.

Ich saß ab und band mein Pferd an einem Baum fest, um zu verhindern, dass es das Gemüse im Vorgarten fraß. Vorsichtig schaute ich mich um, aber niemand versuchte, mich davon abzuhalten, das Grundstück zu betreten. Einen Augenblick lang blieb ich unschlüssig vor der Haustür aus massiver Eiche stehen. Dann gab ich mir einen Ruck und klopfte an, aber entweder war niemand zu Hause oder der Bewohner reagierte nicht. Vielleicht schärfte der Sklave bereits im Inneren das Küchenmesser? Ich drückte die Klinke herunter und zog an der Tür, doch sie gab nicht nach. Ich bückte mich, um durch das Schlüsselloch zu schauen, konnte aber niemanden in der Diele erkennen.

Was sollte ich jetzt tun? Die Tür gewaltsam öffnen? Wenn das einer meiner Kunden erführe, könnte ich den Weinhandel vergessen. Unschlüssig trat ich einen Schritt zurück und musterte nochmals das Haus: Neben dem Eingang stapelte sich frisch geschlagenes Holz und der Weg war frisch gefegt.

„Jucundus ist nicht zu Hause!"

Die weibliche Stimme fuhr mich so heftig an, dass ich zusammenzuckte. Erschrocken wandte ich mich um und sah mich Aug in Aug mit einer bärbeißigen Matrone. Die Stirn in Falten gelegt und in der Hand einen Besen fixierte sie mich. „Ich habe ihn heute jedenfalls noch nicht gesehen."

„Das gefällt mir aber gar nicht, denn ich wollte ihn etwas Wichtiges fragen", begann ich vorsichtig, „vielleicht könnte auch sein Sklave mir weiterhelfen, aber ich sehe ihn nirgendwo."

Ich beglückwünschte mich selbst zu dieser spontanen Formulierung, denn es gibt nichts Alberneres als sich nach einem Sklaven zu erkundigen.

„Die beiden sind gestern zusammen verschwunden und ich habe sie nicht zurückkommen sehen." Die Matrone stützte sich mit beiden Händen auf ihren Besen auf und blickte mich genauso an, wie mein früherer Herr seine Sklaven angeblickt hatte, bevor er sie bestrafte. „Ich bin übrigens die Nachbarin."

Ich bedankte mich hastig für die freundliche Auskunft, schwang mich auf meinen Braunen und machte mich schleunigst auf den Rückweg, denn ich verschwendete hier nur meine Zeit.

Ich überlegte, was ich jetzt tun sollte. Das Gut des Marcus Terentius lag außerhalb der Stadt, wenn auch glücklicherweise nicht allzu weit vom Hilfstruppenlager entfernt. Trotzdem entschied ich, dass es zu spät war, um meinen ehemaligen Patron zu besuchen, denn zu dieser Jahreszeit dämmert es sehr früh.

Am folgenden Morgen war ich wieder einigermaßen imstande meinen Kopf zu gebrauchen, aber ich wollte keinen Rückfall riskieren, indem ich mich mit Respectus oder Lucius herumstritt. Also verschwand ich einfach nach dem Frühstück.

Über Nacht war es frühlingshaft warm geworden, jedenfalls so frühlingshaft wie es in dieser rauen Gegend nur werden kann. Obstbäume blühten und Vögel sangen, als ich der schnurgeraden Straße folgte, die das Legionslager mit dem Militärlager der Hilfstruppen, beziehungsweise dem benachbarten Vicus Victoriae verband. Bald hatte ich das Lager hinter mir gelassen und die liebliche Hügellandschaft zu beiden Seiten des Wegs wurde von Gutshöfen begleitet, die die Stadt mit Lebensmitteln versorgten.

Den rechten Straßenrand säumten Grabdenkmäler. Einige der Denkmäler waren von eindrucksvoller Monumentalität, darunter Pfeilergrabmäler mit Schuppendach und vollplastischen Darstellungen der Verstorbenen, die durch ihre farbige Bemalung geradezu erschreckend lebendig wirkten. Aber die meisten bestanden nur aus einem schlichten Grabstein. Trotzdem war dies eine ziemliche Verschwendung, wenn man bedachte, dass ein einfacher Grabstein tausend Denare kostete, aber ein Legionär nur einen einzigen Denar am Tag verdiente. Mir war schon immer unverständlich gewesen, wie ein Mensch auf die Idee kommen konnte, freiwillig Soldat zu werden, aber angesichts dieser Zahlen erschien mir dies als völliger Wahnsinn.

Achtlos passierte ich das kleine Kultbild der Epona mit dem Relief der auf einem Maultier reitenden Göttin, das sich am Rande einer Koppel befand. Bauern hatten es mit Frühlingsblumen bekränzt. Früher hatte auch ich, wenn ich hier vorbeikam, Epona ein Trankopfer dargebracht. An diesem Tag hingegen fehlte mir dafür die Geduld. Außerdem lag mir weniger das Wohlergehen meines Pferdes am Herzen als das meines Bruders und des Handelskontors.

Nach einem Ritt von wenigen Meilen erreichte ich eine Stichstraße, der ich folgte, bis ich die Umfassungsmauer des Gutshofs von Marcus Terentius erreichte. Als ich noch auf dem Gut gelebt hatte, wurde man am Tor von einem Wächter kontrolliert, aber entweder wurde der Eingang inzwischen tagsüber nicht mehr bewacht oder der damit beauftragte Sklave hielt gerade ein Nickerchen.

Jedenfalls ritt ich ungehindert durch das Portal, von dem aus eine schnurgerade Straße zum Herrenhaus führte. Mit seiner repräsentativen Fassade wäre es selbst in Italien als Villa rustica durchgegangen. Aber der äußere Anschein täuschte: Außer der Schaufront besaßen nur die Kellerräume des Landgutes steinerne Wände. Der Rest war aus Ziegeln gebaut, was aber der weiße Anstrich kaschierte. Bedauerlicherweise warf das Gut bei weitem nicht soviel ab, wie der Patron glaubte, seinem Status schuldig zu sein. Allein die Tatsache, dass er seinen Sklaven gestattete, sich freizukaufen, zeigte, dass Marcus Terentius nicht gerade im Geld schwamm. Trotzdem hätte ich auch gern ein derartiges Landgut mit Blick auf den Rhein besessen, auch wenn es mit Hypotheken belastet war.

Muhen, Blöken und Meckern übertönte die Vogelstimmen, als ich an den Stallungen vorbeikam. Der Wind blies mir einen beißenden Gestank ins Gesicht. Ein Misthaufen, durchfuhr es mich. Deren schiere Existenz hatte ich in der Stadt fast vergessen.

Ich überquerte einen Hof, der mehrere Scheunen miteinander verband, und ein Junge flüchtete vor mir. Er war ein bemitleidenswert dünnes Kerlchen von ungefähr sieben bis acht Jahren mit kurz geschorenem dunklem Haar. Hastig rannte er über den frisch gefegten Hof und kletterte eine Leiter hoch, die gegen einen Speicher gelehnt war. Wahrscheinlich durfte der Junge hier nicht spielen oder er hatte irgendetwas auf dem Hof stibitzt. Jedenfalls fühlte ich mich unangenehm an meine eigene Kindheit erinnert, die ich auf diesem Anwesen verbracht hatte.

Während ich mich so in meinen Gedanken verlor, erinnerte ich mich, dass Marcus Terentius schon damals ein viel-beschäftigter Mann war. Vielleicht hätte ich meinen Besuch vorher ankündigen sollen? Aber nun war es für derartige Überlegungen zu spät.

Als ich die Veranda erreichte, die dem Hauptgebäude vor-gelagert war, warf ich einen neidischen Blick auf den schön angelegten Ziergarten mit seinem kreisrunden Wasserbe-cken, der sich rechts des Herrenhauses befand. Ich würde sehr viel Wein verkaufen müssen, um mir einen derartigen Garten leisten zu können.

Ein grobknochiger Knecht mittleren Alters schritt mir mit finsterer Miene entgegen. Ich teilte ihm mit, dass ich ein Freigelassener seines Herrn war und das schien ihm zu gefallen. Er rang sich sogar ein Lächeln ab. Wahrscheinlich ließ mein Anblick ihn hoffen, dass auch er es noch zu etwas bringen könnte. Ich überließ dem Knecht meinen Braunen und stieg die Stufen zur Veranda hinauf. Obwohl ich sicher war, dass man mich bereits aus dem Inneren des Hauses be-obachtete, wurde die Tür nicht geöffnet. Trotzig bewegte ich den schweren Türklopfer.

Die Angeln der Haustür quietschten, als die Haustür auf-gezogen wurde. Beim Anblick des Pförtners, den ich schon seit meiner Kindheit kannte, erschrak ich. Wie alt er ge-worden war! Sein Körper war ausgemergelt, das Gesicht von zahllosen Falten durchzogen und das kurz geschorene Haar schütter und grau. Er hieß Lydus, beziehungsweise hatte Marcus Terentius ihn so genannt, weil er aus Lydien kam und die Herren sich meist nicht die Mühe machten, sich die Namen ausländischer Dienstboten zu merken.

„Ich möchte mit Marcus Terentius sprechen", erklärte ich und schilderte dem Pförtner dann, worum es sich handelte.

Ich hatte Glück und Lydus bestätigte, dass sein Herr zu

Hause war. Er winkte einen etwa zwanzigjährigen Sklaven herbei. Aus seinem roten Haar und seinen Sommersprossen schloss ich, dass er Gallier war.

„Ich werde nachfragen, ob der Herr für dich Zeit hat", erklärte der Haussklave geflissentlich.

Durch die offene Tür drang der Geruch von gedünsteten Forellen ins Freie und lenkte mich für einen Augenblick ab. In der Küche, in der Tag und Nacht gewaltige Mengen von Speisen für den großen Haushalt zubereitet wurden, kochte man also bereits das Mittagessen. Dieses war zwar nach altrömischer Sitte weit weniger üppig als die abendliche Cena, aber trotzdem begann mein Magen laut vernehmbar zu knurren.

Während ich auf den Haussklaven wartete, musterte ich den Pförtner aus den Augenwinkeln. Ich zählte an den Fingern ab, wie lang ich ihn schon kannte: Es waren vierundzwanzig lange Jahre, die sicherlich auch an mir nicht spurlos vorbeigegangen waren.

Glücklicherweise ließ der Haussklave mich nicht lang warten.

„Der Herr geruht dich zu empfangen", erklärte er in einem pompösen Tonfall, der in drolligem Gegensatz zu seinem holprigen Latein stand und ich fragte mich, ob er wusste, dass ich ein Freigelassener seines Herrn war. Wahrscheinlich nicht, hätte er mich doch dann sicherlich weniger höflich behandelt.

Majestätischen Schrittes führte er mich in den zentralen Innenhof des Hauses. Dabei durchquerten wir Zimmer mit prächtigen Wandgemälden, die vor einem roten Hintergrund kleine Bilder mit mythologischen Szenen in idyllischen Landschaften zeigten. Farbige Mosaiken mit geometrischen Mustern und täuschend echt wiedergegebenen

Meerestieren überzogen die Fußböden der meisten Räume. Auch die Möbel waren aus kostbaren Materialien wie farbigem Marmor und afrikanischem Ebenholz gefertigt. Ihre zierlichen Dekorationen zeugten von Reichtum und gutem Geschmack ihres Besitzers. Auf den Tischen standen Silberpokale, sowie Gefäße aus verziertem Glas, schimmerndem Silber und glänzendem Gold.

Wohlriechende Düfte lagen in der Luft und aus den Heizungsschächten unter dem Fußboden strömte wohlige Wärme. Mir wurde schmerzlich bewusst, dass ich in unserem Hause die Heizung bereits seit einem Monat hatte abschalten lassen. Neidlos musste ich zugeben, dass dieses Herrenhaus unser eigenes Wohnhaus an Pracht in demselben Ausmaß übertraf wie der Kaiserpalast das Quartier des hiesigen Lagerkommandanten. Dieser Luxus war mir früher gar nicht aufgefallen, aber ich hatte damals auch mehr Zeit in den Weinbergen verbracht als im Haus meines Herrn.

Marcus Terentius erwartete mich im Atrium auf einem Klappstuhl mit Elfenbeinfüßen sitzend. Das Möbelstück erinnerte mich an die Amtsstühle der höheren Beamten. Vor ihm plätscherte ein Brunnen mit einer Schale aus weißem Marmor, der eine bronzene Fischfigur als Wasserspeier besaß. Er war so kunstvoll gearbeitet, dass es sich nur um ein Importstück aus Italien handeln konnte.

Mein Patron war mittelgroß und sein Gesicht war wettergegerbt und kantig. Sein schwarzes Haar zeigte an den Schläfen das erste Grau, aber ich habe immer vermutet, dass er älter aussah, als er tatsächlich war. Die Falten seiner Toga waren tadellos gelegt. Ich fragte mich, ob er sich in seinem Landhaus tatsächlich an einem gewöhnlichen Werktag so aufwändig kleidete oder ob er sich meinetwegen so in Schale geworfen hatte. Für letzteres sprach, dass er mich solange hatte warten lassen. Trotz des recht milden Wetters hatte er sich im Atrium ein Kohlenbecken aufstellen lassen.

Ich begrüßte ihn mit der Zuvorkommenheit, die ihm als meinem Patron zustand.

„Schön dich zu sehen", erwiderte er, „Wie geht es deiner Frau? Leider habe ich ihren Namen vergessen."

„Ich bin nicht verheiratet", erklärte ich verärgert und fragte mich, mit wem mein Patron mich wohl verwechselte.

„Sei froh", kommentierte er knapp.

Ich hätte mich im Gegenzug zu gern nach seiner Gemahlin erkundigt, aber diese Frage hätte Marcus Terentius sicher als impertinent empfunden.

„In der letzten Zeit geschehen schreckliche Dinge", bemerkte er, nachdem wir einige Höflichkeitsfloskeln ausgetauscht und uns kurz über Weinbau und Landwirtschaft unterhalten hatten. „Zuerst wird Jucundus erstochen und jetzt ist auch noch sein Sklave ins Wasser gegangen. So etwas gab es früher nicht!"

Diese Worte schockierten mich derart, dass ich mich auf den Brunnenrand setzen musste. Leider stand im Atrium kein weiterer Stuhl.

„Sein Sklave ist ins Wasser gegangen?", fragte ich fassungslos zurück, weil ich mir nicht sicher war, ob ich mich nicht verhört hatte. „Was soll das heißen?"

„Er hat sich im Main ertränkt", antwortete Marcus Terentius in einem sachlichen Tonfall, doch man sah ihm an, dass auch ihn erschütterte, was geschehen war. In all den Jahren, die ich ihn kannte, hatte ich es noch niemals erlebt, dass er so nahe davor stand, seine Selbstbeherrschung zu verlieren.

„Wann?", wollte ich wissen.

Mein Patron stand langsam auf, ging zum Brunnen und schaute mit dem Rücken zu mir in die Wasserfontäne, wahrscheinlich um mir nicht in die Augen blicken zu müssen. Dann begann er mit leiser, aber ruhiger Stimme zu sprechen: „Seine Leiche ist heute Morgen am Ufer angespült worden. Man hatte ihn seit dem Tod des Jucundus vermisst und alle hatten daher gedacht, er wäre geflohen."

Ich war erstaunt, wie schnell sich die Neuigkeit vom Ableben eines Sklaven verbreitet hatte, aber ich wagte es nicht, Marcus Terentius nach seinen Informationsquellen zu fragen. Schließlich war er mein Patron und ich musste ihm respektvoll begegnen.

„Hast du eine Ahnung, warum er dies getan hat?", fragte ich stattdessen, obwohl ich die Antwort schon zu kennen glaubte: Nämlich, dass er damit seiner Strafe entgehen wollte. Vielleicht hatte ihn auch die Reue wegen seiner schrecklichen Tat gepackt.

„Cornelia, die Braut von Jucundus, berichtet, der Sklave …"

„Er wird doch sicher einen Namen haben", unterbrach ich, denn ich fühlte mich unangenehm an meine eigene Vergangenheit erinnert, als man mich nur „den Kellermeister" gerufen hatte.

„Sicher doch, er hieß Caius", erwiderte Marcus Terentius scharf und drehte sich zu mir um. Seine indignierte Miene zeigte, dass ich mich seiner Meinung nach im Tonfall vergriffen hatte. „Dieser Caius ist gestern plötzlich hier aufgetaucht und hat Cornelia erklärt, dass Jucundus von Räubern erschlagen worden sei. Er hat sie gefragt, ob sie nicht ihn stattdessen heiraten möchte. Natürlich hat Cornelia ihn abgewiesen. Sie sitzt noch immer in ihrer Kammer und weint. Sie hat später berichtet, der Sklave – ich meinte Caius – habe einen völlig aufgewühlten Eindruck gemacht. Aber natürlich hat niemand vermutet, dass er sich umbringen würde."

Einige Sekunden lang herrschte Schweigen. Dann berichtete ich Marcus Terentius alles, was ich selbst über die schrecklichen Ereignisse wusste, wobei ich aber unterschlug, dass mein Bruder mit von der Partie war. Trotzdem ging ich davon aus, dass mein Patron sich seinen Teil dachte, denn Lucius war ihm schließlich aus früheren Tagen als Taugenichts bekannt. „Das wird sich sicher alles regeln lassen", meinte Marcus Terentius optimistisch und dies hörte ich natürlich gern, denn schließlich war mein Patron für seine Freigelassenen verantwortlich.

Ein dicklicher Sklave schleppte im gleichen Augenblick einen kleinen Tisch und einen Stuhl herbei. Es wurde auch höchste Zeit! Ich hatte mich schon gefragt, ob man in dieser Villa die Gäste kaltblütig verhungern ließ. Ich machte es mir also gemütlich und hoffte, dass der Tisch nicht nur als Dekoration aufgestellt worden war. Ich wurde nicht enttäuscht. Der Sklave kehrte mit einer Platte voll kalten Geflügels zurück, das man für unangemeldete Gäste zubereitet hatte. Ich ließ mich nicht zweimal bitten und langte kräftig zu. Was für meinen ehemaligen Patron als kleiner Imbiss durchgehen mochte, wäre bei uns eine veritable Hauptmahlzeit gewesen. Trotzdem fand ich es nett, dass er mich wie seinesgleichen bewirtete, obwohl ich nur einer seiner Freigelassenen war.

Als ich alles, was man mir serviert hatte, in mich hineingestopft hatte, redeten wir wieder über Jucundus.

„Die Verbrennungszeremonie wird morgen stattfinden", erklärte Marcus Terentius. „Ich nehme an, du willst Jucundus die letzte Ehre erweisen?"

„Selbstverständlich", behauptete ich, obwohl mir nicht ganz wohl bei dieser Vorstellung war, denn ich würde Lucius mitnehmen müssen. „Wann findet die Feier statt, ich nehme an am Morgen?"

„Ja, komm zur elften Stunde zu unserem Familiengrab!

Aber vorher sollten wir uns noch darüber unterhalten, was ich den Behörden über die Todesfälle in meiner Klientel mitteilen soll."

Wir einigten uns schließlich darauf, dass es für alle Beteiligten das beste war, wenn Marcus Terentius behaupten würde, Caius habe vor seinem Selbstmord gestanden, den Viehhirten erstochen zu haben. Schließlich machte es Jucundus auch nicht wieder lebendig, wenn die Obrigkeit davon Wind bekam, dass mein Bruder mit einem blutigen Messer in der Hand neben seiner Leiche aufgewacht war.

So wurde mein Bruder von jedem Verdacht reingewaschen. Trotzdem fragte ich mich auf dem Rückweg voller Grimm, ob er es nicht doch war, der Jucundus erstochen hatte, zumal er selbst ein Auge auf die schöne Cornelia geworfen hatte.


## 5. Der Speicher

Bei meiner Rückkehr nach Mogontiacum hatte das Wetter sich wieder verschlechtert. Ein frischer Wind trieb dunkle Wolken über den Himmel und die Luft roch nach Regen. Das Wetter in Germanien ist leider so unbeständig wie ein despotischer Herr.

Unterwegs hatte ich beschlossen, am Nachmittag die Bücher des Weinkontors einer strengen Prüfung zu unterziehen. Ich schaute aber zuvor zu Hause vorbei, um mein Pferd loszuwerden.

„Wo ist mein Bruder?", fragte ich meinen Diener Longus, noch ehe er mich begrüßt hatte und erfuhr, dass er gerade zu Mittag aß. Es beruhigte mich zwar zu hören, dass man ihn offenbar nicht in den Kerker geworfen hatte. Manchmal sind nämlich die Beamten die letzten, die eine Neuigkeit erfuhren, wie in diesem Fall, dass der Sklave des Jucundus Selbstmord begangen hatte. Andererseits ärgerte mich doch, dass Lucius zu dieser fortgeschrittenen Stunde nicht im Handelskontor war.

Also suchte ich schlecht gelaunt unser neues Triclinium auf. Obwohl es viel bequemer ist, im Sitzen zu speisen und zu trinken, brauchte jedes römische Haus, das etwas auf sich hielt einen derartigen Raum, der so genannt wurde, weil darin drei Liegen standen, auf denen maximal neun Gäste bewirtet werden konnten.

Mein Bruder lümmelte auf den linken Arm gestützt auf der mittleren Kline und stopfte lustlos die aufgewärmten Reste der gestrigen Cena in sich hinein. Es hatte gekochte Eier, gefolgt von Gänsebraten mit Brot und als Nachtisch Feigen gegeben.

Beim Anblick seiner verstrubbelten Locken fühlte ich mich an den armen Jucundus erinnert, der immer so ausgesehen hatte, als sei er soeben aus dem Bett gefallen.

„Haben die Weinschenken noch nicht geöffnet?", zog ich meinen Bruder auf, „oder warum sitzt du sonst hier herum?"

Lucius grinste schief.

„Ich denke, ich bin schwer krank! Wenn ich heute schon wieder im Weinkontor auftauche, strafe ich deine Worte Lügen."

„Sag mal, willst du dich nicht zur Abwechslung mal kämmen?", rügte ich meinen Bruder. Mich provozierte es geradezu, dass er sich über meine lästerliche Bemerkung nicht einmal zu ärgern schien. „Die Besucher des Handelskontors denken sonst, dass du unser bester Kunde bist."

Was leider durchaus den Nagel auf den Kopf traf.

„Das hilft auch nichts. Ich habe eben von Natur aus ziemlich störrisches Haar", entgegnete Lucius in einem geistesabwesenden Tonfall.

„Du hast doch bestimmt niemals ernsthaft versucht, deine Locken zu bändigen! Zum Beispiel mittels eines Kammes?"

Mein Bruder starrte nachdenklich vor sich hin.

Ich schob mir eine Feige in den Mund, schnappte mir dann den Brotkorb und ließ mich auf die Nachbarliege fallen. Zwar hatte ich erst vor kurzem bei Marcus Terentius gespeist, aber Bewegung an der frischen Luft machte mich immer hungrig. Ich streute reichlich Salz auf das Brot und berichtete dabei von meiner Unterredung mit unserem Patron.

Ohne ein Wort zu sagen lauschte mein Bruder, der mittlerweile fast den gesamten Gänsebraten vertilgt hatte, wahrscheinlich um nicht mit mir teilen zu müssen. Als ich den Selbstmord des Sklaven erwähnte, unterbrach er mich.

„Das ist ja schrecklich!" Lucius legte das Bratenstück, in das er soeben gebissen hatte, zurück auf den Teller. „Ihn hatte ich wirklich als letzten in Verdacht."

Als ich meinen Bericht beendet hatte, schwiegen wir beide eine Weile. Das einzige Geräusch im Raum waren nun die Regentropfen, die auf das Dach und die Straße trommelten.

Lucius brach zuerst das Schweigen.

„Hattest du gestern auch den ganzen Tag so einen bohrenden Kopfschmerz?", wollte er wissen, was ich bejahte, aber ich fragte mich sogleich, warum mein Bruder plötzlich an meinem Befinden Anteil nahm. Normalerweise interessierte er sich nur für sich selbst. „Dabei hast du viel weniger als ich von dem Betäubungsmittel abbekommen als ich, da du weniger getrunken hast."

Wollte er es auf die Mitleidstour versuchen, um einen weiteren Tag eine ruhige Kugel schieben zu können? Ich beschloss, diesmal gnadenlos darauf zu bestehen, dass er zur Arbeit ging.

„Selbst dran schuld!"

Mein Bruder betrachtete einige Sekunden lang stumm seinen leeren Teller, als ob die Lösung all seiner Probleme darauf zu finden wäre.

„Nachdem du die Taverne verlassen hast, hat sich Jucundus übrigens endlich seines Sklaven erbarmt und hat ihn mittrinken lassen. Das hat mich gefreut, denn es war eine Hundsgemeinheit ihn zusehen zu lassen!"

„Worauf willst du hinaus?", fragte ich beunruhigt, denn bisher war ich davon ausgegangen, dass der Sklave nüchtern gewesen war. Daher passte mir diese Information überhaupt nicht ins Bild. Die unvermeidliche Konsequenz davon war, dass ich einen schlimmen Kopfschmerz-Rückfall bekam.

„Dieser Sklave hat zwar nur einen Becher Wein ..."

„Er hieß Caius", unterbrach ich schon aus Prinzip. Mein Bruder verzog enerviert das Gesicht.

„Wenn es diesem Caius nur halb so schlecht gegangen ist wie mir, hätte er nicht mehr die Kraft gehabt, um jemandem zu erstechen."

Ich weigerte mich innerlich, den Tod des Jucundus wieder aufzurollen, denn ich war froh, meinen Bruder entlastet und einen Schuldigen gefunden zu haben, der sich nicht wehren konnte. Außerdem lag mir die Überprüfung der seltsamen Dinge, die sich offenbar während meiner Abwesenheit in meinem Kontor zugetragen hatten, momentan weit mehr am Herzen als diese leidige Geschichte.

„Außerdem frage ich mich schon den ganzen Morgen, woher ich diese Beule am Kopf habe."

Mein Bruder zeigte anklagend auf seinen Hinterkopf, aber mein Mitleid hielt sich in Grenzen.

„Die wirst du dir zugezogen haben, als du am Rheinufer hingefallen bist", erklärte ich mit strenger Miene. „Das sollte dir eine Lehre sein, nicht immer so schrecklich viel zu trinken! Für dich ist doch immer Tag der Anna Perenna."

„Unmöglich! Als ich wieder zu mir gekommen bin, lag ich auf der Seite und nicht auf dem Rücken", protestierte Lucius.

„Dann wirst du dich im Suff umgedreht haben", erklärte ich und sah meinen Bruder wütend an, „aber wenn ich ganz ehrlich bin, ist mir das ziemlich gleichgültig: Ich möchte von der ganzen Sache nichts mehr hören. Sie ist aus, vergangen, vorbei!"

Lucius zog ein betrübtes Gesicht.

„Ich mochte Jucundus immer sehr gern und jetzt …"

„Das liegt daran, dass du noch ein Kind warst, als Jucundus und ich Sklaven des Marcus Terentius waren."

Mein Bruder verdrehte die Augen.

„Du kennst ihn nur als meinen Saufkumpanen, aber früher auf dem Landgut war das eine ganz andere Geschichte. Doch ich möchte nicht darüber sprechen. Schließlich soll man nicht schlecht über Tote reden! Wenigstens kannst du dir zum Trost sagen, dass er bestimmt nicht gelitten hat. Alles muss sehr schnell gegangen sein", bemerkte ich und dachte dabei schaudernd an die Schlangengrube zurück, die das Sklavenheer des Marcus Terentius gewesen war. Das größte Kapital des Jucundus war sein harmloses Gesicht gewesen. Wenn etwas daneben ging, hatte er es stets mir in die Schuhe geschoben.

„Dir scheint es ja gar nichts auszumachen, von ihm in der Vergangenheitsform zu sprechen!"

Mein Bruder erhob sich mit einem gekränkten Gesicht von seiner Liege und schlenderte ins Atrium, wo die Wassertropfen auf das Regenauffangbecken in der Mitte des Innenhofes aufschlugen. Ich folgte, schon aus Neugier zu erfahren, was Lucius nun schon wieder vorhatte.

Aber er wollte nur Catullus füttern. Er brach eine Brotkante in kleine Stücke und schob diese durch die Gitterstäbe des Käfigs. Dann schürzte seine Lippen und pfiff dem Spatz zu, wobei er geflissentlich vermied, mir in die Augen zu schauen.

„Ich glaube es einfach nicht, dass der Sklave ihn umgebracht hat!", murmelte er vor sich hin, während er zusah, wie Catullus die Krümel aufpickte.

Daher wehte also der Wind! Mich beschlich ein ungutes Gefühl. Noch immer hatte ich den Verdacht nicht abschütteln können, dass mein Bruder an jenem verhängnisvollen Abend zu betrunken gewesen war, um sich darauf zu besinnen, dass er den Hirten erstochen hatte. Nun fragte ich mich, ob er sich vielleicht sogar an die Tat erinnerte. Wollte er den Sklaven rehabilitieren, weil ihn sein schlechtes Gewissen plagte? Dabei hatten wir alles so schön unter den Teppich gekehrt und dort sollte es nun gefälligst auch bleiben.

„Alle Indizien sprechen dafür, dass Caius der Mörder war!", entgegnete ich, da Lucius offenbar eine Antwort erwartete. „Aber das Leben geht weiter! Lass uns endlich ins Handelskontor gehen! Ich würde gern mit Respectus sprechen!"

„Bei dem Wetter? Da werden wir doch klatschnass!"

Der Spatz tschilpte und Lucius flötete zurück. Meinte er, dass er Catull lehren könnte, wie eine Nachtigall zu singen? Noch immer machte mein Bruder keine Anstalten, den Innenhof zu verlassen.

„Wenn ich so faul wäre wie du, hätte ich niemals genug Geld gespart, um mich freizukaufen", brummte ich in mich hinein. „Nur gut, dass ich einen tüchtigen Teilhaber habe. Zwei Mitarbeiter von deiner Art würde das Handelskontor nicht verkraften."

Lucius wandte sich abrupt um.

„Ich traue diesem Respectus nicht über den Weg."

Ich war für einen Moment sprachlos. Hatte sich mein Bruder jemals lang genug im Handelskontor aufgehalten, um sich eine eigene Meinung über Respectus zu bilden? Normalerweise hätte ich Lucius diese boshafte Frage gestellt, aber zufällig misstraute auch ich mittlerweile meinem Partner.

„Warum?", fragte ich daher zurück.

„Als du an der Mosel warst, hat er sich recht seltsam verhalten. Manchmal war er den ganzen Tag lang fort. Dann hat er wieder bis in die Nacht gearbeitet und wenn ich ihm helfen wollte, meinte er, dies sei nicht nötig."

„Du wirst ihm deine Hilfe sicher nicht aufgedrängt haben", gab ich zu bedenken. „Das würde mich jedenfalls sehr wundern."

Mein Bruder zuckte mit den Schultern

„Trotzdem ist es komisch, dass Respectus mir keine Arbeit zugeteilt hat."

„Er konnte schon immer schlecht delegieren", erwiderte ich, dachte aber: Bis man dir eine Arbeit erklärt hat, hat man sie schneller selbst erledigt.

„Und dann hat er ständig Besuche von anderen Männern in karierten Umhängen erhalten."

„Vielleicht waren es Kunden? Wenn es ums Geschäft geht, darf man keine Vorurteile haben. Wie Vespasian, unser vorletzter Kaiser zu sagen beliebte: Geld stinkt nicht."

„Kann ich nicht beurteilen."

„Ob Geld stinkt, weil du keins hast?"

Lucius lachte.

„Nein, ob die Männer Kunden waren! Jedenfalls haben sie sich in einer Sprache unterhalten, die ich nicht verstanden habe."

Langsam ging mir Lucius auf die Nerven.

„Es wäre auch etwas viel verlangt, wenn sie dir zuliebe Latein geredet hätten, obwohl Respectus ihre Muttersprache spricht."

„Du drehst mir die Worte im Munde um", maulte mein Bruder. „Was ich meinte: Ich hatte den Eindruck, sie bei irgendetwas zu stören."

Das hörte sich plötzlich ganz anders an! „Warum hast du dies nicht gleich gesagt?"

Demonstrativ wandte mein Bruder seine Aufmerksamkeit wieder Catullus zu. „Wahrscheinlich hat er gedacht, dass er während deiner Abwesenheit im Kontor schalten und walten könnte, wie er wollte."

„Wen wundert's!"

Lucius protestierte nicht und nahm mir dadurch den Wind aus den Segeln.

„Als ich gestern kurz im Handelskontor vorbeigeschaut habe, drängte sich auch mir der Eindruck auf, dass Respectus Geheimnisse vor mir hat", gab ich nach einer Weile zu und Lucius drehte sich um.

„Und was machen wir jetzt? Stellen wir ihn zur Rede?"

„Das wird nicht viel bringen. Du weißt ja, wie wortgewandt er ist. Er wird einfach alles abstreiten und außerdem wäre er dann gewarnt. Ich schlage also vor, dass wir ihn eine Zeit lang unauffällig beobachten."

„Wollen wir nicht lieber heute Abend im Weinkontor vorbeischauen?", fragte mein Bruder und seine Augen strahlten voller Abenteuerlust, „und zwar so spät, dass dein lieber Teilhaber uns nicht in die Quere kommt. Oder meinst du er schläft in seiner Schreibstube?"

„Würde zu ihm passen", entgegnete ich boshaft, „aber wie du weißt ist er verheiratet und hat zwei Kinder."

„Irgendwer muss das ganze Geld doch schließlich einmal erben!"

Plötzlich musste ich wieder an den Tag der Anna Perenna denken.

„Als ich von der Mosel zurückgekommen bin, habe ich Respectus am Nachmittag nicht im Kontor angetroffen. Das hat mich doch sehr erstaunt."

„Das ist wirklich sehr verdächtig!", bemerkte Lucius gedehnt. „Oder glaubst du, dass er krank war?"

„Ausgeschlossen! Das hätte er mir am nächsten Tag brühwarm erzählt. Du weißt doch, dass er ein schrecklicher Hypochonder ist. Wenn ich nur daran denke, wie panisch er auf die Schilderung deiner angeblichen Krankheitssymptome reagiert hat", widersprach ich und schmunzelte bei der Erinnerung in mich hinein.

Dann durchforstete ich mein Gedächtnis nach der Ausrede, die er mir aufgetischt hatte. „Ich erinnere mich dunkel daran, dass seine Abwesenheit etwas mit diesem seltsamen Festtag zu tun gehabt hat. Aber ich habe nicht richtig verstanden, ob er den Tag der Anna Perenna als Weinliebhaber oder als Weinhändler begangen hat."

„Bestimmt als Händler. Er ist doch sicher viel zu geizig, um den teuren Wein selbst zu trinken."

Es war mir zuvor entgangen, wie tief die Abneigung meines Bruders gegen meinen Teilhaber war. Aber warum erstaunte mich dies? Die Faulen haben schon immer die Fleißigen gehasst. Dann kam mir eine Idee.

„Ich schlage dir folgenden Handel vor: Wir gehen ins Kontor und du versuchst, Respectus mit dummen Fragen abzulenken. Das dürfte dir doch nicht schwer fallen?"

Mein Bruder beschämte mich, indem er wortlos nickte.

„Ich werde in der Zwischenzeit seinen Schreibtisch inspizieren. Im Gegenzug greife ich deinen Vorschlag auf und wir statten dem Kontor heute Nacht einen Überraschungsbesuch ab."

„Dann könnten wir auch die Schreibtische in Ruhe durchstöbern. Deshalb könnten wir es uns eigentlich ersparen, ihn mit dummen Fragen abzulenken."

Wie immer wollte Lucius den Weg des geringsten Widerstandes gehen, aber diesmal bestand ich auf sorgfältiger Arbeit!

„Meinst du im Ernst, Respectus ist so leichtsinnig irgendwelche Geheimkorrespondenz über Nacht einfach so auf dem Schreibtisch herumliegen zu lassen?"

„Du hast wahrscheinlich recht." Über das Gesicht meines Bruders huschte ein Schatten. „Wie eigentlich immer."

Warum klang dies wie ein Vorwurf? Ich dachte lieber nicht darüber nach, sondern bestand auf einem baldigen Aufbruch.

Obwohl es draußen in Strömen goss, schleifte ich meinem Bruder hinaus in den Regen. Ich hoffte nämlich, dass Respectus bei diesem grässlichen Wetter wohl nicht mit unserem Erscheinen rechnete.

Der schlammige Weg vor dem Haus war von Furchen durchzogen, die die Räder der Fuhrwerke hinterlassen hatten. Der Regen hatte sie mit Wasser gefüllt und wir gaben uns Mühe, nicht in die Schlammlöcher zu treten. Obwohl wir uns dicke Mäntel aus Tuch übergezogen hatten, erreichten wir klatschnass und mit am Kopf klebenden Haaren das

Kontor. Mein Teilhaber starrte uns an, als wären wir Fremde. Sein entgeisterter Blick blieb schließlich auf meinem Bruder haften.

„Schön dich zu sehen, Lucius! Bist du denn schon wieder gesund genug, um bei diesem Wetter draußen herumzulaufen?"

Mein Bruder nickte, während er aus seinem Mantel schlüpfte.

„Es war wohl nur eine Magenverstimmung", meinte er und strich sich das triefende Haar aus der Stirn.

„Und die roten Flecken im Gesicht?", fragte Respectus und trat instinktiv einen Schritt zurück, da er sich offenbar daran erinnerte, dass die angebliche Krankheit meines Bruders ansteckend war.

„Über Nacht verschwunden!"

„Und der Nachbarstochter geht es auch wieder gut?"

Das verblüffte Gesicht meines Bruders zeigte mir, dass ich ihm auf die Sprünge helfen musste.

„Die junge Frau mit den gleichen Symptomen wie du sie hattest ..."

„Die ist gestern Abend ganz plötzlich gestorben", erklärte Lucius mit einem maliziösen Lächeln und ich hätte ihn umbringen können. Dies war wirklich nicht der richtige Augenblick für derartige Scherze.

Respectus wurde so bleich wie die neu geweißte Umfassungsmauer des Lagers. Seine Finger krampften sich um den Griffel in seiner Hand, sodass die Knöchel weiß hervortraten.

„Die Arme ist bei der Obsternte von einem Baum gestürzt", behauptete ich, um dem Gespräch eine andere Wendung zu geben. Im gleichen Augenblick wurde mir bewusst, wie schwachsinnig meine Worte waren. Schließlich wurde in Germanien im Frühjahr nicht geerntet. „Ich meinte natürlich beim Aufpfropfen der neuen Zweige", verbesserte ich mich, ehe jemand mich auslachen konnte. Dann beschloss ich, in die Offensive zu gehen.

„Ich bin seit meiner Rückkehr noch nicht dazu gekommen, mir die Bücher genauer anzuschauen!", erklärte ich ultimativ, „und das würde ich jetzt gern nachholen."

„Kannst du mir vielleicht in der Zwischenzeit erklären, warum die Fässer im Lagerraum so unterschiedlich beschriftet sind?", fragte mein Bruder mit einer bewundernswürdigen Unschuldsmiene, bevor mein Teilhaber etwas erwidern konnte. Dabei zeigte er auf eine Fassdaube, in die mit einem Schlagstempel der Name des Herstellers eingeprägt worden war. „Das habe ich nämlich niemals richtig verstanden."

„Willst du dir nicht vorher erst eine trockene Tunika anziehen?", fragte Respectus fürsorglich zurück.

„Nein, sie ist schon fast wieder trocken", hörte ich meinen Bruder antworten.

Mich verstimmte, dass Respectus sich um meine Gesundheit keine Sorgen machte. Dabei war auch meine Kleidung nass. Jetzt hast du Besseres zu tun, als eingeschnappt zu sein, sagte ich mir und eilte mit langen Schritten in die Schreibstube meines Teilhabers. Dort befand sich nämlich auch unser Archiv. Während ich Zahlenkolonne für Zahlenkolonne überprüfte, hörte ich aus der Halle die weitschweifigen Ausführungen meines Teilhabers. Wenn er eine Sache nie gelernt hatte, so war dies, etwas auf den Punkt zu bringen.

Zu meiner Enttäuschung fand ich nicht die geringste Unregelmäßigkeit. Ich konnte es drehen und wenden, wie ich wollte: An den Büchern war absolut nichts auszusetzen. Frustriert verließ ich die Schreibstube und gesellte mich zu meinem Bruder, dessen gequältem Gesichtsausdruck deutlich anzusehen war, dass ihm der Kopf vor lauter Details schwirrte, mit denen ihn mein Teilhaber überschüttet hatte.

„Respectus hat völlig Recht", half ich ihm aus der Patsche, „Du solltest endlich deine Tunika wechseln. Schließlich haben wir für derartige Fälle Ersatzkleidung im Lager deponiert!"

Mein Teilhaber schrak zusammen und blickte mich an, als hätte er mich niemals zuvor gesehen.

„Schließlich ist Lucius kaum genesen", bemerkte ich so beiläufig wie möglich und schob Lucius vor mir her in die Rumpelkammer, in der sich außer einem hölzernen Schneepflug auch Kleidung und Proviant für Notfälle befand.

„Was hast du herausgefunden?"

Mein Bruder schien vor Neugier fast zu platzen.

„Gar nichts", musste ich zugeben, während ich den Deckel der Wäschetruhe zurückklappte und zwei trockene Tuniken herauskramte. „Vielleicht haben wir uns beide getäuscht. Er hat während meiner Abwesenheit einen Rekordumsatz gemacht."

„Und?"

Ich warf Lucius die kleinere der beiden Tuniken zu.

„Ja, hast du denn gar keine Ahnung vom Geschäft? Als ich weg war, hätte er besonders gut Geld unterschlagen können, aber er hat dies offenbar nicht getan. Noch mehr als in den Büchern verzeichnet ist, kann er unmöglich eingenommen haben."

Lucius schaute mich so enttäuscht an, wie ein Kind, dessen Geburtstag man vergessen hat, und ich fühlte mich verpflichtet, ihn aufzuheitern.

„Keine Sorge, unser nächtlicher Ausflug ist nicht gestrichen."

Lucius, der sich bereits die trockene Tunika übergestreift hatte, strahlte mich an und öffnete gerade den Mund, um etwas zu sagen, aber Respectus riss im gleichen Augenblick die Tür auf. Sein Blick wanderte zwischen uns hin und her.

„Das hättet ihr gleich tun sollen", meinte er schließlich mit einem leicht verlegenen Gesichtsausdruck und verließ den Raum.

Der restliche Arbeitstag verstrich mit der üblichen Monotonie, wenn man davon absieht, dass ich noch unkonzentrierter war als mein Bruder. Am späten Nachmittag verließen wir unseren Arbeitsplatz unter dem Vorwand, bei Freunden zum Abendessen eingeladen worden zu sein. Unser Plan war, in der Umgebung zu warten, bis Respectus das Handelskontor verlassen hatte. Wenigstens regnete es nicht mehr, aber die Nässe hatte bereits die Mauern der Lagerschuppen grau gefärbt. Der scharfe Wind, der vom Rhein herwehte, fegte uns durch die Kleidung und ich schlang meinen Mantel enger um den Körper. Trotzdem zitterte ich vor Kälte. Es versprach eine eisige Nacht zu werden.

„Wollen wir nicht lieber in einer Taverne warten?", schlug mein Bruder vor.

Ich erwog aus Prinzip zu widersprechen, denn Lucius sollte nicht seine gesamte Zeit in Spelunken verbringen, aber ich hatte selbst keine Lust, mir draußen den Tod zu holen. Also nickte ich. Plötzlich kam mir ein verrückter Gedanke.

„Weißt du, was wir jetzt machen? Wir statten dem Wirt einen Besuch ab, der uns diesen vergifteten Fusel kredenzt hat. Seine Taverne ist nicht weit von hier entfernt und ich möchte zu gern sein konsterniertes Gesicht sehen, wenn wir wieder bei ihm auftauchen."

„Vielleicht gibt er uns einen aus, bei dem schlechten Gewissen, das er hat."

Wenn es um den Wein ging, setzte bei meinem Bruder offenbar der Verstand aus. Keine zehn Pferde hätten mich dazu gebracht, nur einen Schluck Wein in der Wirtschaft dieses Halunken zu trinken.

„Noch einmal helfe ich dir nicht, wenn du danach in Schwierigkeiten gerätst!", erklärte ich daher, obwohl wir beide wussten, dass das nicht stimmte.

„War ja nur eine Idee."

Schweigend passierten wir die monotone Aneinander-reihung von Lagergebäuden. Der Wind hatte an Intensität zugenommen und zerrte mir am Mantel. Als wir endlich zur Spelunke des Giftmischers gelangten, erlebten wir eine unangenehme Überraschung: Der Hauseingang war ver-rammelt. Doch die Fenster standen offen und gaben den Blick auf den leeren Schankraum frei. Auch sonst machte die Bude einen ziemlich verlassenen Eindruck. Offenbar hatte der Wirt nicht nur seinen Wein, sondern auch einen Großteil der Möbel mitgenommen. Ich bezweifelte stark, dass dies wirklich der Mühe wert gewesen war.

„Ich hätte mich an seiner Stelle auch aus dem Staub ge-macht", meinte Lucius. Er machte eine ausholende Geste in Richtung eines schäbigen Hauses, aus dessen Fenster Geläch-ter drang. „Aber schau, da drüben ist noch eine Taverne."

Zwar sah der Bau wenig einladend aus, aber auch ich hatte keine Lust draußen herumzulungern.

„Es wird uns wohl nichts anderes übrig bleiben", meinte ich daher schicksalsergeben.

Bevor ich die Straße überquerte, schaute ich noch einmal zurück. Aus einem Fenster im Obergeschoss der ehemaligen Weinschenke drang ein schwacher Lichtschein.

„Da oben ist jemand!", entfuhr es mir und ich deutete auf das Fenster.

„Das geht uns nichts an", brummte mein Bruder, der offenbar befürchtete, nicht in die Taverne zu dürfen. „Du hast mir doch immer eingeschärft, dass man sich nicht in fremde Angelegenheiten einmischen soll."

Leider fiel mir dazu nichts ein.

Im Lokal auf der anderen Straßenseite herrschte trotz der wurmstichigen Tische, der kippligen Stühle und des schmuddeligen Wirts Hochbetrieb. Wahrscheinlich waren die Stammkunden der anderen Spelunke hier gestrandet, zumindest diejenigen, die ihr Wirt nicht betäubt und am Flussufer erstochen hatte. Es handelte sich überwiegend um Tagelöhner vom Hafen, zwischen denen ich mich reichlich deplaziert fühlte. Dennoch schlugen wir hier bei zwei Gläsern mäßigen Weins die Zeit tot, bis es so spät war, dass Respectus das Feld geräumt haben musste.

Als wir auf die Straße traten, wurden wir von einer verhärmt aussehenden, nicht mehr ganz jungen Frau angesprochen.

„Wollt ihr vielleicht etwas Gesellschaft?"

Das verführerische Lächeln missglückte ihr bei diesem grässlichen Wetter gründlich. Es roch, als könnte es gleich wieder regnen oder, was bei dieser Kälte wahrscheinlicher war, sogar schneien.

„Ein andermal", erwiderte mein Bruder unerwartet freundlich.

Ich warf ihm einen giftigen Seitenblick zu, denn ich befürchtete, dass dies keine Höflichkeitsfloskel war.

„War das die Frau, die dich am Rheinufer gefunden hat?", fuhr ich Lucius an, kaum dass wir außer Hörweite waren.

„Nein, die war viel dicker und stärker geschminkt", erklärte mein Bruder und ich hoffte, dass er dies nicht nur sagte, um mich zu beruhigen.

„Höchste Zeit, diese üble Gegend zu verlassen!"

Schweigend stapften wir zum Weinkontor zurück, durch dessen Fenster nicht der geringste Lichtschein drang. Also hatte mein fleißiger Teilhaber tatsächlich seinen Arbeitsplatz verlassen.

Beim Eintreten bemerkte ich als erstes, dass es nicht mehr so muffig roch wie am Vortag. Offenbar hatte Respectus in der Zwischenzeit gelüftet. Wahrscheinlich hatte er auch Staub gewischt und dabei alles weggeschafft, was meinen Argwohn erweckt haben könnte.

Trotzdem machten wir uns sogleich an die Arbeit: Ich durchforstete die Unterlagen, während mein Bruder den Fußboden nach Geheimverstecken untersuchte. Aber die Überprüfung des Schreibtisches im Licht der Öllampen brachte keine anderen Resultate als die am hellerlichten Tag.

Ich schlenderte also zu meinem Bruder zurück, der mittlerweile damit beschäftigt war, die Weinfässer im Lagerraum eins nach dem anderen abzuklopfen. So arbeitsam hatte ich ihn noch niemals erlebt. Aber ich ging davon aus, dass auch er nichts Verdächtiges gefunden hatte. Das hätte er mir nämlich bestimmt stolz berichtet und auch sein verkniffener Gesichtsausdruck sprach Bände.

„Ob es uns gefällt oder nicht, wir haben uns geirrt. Respectus hat nichts zu verbergen", erklärte ich und ließ mich auf ein niedriges Fass fallen. Kaum konnte ich der Versuchung widerstehen, mich an unserem Kapital zu vergreifen. „Lass uns nach Hause gehen! Wir verschwenden hier nur unsere Zeit."

„Du hast mir versprochen, dass wir auch den Dachboden untersuchen!", protestierte mein Bruder, alarmiert von seiner Arbeit aufschauend.

„Wenn es denn sein muss", maulte ich, aber ich konnte nicht abstreiten, dies zugesagt zu haben.

Ohne große Begeisterung schaute ich meinem Bruder zu, der mit einer Stange die Luke öffnete, die den Dachboden verschloss. Dann hängte ich die Leiter, die gewöhnlich an die Wand gelehnt war, in die oben angebrachten Haken und verankerte sie auf dem Boden. Mit unseren Öllampen in der Hand kletterten wir die Sprossen hinauf und betraten die groben Bretter, mit denen der Fußboden bedeckt war.

Auf dem Speicher war es stockfinster. Kein Licht drang durch die Löcher und Ritzen von draußen herein. Ich führte mit meiner Öllampe kreisende Bewegungen aus und mein Bruder stieß einen Überraschungsschrei aus. Auch ich war einen Augenblick lang perplex. Denn ich hatte Schmutz, Spinnweben und Mäuse erwartet und erblickte ein wohlgeordnetes Warenlager: Kisten, Fässer und Jutesäcke füllten den Raum bis unters Dach. Dazwischen lief nur ein schmaler Steg, auf dem man den Boden durchqueren konnte, und alles war blitzblank sauber.

Warum hatte mein Teilhaber mir nicht gesagt, dass er diese Güter hierhinauf hatte schleppen lassen? Dass der behäbige, unsportliche Respectus dies selbst bewerkstelligt haben könnte, war jedenfalls völlig undenkbar.

„Was ist das alles?", stammelte mein Bruder, noch immer mit weit aufgerissenen Augen auf die Waren starrend und ich fühlte mich innerlich verpflichtet, so zu tun als wisse ich Bescheid. Schließlich war ich einer der beiden Inhaber des Weinkontors.

„In den Fässern ist Wein, der noch etwas reifen muss." Ich klopfte zur Bestätigung dieser Theorie an ein Fass. Man musste nicht vom Fach sein, um festzustellen, dass es Flüssigkeit enthielt. Aber war es wirklich Wein?

Im gleichen Augenblick flatterte mir etwas in der Dunkelheit entgegen und ich fuhr vor Schreck zusammen. Ein eiskalter Windhauch streifte meinen Kopf.

„Das ist nur eine harmlose Fledermaus. Du musst sie aufgeschreckt haben. Kein Wunder, dass sie hier überall herumfliegen", meinte mein Bruder und deutete auf ein kaputtes Fenster, durch das der Mond sein gespenstisches Licht über den Dachboden ergoss. Offenbar war endlich die Wolkendecke aufgerissen. Staubkörner tanzten in der hellen Luft, aber sonst herrschte auf dem Speicher Ordnung. „Aber was mag in diesen vielen Jutesäcken sein?"

Lucius ließ es nicht bei der Frage bewenden, sondern öffnete einen davon. Es stellte sich heraus, dass er Getreide enthielt. So banal war also des Rätsels Lösung.

„Respectus betreibt nebenbei einen Kornhandel", sagte ich zu meinem fassungslosen Bruder. „Der Vertrag, den wir miteinander abgeschlossen haben, gestattet uns dergleichen Geschäfte, unter der Bedingung, dass die Arbeit im Weinkontor nicht darunter leidet und letzteres kann man Respectus beim besten Willen nicht nachsagen."

„Und die Kisten?", fragte mein Bruder voller Sensationsgier.

Ich musste zugeben: Die waren mir auch nicht geheuer. Ich beleuchtete eine der Kisten, die etwas abseits von den anderen stand, mit meiner Lampe. Aber zwischen den Holzbrettern, aus denen sie gezimmert war, gab es keinen Spalt, durch den man einen Blick in das Innere werfen konnte. Dann muss ich eben handgreiflich werden, dachte ich und stellte meine Lampe auf dem Boden ab. Mit beiden Händen umklammerte ich den Deckel einer Kiste, aber so sehr ich mich auch bemühte, der Deckel gab nicht nach. Er war zugenagelt.

„Ich brauche ein Stemmeisen!"

Mein Bruder, der mir mit angehaltenem Atem zugeschaut hatte, nickte.

Wir durchschritten also den Freiraum zwischen den Gütern und leuchteten mit unseren Lampen jeden Winkel des Speichers aus, ohne jedoch ein geeignetes Werkzeug zu finden.

Plötzlich zerriss ein hässliches Geräusch die Stille. Es war die Haustür, die seit einiger Zeit quietschte. Dann hörte ich unter uns das Knarren von Dielen.

„Das sind bestimmt Mörder!", flüsterte Lucius. Im Licht seiner Lampe warf er einen riesigen Schatten an die Wand. „Sie sind gekommen, um uns umzubringen wie den armen Jucundus."

„Das ist Respectus", entgegnete ich, mir nur mühsam das Lachen verkneifend. „Er weiß inzwischen, dass wir hier oben sind. Wir hätten die Leiter hinter uns hochziehen sollen. Lass uns also nach unten gehen."

Ich kletterte als erster hinab. Gleißendes Licht blendete mich, als ich die erste Sprosse betrat. Unten wurde ich von meinem Teilhaber erwartet, der breitbeinig und mit gerunzelter Stirn vor der Leiter stand. In der rechten Hand hielt er eine lodernde Fackel, mit der linken beschattete er sein Gesicht.

„Ihr seid das also! Ihr habt mir einen ziemlichen Schrecken eingejagt. Aber was um Mogons Willen habt ihr mitten in der Nacht dort oben verloren?", entfuhr es ihm, wobei er mich von Kopf bis Fuß musterte.

Wenn Respectus beim gallischen Sonnengott fluchte, wurde die Sache todernst.

„Ich habe gestern einen goldenen Ring verloren", stammelte ich aus Gewohnheit.

Wenn ich dies noch einmal behaupte, glaubte ich am Ende selbst daran. Trotzdem ergab die Behauptung in diesem Fall leider gar keinen Sinn.

„Dort oben?", fragte mein Teilhaber mit der Andeutung eines spöttischen Lächelns.

Im flackernden Licht der Fackel, das mich noch immer blendete, war sein Haar noch röter als gewöhnlich.

„Nein, natürlich nicht. Ich habe den Ring natürlich in unseren Arbeitsräumen gesucht. Dabei hat mein Blick zufällig die Dachluke gestreift und mir ist eingefallen, dass ich schon lange vorgehabt habe …"

Es blieb mir erspart zu behaupten, dass ich bei Nacht nachprüfen wollte, ob eine Dachluke aufstand, weil im gleichen Augenblick mein Bruder heruntergepoltert kam. Ich hatte schon befürchtet, er könnte auf dem Speicher übernachten wollen.

„Was ist in all diesen Kisten auf dem Dachboden?", erkundigte er sich ohne Umschweife und starrte Respectus feindselig an.

Meinem Teilhaber war diese Frage sichtbar peinlich. Er schaute auf seine Sandalen. Dann holte er tief Luft und blickte mich mit angespanntem Gesicht an, obwohl es doch Lucius war, der ihn gefragt hatte.

„Das weiß ich leider auch nicht so genau. Als du an der Mosel warst, hat mich ein Verwandter gebeten, seine Ware bei uns unterstellen zu dürfen, weil sein Lagerraum abgebrannt ist. Bedauerlicherweise habe ich völlig vergessen, dir das zu sagen."

Das waren also die dubiosen Männer mit den karierten Umhängen! Es waren die Verwandten meines Teilhabers, die soweit ich wusste alle Kaufleute waren. In diesem Augenblick verfluchte ich von ganzem Herzen die überbordende

Phantasie meines Bruders. Dessen verkniffenes Gesicht ließ erkennen, dass ihn die Antwort meines Teilhabers nicht zufrieden stellte.

„Wahrscheinlich geht es mich wieder einmal nichts an: Aber was führt dich eigentlich hierher, zu dieser späten Stunde?", wollte Lucius wissen, der sich offensichtlich kaum noch dazu überwinden konnte, die üblichen Höflichkeitsformen zu wahren. Trotzig verschränkte er die Arme vor der Brust und reckte sein Kinn hoch, sodass er auf Respectus, der etwas kleiner war als er selbst, herabschauen konnte.

Mein Teilhaber warf ihm einen vernichtenden Blick zu.

„Die Arbeit, falls du weißt, was das ist. Ich kehre oft nach dem Abendessen ins Handelskontor zurück, aber natürlich hast du dies niemals bemerkt, weil dir dergleichen nicht im Traum einfallen würde."

Er dehnte die Worte „du" und „dir" sehr lang. Natürlich hatte Respectus mit dieser Einschätzung völlig Recht. Aber er brachte mich in eine Zwickmühle, da ich mich irgendwie doch verpflichtet fühlte, etwas Nettes über meinen Bruder zu sagen. Schließlich war ich es, der ihn angestellt hatte. Leider fiel mir jedoch nichts ein.

„Wir sollten schleunigst wieder gehen. Schließlich sind wir bei unseren Nachbarn zum Essen eingeladen", sagte ich stattdessen etwas hilflos zu Lucius, da mir plötzlich eingefallen war, dass wir dies zuvor behauptet hatten. Dann wandte ich mich an Respectus. „Und wenn du einen Goldring finden solltest …"

„Ist er bei mir in den besten Händen", erklärte dieser im feierlichen Tonfall eines Apollopriesters.

Ehe wir uns versahen, hatte mein Teihaber uns hinauskomplimentiert, aber wenigstens regnete es nicht. Als sich die Tür hinter uns geschlossen hatte und wir auf der schlammigen Straße standen, sprudelte es aus Lucius heraus: „Das stinkt doch zum Himmel …"

Ich legte den Zeigefinger auf die Lippen, da ich Respectus zutraute, an der Tür zu lauschen und mein Bruder verzog das Gesicht.

„Er betrügt dich!", entfuhr es Lucius, kaum dass wir um die nächste Ecke gebogen waren. „Hast du gesehen, wie unangenehm es ihm war, dass wir uns auf dem Dachboden umgeschaut haben!"

„Ja, die Verwandten bringen einen allzu oft in peinliche Situationen", entgegnete ich mit einem grimmigen Seitenblick auf meinen Bruder, der sich aber ganz offensichtlich nicht angesprochen fühlte.

Auf dem Rückweg versuchte ich etwas halbherzig Lucius davon zu überzeugen, dass er mittlerweile einer fixen Idee nachjagte und meinem Teilhaber bitterlich unrecht tat. Aber ich überzeugte leider nicht einmal mich selbst. Es ärgerte mich maßlos, dass es mir nicht gelungen war, einen Blick in das Innere der Kiste zu werfen. Hatte dieser übereifrige Respectus nicht einige Minuten später aufkreuzen können? Dann wüsste ich jetzt wenigstens, in welche finsteren Machenschaften seine Sippe verwickelt war.

Aber er konnte sich nicht ewig unter dem Schutz der Dunkelheit verkriechen. Früher oder später würde ich ihm auf die Schliche kommen.

## 6. Der Abschied

Am nächsten Tag fand die Leichenverbrennung des Jucundus statt. Schon immer habe ich es gehasst, auf Begräbnisse zu gehen und habe mich daher davor gedrückt, wo ich nur konnte. Aber diesmal hatte ich keine andere Wahl, denn die beiläufige Bemerkung meines Patrons am Vortag war in Wahrheit ein Befehl gewesen.

Mein Bruder und ich begaben uns also morgens in den Barbierladen, um uns rasieren und die Haare schneiden zu lassen. Der Barbier Tiberius, ein großer, fetter Oberitaliener versorgte uns mit dem neuesten Klatsch. Während er mir die Haare trimmte, ließ ich seine Anekdoten an mir vorbeirauschen wie einen warmen Frühlingsregen.

„Weißt du schon das Neuste?", fragte er mich in einem verschwörerischen Tonfall, bevor er mit der Rasur begann.

„Worüber?"

Tiberius schärfte sein Bronzemesser an einem Lederstreifen, was ziemlich gefährlich aussah.

„Über den Mord an Jucundus natürlich!"

Das hätte ich mir eigentlich denken können.

„Sein Sklave Caius hat ihn im Suff am Rheinufer niedergestochen", erklärte ich mit Nachdruck.

Eine irrationale Furcht ergriff mich. Würde mir Tiberius auftischen, dass man mittlerweile meinen Bruder der Tat verdächtigte? Wohl kaum, während dieser in Hörweite in seinem Laden darauf wartete, dass er an der Reihe war.

„So sagt man. In Wahrheit hat aber seine Braut Cornelia ihn vergiftet. Sie hat es nämlich bereut, dass sie sich mit ihm verlobt hat. Inzwischen würde sie lieber mit ihrem Herrn, diesem reichen Landgutbesitzer anbandeln", teilte Tiberius mir mit vor Aufregung glühenden Wangen mit und ich wusste nicht, ob ich lachen oder weinen sollte. „Aber das bleibt unter uns!"

Bestimmt machte diese hanebüchene Geschichte schon im ganzen Lager die Runde.

„Wer zum Orcus hat dir denn das erzählt?", entfuhr es

mir und mein Blick streifte das blasse Gesicht meines Bruders.

„Die Frau des Lagerkommandanten hat es einer Kundin von mir erzählt."

Konnte tatsächlich die Frau des Kommandanten diesen Schwachsinn in die Welt gesetzt haben? Eigentlich war dies auch gleichgültig, Hauptsache niemand nahm sie ernst.

„Woher will sie das wissen?", fragte Lucius, dessen Gesicht wieder etwas Farbe angenommen hatte.

„Keine Ahnung!" Der Barbier machte eine wegwerfende Handbewegung. „Ich habe nur weitererzählt, was ich gehört habe."

„Dann sage bitte deinen nächsten Kunden, du hättest aus informierten Kreisen erfahren, dass der Sklave Caius der Mörder war", verkündete ich in einem Tonfall, der keinen Widerspruch duldete. „Wer dies nicht glaubt, kann sich bei Marcus Terentius erkundigen, dem Patron des Jucundus!"

„Der verarmte Villenbesitzer?"

Da mir der Barbier inzwischen im wahrsten Sinne des Wortes das Messer an die Kehle gesetzt hatte, blieb ich ihm die Antwort schuldig. Er beendete seine Arbeit in indigniertem Schweigen.

„Nimm diesen hanebüchenen Klatsch nur nicht ernst", sagte ich zu Lucius, als Tiberius kurz im Nebenraum verschwunden war und gab ihm einen freundschaftlichen Klaps auf den Rücken.

„Ich tu, was ich kann", entgegnete mein Bruder mit einem matten Lächeln.

Nun war Lucius an der Reihe, auf dem Barbierstuhl Platz zu nehmen. Tiberius entließ ihn, nachdem er ihm die Wangen und den Hals abgeschabt hatte.

„Und was ist mit seinen Haaren?", protestierte ich.

„Sie sehen gut aus, wie sie sind."

Ich ließ die Sache auf sich beruhen, weil ich nicht in der Stimmung war, um mich herumzustreiten.

Nachdem mich dieser enervierende Barbierbesuch zumindest einigermaßen präsentabel gemacht hatte, drapierten wir zur Feier des Tages frisch gewaschene Togen über unsere Tuniken. Dieses unpraktische Kleidungsstück trug ich nur, wenn es absolut unerlässlich war. Aber ich sagte mir dann immer zum Trost, dass ich doch eigentlich stolz darauf sein sollte, endlich das Recht zu haben, die Toga des freien römischen Bürgers zu tragen.

Weiche Lederstiefel rundeten unsere Aufmachung ab, da es als vulgär galt, zur Toga Sandalen zu tragen. In dieser Festtagskleidung marschierten wir zum Anfang der Ausfallstraße, an der sich das Familienmonument des Marcus Terentius befand. Es war keines der ganz großen Denkmäler, die die Straße säumten, sondern ein umgrenzter Bezirk mit einem kleinen, runden Mausoleum. Glücklicherweise regnete es nicht, auch wenn es noch immer recht frisch und windig war. Sonst hätte die im Freien stattfindende Zeremonie sehr unangenehm werden können.

Man hatte neben dem Mausoleum Holzscheite zu einem rechteckigen Scheiterhaufen aufgeschichtet, auf dem der Leichnam lag, und als Beigaben auf den Holzscheiten Geschirr, Lebensmittel und Blumen deponiert.

Die Trauergemeinde bestand überwiegend aus den Bediensteten unseres Patrons, unter ihnen auch Cornelia, die Verlobte des Viehhirten, die mit den Tränen kämpfte. Sie trug wegen des kühlen Wetters eine langarmige Tunika, die mit einem einfachen Band gegürtet war und hatte sich – wie alle anderen – den Kopf mit ihrem Mantel bedeckt. Die weiße Trauerkleidung ließ ihre helle Haut noch blasser wirken.

Trotz ihres lateinischen Namens waren ihre blonden Haare ein Hinweis darauf, dass Cornelia sicherlich eine Germanin war. Es war ein seltsamer Brauch, Sklaven meist traditionelle römische Namen zu verpassen. Deshalb liefen in Rom Nubierinnen mit Namen wie „Antonia Metella" herum.

Nach der Familie meines ehemaligen Herrn schaute ich mich hingegen vergeblich um. Wahrscheinlich befand sich seine Frau Drusilla auf Verwandschaftsbesuch in der Gallia cisalpina und hatte ihre fünf bis sechs gemeinsamen Kinder mitgenommen. Ich hätte nicht zu sagen vermocht, wie viele es zu diesem Zeitpunkt waren, denn seit ich nicht mehr zum Haushalt gehörte, hatte ich etwas die Übersicht verloren.

Marcus Terentius hielt die Grabrede. Dies wäre normalerweise die Aufgabe des ältesten Sohns oder zumindest eines anderen männlichen Verwandten gewesen. Da Jucundus keine Familie besaß, hatte sein Patron diese Aufgabe übernommen, aber seine Ansprache war nach meinem Empfinden ziemlich kurz. Er erklärte mit knappen Worten, dass Marcus Terentius Jucundus – wie sein korrekter Name lautete, da Freigelassene den Namen ihres ehemaligen Herrn dem eigenen vorzustellen pflegten – immer ein arbeitsamer, gehorsamer Sklave gewesen sei, den er daher freigelassen hatte.

Ich musste mich mühsam beherrschen, um nicht darauf hinzuweisen, dass Jucundus für seine Freilassung eine Menge Geld hatte bezahlen müssen. Mein Blick traf zufällig den des alten Pförtners und seine vorwurfsvolle Miene verriet mir, dass er dasselbe dachte.

Es folgten noch einige Allgemeinplätze, die bei keiner Leichenrede fehlten durften, und dann ging Marcus Terentius bereits zu den Begräbnisriten über. Dieses hastige Abarbeiten der Zeremonie wollte nicht recht zur unerwarteten

Großzügigkeit meines Patrons passen, der für seinen ehemaligen Viehhirten einen mit Relief verzierten Grabstein in Auftrag gegeben hatte.

In diesem Augenblick hoffte ich inständig, dass meine eigene Einäscherung – dereinst in einer möglichst fernen Zukunft – nicht so nüchtern sein würde. Ich lege nämlich gesteigerten Wert auf eine Prozession mit Klageweiber und Flötenspielerinnen, wie sie einem wohlhabenden Bürger zusteht.

Ganz plötzlich kam mir die Frage in den Sinn, wo man wohl den Sklaven Caius begraben würde. Wie ich später erfuhr, ließ Marcus Terentius ihn am folgenden Tag verbrennen und streute seine Asche auf sein Familiengrab. So waren also der Mörder und sein Opfer für alle Ewigkeiten vereint.

„Götter nehmt euch seiner Seele gnädig an!", erklärte mein Patron schließlich und ergriff die Fackel, die der junge, rothaarige Sklave für ihn bereithielt. Damit entzündete er den Scheiterhaufen. Er tat dies mit abgewandtem Gesicht, wie es der Tradition entsprach.

Das trockene Holz begann zu brennen und erfasste den Leichnam. Bald loderten die Flammen zum Himmel empor. Ein Windstoß ließ das Feuer knistern. Er trieb mir den beißenden Rauch ins Gesicht. Funken stieben durch die Luft.

Hinter mir hörte ich Cornelia laut schluchzen und meinen Bruder, der ihr sicher nicht ganz uneigennützig Trost zuzusprechen suchte.

Als das Feuer niedergebrannt war, sammelte Marcus Terentius die Knochenreste auf und füllte sie in eine Urne, die an der Stelle im Boden versenkt wurde, an der sich heute das Grabmonument erhebt. Mein Patron opferte nach altem Brauch schwarze Bohnen und gab dem Verstorbenen eine Münze für Charon, den Fährmann über den Unterweltsstrom, mit auf dem Weg.

Noch immer tuschelte mein Bruder mit der Braut des Verstorbenen und ich hatte den Eindruck, dass das junge Mädchen nicht mehr ganz so untröstlich aussah. Lucius sah ihrem verstorbenen Verlobten ziemlich ähnlich, nur dass er etwas größer war und unbestreitbar besser aussah. Dies war aber auch die einzige Entschuldigung, die man für Cornelias skandalöses Verhalten anführen konnte.

Da ich nicht wusste, wie lange ich das Geturtel noch ertragen würde, ohne eine boshafte Bemerkung zu machen, nahm ich nicht am Totenmahl teil, das nach dem Reinigungszeremoniell am Grab stattfinden sollte, sondern kehrte unter dem Vorwand, mich nicht vor Arbeit retten zu können, in die Stadt zurück.

„Wirklich schade, dass du so viel zu tun hast", meinte mein Patron in einem gleichgültigen Tonfall, was wohl ein halbherziger Versuch sein sollte, mich umzustimmen. Es war ihm aber wohl nur allzu lieb, ein hungriges Maul weniger stopfen zu müssen; nachvollziehbar, wenn man das heruntergewirtschaftete Landgut bedachte.

„Einer muss schließlich im Kontor arbeiten", erwiderte ich mit einem Seitenblick auf meinen Bruder.

„Dafür hast du doch Respectus", entgegnete dieser ohne zu zögern.

Dieser Kommentar war so ungeheuerlich, dass ich innerlich bis zehn zählte, um nicht vor der Trauergesellschaft ausfallend zu werden. Es war höchste Zeit aufzubrechen!

„Grüße deine Frau von mir! Ich kann mir einfach ihren Namen nicht merken", sagte Marcus Terentius, nachdem ich mich von ihm verabschiedet hatte, und Lucius musterte mich belustigt von der Seite.

„Ich bin nicht verheiratet!", insistierte ich mit nur mühsam aufrechterhaltener Höflichkeit.

„Du musst doch fast dreißig Jahre alt sein und bist immer noch nicht verheiratet?", fragte mein Patron mit gerunzelter Stirn. „So etwas gab es früher nicht."

Lucius verzog das Gesicht und ich hätte ihn umbringen können.

„Ich hoffe, deiner Familie geht es gut?", fragte ich anstandshalber zurück.

„Ja, ganz ausgezeichnet."

Unmöglich zu sagen, was in meinem Patron vorging, aber mein Ärger über meinen Bruder war so groß, dass ich mir keine weiteren Gedanken darüber machte.

Auf dem Weg zur Arbeit machte ich einen Abstecher nach Hause, um mich der pompösen Toga zu entledigen und eine Kleinigkeit zu essen. Leider war Petrina gerade auf den Markt einkaufen gegangen. Also musste ich mich selbst bedienen.

Beim Herumstöbern in der Küche fand ich nur geräucherten Schweinsfuß, was nicht gerade mein Lieblingsessen war. Das hielt meine Haushälterin nicht davon ab, uns jeden zweiten Mittag damit abzuspeisen. Schweinshaxen waren eine Spezialität der Region, aus der sie stammte, aber ich war nicht länger bereit, diese Entschuldigung zu akzeptieren. In all den Jahren, in denen sie schon als Haushälterin arbeitete, hätte Petrina hinreichend Zeit gehabt, ein paar leichte Gerichte für die Mittagszeit zu erlernen. Und sei es nur uns zuliebe!

Das ist zumindest preiswerter als ein Imbiss in der Taverne, sagte ich mir, während ich das Zeug lustlos in mich hineinstopfte.

Die Fischhändlerinnen hatten schon den größten Teil

des Tagesfangs ihrer Männer verhökert, als ich endlich das Weinkontor erreichte. Schwungvoll öffnete ich die Tür, um Respectus zu erschrecken, was mir aber misslang, denn mein Teilhaber schlenderte mir mit unbewegter Miene entgegen. Eintretend bemerkte ich Schleifspuren auf dem Boden. Die Luft roch nach vermodertem Staub und nach Sägemehl.

Respectus, der gerade in einen Apfel gebissen hatte, musterte mich kauend. Seine buschigen Augenbrauen waren vorwurfsvoll zusammengezogen.

„Ich habe mich schon gefragt, wo ihr beiden steckt!", sagte er, nachdem er den Bissen heruntergeschluckt hatte. „Zuerst stöbert ihr nachts auf dem Speicher herum und dann erscheint ihr morgens nicht zu Arbeit."

Schlagartig fiel mir ein, dass ich versäumt hatte, Respectus mitzuteilen, dass wir am Vormittag verhindert sein würden. Außerdem missfiel es mir hochgradig, wie er von meinem Bruder und mir im Plural sprach. Schließlich war ich ein arbeitsamer Mensch, der nicht ohne triftigen Grund erst mittags zur Arbeit kam.

„Das ist mir aber schrecklich peinlich. Ich habe ganz vergessen, dir zu sagen, dass wir heute Morgen an einer Beerdigung teilnehmen mussten."

„Hoffentlich kein Verwandter?"

Mein Bruder hätte bestimmt geantwortet: ein weiteres Seuchenopfer.

„Nein, ein Freigelassener unseres Patrons."

Das vierschrötige Gesicht meines Teilhabers nahm einen misstrauischen Ausdruck an. Offenbar hatte er Vorurteile gegen Freigelassene. Ich fühlte mich persönlich angegriffen, weil ich schließlich selbst einer war.

„Ich hoffe, er war kein naher Freund."

Ich fragte mich, ob Respectus den Viehhirten vielleicht

kannte. Denn sicherlich hatte Jucundus an seinem Todestag im Weinkontor vorbeigeschaut. Welche andere Erklärung konnte es sonst dafür geben, dass mein Bruder an jenem verhängnisvollen Abend vor mir in der Schankwirtschaft eingetroffen war?

„Vielleicht hast du ihn schon einmal gesehen", sagte ich daher. „Er war junger Mann um die dreißig mit ungekämmten Haaren. Am Tag der Anna Perenna hat er hier nach mir gefragt!"

„Er roch ganz schrecklich nach Stall und hatte einen ungehobelten Sklaven dabei?", fragte mein Partner nach.

Ich hätte über diese uncharmante, wenn auch nur allzu zutreffende Charakterisierung gelacht, wenn die ganze Sache nicht so traurig gewesen wäre.

„Genau der, er ist noch am gleichen Abend von ebendiesem ungehobelten Sklaven erstochen worden", erklärte ich in der Hoffnung, dass dies Respectus dazu bewegen würde, über den Verstorbenen etwas achtungsvoller zu sprechen.

„Wie schrecklich", entfuhr es meinem Teilhaber und er wich intuitiv vor mir zurück, als ob der Tod eine Krankheit wäre, die dadurch übertragen wird, dass man über sie spricht.

Ich ging davon aus, dass Respectus von dem Mordfall bereits gehört hatte. Schließlich sprach man seit Kurzem in Mogontiacum über nichts anderes. Daher wartete ich, dass bei ihm die Sesterz fiel. Aber mein Teilhaber fragte nicht nach dem Namen des Verstorbenen, sondern warf den Stiel des Apfels, den er mittlerweile in sich hineingestopft hatte, aus dem Fenster. Dann ging er nervös im Lagerraum auf und ab. Ehe ich ihn fragen konnte, welche Laus ihm über die Leber gelaufen war, blieb er ziemlich abrupt vor mir stehen und blickte mich finster an.

„Ich muss mit dir reden!"

Er schleuderte mir die Worte förmlich entgegen und ich war einen Augenblick lang perplex.

„Das tun wir doch schon die ganze Zeit!"

Respectus verlagerte sein Gewicht von einem Bein auf das andere, wie er es gewöhnlich tat, wenn ein Kunde ihn mit langweiligen Geschichten von der Arbeit abhielt.

„Mit deinem Bruder und mir geht es so nicht weiter!", fauchte er mich an. „Nur dir zuliebe habe ich seiner Einstellung zugestimmt. Aber er wird von Tag zu Tag fauler, falls das überhaupt noch möglich ist. Kaum dass er sich die Mühe macht, sich gegen Mittag blicken zu lassen! Als du an der Mosel warst, hat er hier nur untätig herumgelungert und mir dann noch dumme Fragen gestellt."

Zwar hatte ich dies längst vermutet, aber aus dem Munde meines Teilhabers hörte es sich irgendwie anders an. Daher fühlte ich mich verpflichtet, ein gutes Wort für Lucius einzulegen.

„Er hat mir gesagt, er habe seine Hilfe angeboten, aber du hättest ihm keine Arbeit zugeteilt."

Respectus schnaubte verächtlich.

„Als ob man dir oder mir eine Arbeit zuteilen müsste! Wenn Lucius nicht sieht, was zu tun ist, dann ist er hier fehl am Platz."

Jetzt war es also herausgekommen. Er wollte, dass wir meinen Bruder entließen. Das Schlimmste daran war, dass ich es ihm noch nicht einmal verdenken konnte. Wenn Lucius sein Verwandter gewesen wäre, so hätte ich längst ebenso reagiert.

Trotzdem nahm ich natürlich den missratenen Burschen in Schutz und wir stritten uns wie die Kesselflicker. Es fielen Worte wie „Tagedieb", „neugieriges Herumschnüffeln" und

„eingebildeter Wichtigtuer", bis die Ankunft eines Kunden bewirkte, dass wir Waffenstillstand schließen mussten. Es war der Wirt einer besseren Taverne, die überwiegend von Offizieren frequentiert wurde. Um dem Gezänk zu entfliehen, bot ich dem Kunden an, ihm seinen Wein noch am gleichen Tag zu liefern.

Zuvorkommend wie selten half ich dem Kutscher beim Beladen des Lieferwagens und machte ich mich anschließend aus dem Staub, ohne Respectus noch einmal zu begegnen.

Wie nicht anders zu erwarten, war unser Zankapfel noch nicht vom Leichenschmaus zurückgekehrt, als ich unser Haus betrat. Sicherlich war er bei dem auf das Mahl folgenden Umtrunk versackt.

Während ich auf Lucius wartete, ärgerte ich mich über mich selbst, dass ich um des lieben Friedens Willen einfach aus dem Weinkontor abgerauscht war, ohne der Herkunft der Schleifspuren nachgegangen zu sein. Bestimmt hatte mein Teilhaber mittlerweile die Waren seines Verwandten vom Speicher entfernen lassen. Und wenn nicht? Wenn er noch mehr dubiose Güter bei uns eingelagert hatte, die mir Ärger mit den Behörden einbrachten? Ich hätte am Nachmittag unbedingt den Dachboden inspizieren sollen! Nur wegen meines faulen Bruders hatte Respectus mich mit seinen Vorwürfen von den wahrhaft wichtigen Fragen ablenken können.

Verärgert goss ich mir einen Becher unverdünnten Wein ein und schüttete ihn in einem Zug herunter. Nun ging es mir schon besser, weshalb ich mich danach mit verdünntem Wein begnügte.

Plötzlich wurde es dunkel im Raum. Das Öl des Lämpchens auf meinem Tisch war erschöpft, aber ich rief nicht nach meinem Diener. Mit angezogenen Beinen saß ich auf meiner Kline, die Arme um die Knie gelegt und starrte ins Dunkel. So brütete ich den Rest des Abends vor mich hin, bis mich Stimmen aus dem Halbschlaf aufschreckten. Ich sprang von meiner Liege auf und wollte schon meinen Becher unter dem Möbel verstecken, da ich ein ernstes Wörtchen mit Lucius reden wollte. Aber ich sagte mir, dass der Bruder meine Weinfahne riechen würde. Außerdem ging ihn mein Weinkonsum nichts an. Um nicht den Eindruck zu erwecken, dass ich auf ihn gewartet hätte, spazierte ich Lucius gemessenen Schrittes entgegen.

„Respectus hat sich über deine Faulheit beschwert und jetzt würde er dich am liebsten hinauswerfen!"

Mit diesen Worten empfing ich ihn und baute mich vor ihm auf. Wenn ich erwartet hätte, dass Lucius erbleichen, Besserung geloben oder behaupten würde, dass er ein Muster an Fleiß sei, wäre ich bitterlich enttäuscht worden. Aber ich hatte mich keinen derartigen Illusionen hingegeben. Denn dafür kannte ich ihn viel zu gut.

Er zuckte nicht mit der Wimper.

„Auch gut", erwiderte er zwischen Tür und Angel und sein emotionsloser Tonfall provozierte mich geradezu, „Ich langweile mich bei euch sowieso irgendwann noch zu Tode."

Mir fehlten einen Augenblick lang die Worte, was mir nur sehr selten passierte. Dann ergriff mich der unwiderstehliche Drang, meinem Bruder die Gurgel umzudrehen.

„Ich glaube nicht, dass es Cornelia gefällt, wenn du dich jeden Abend besäufst", rief ich Lucius in ohnmächtiger Wut nach, da ich wusste, dass ihm meine Meinung herzlich gleichgültig war.

Als er verschwunden war, fragte ich mich, ob die Dienstboten an der Türe lauschten. Ich an ihrer Stelle hätte es sicherlich getan. Innerlich verwünschte ich meinen Bruder, der mich überall blamierte, selbst vor der eigenen Dienerschaft. Unfähig in dieser Verfassung zu Bett zu gehen, huschte ich mit meinem Becher in die Vorratskammer. Dort hielt ich mich an dem hervorragenden Rotwein schadlos, der mir für meinen Bruder und für die Gäste zu schade war. Deshalb hatte ich ihn auch in einer Wandnische versteckt, die sich hinter einer Truhe befand.

Schon nach dem ersten Schluck, den ich mir auf der Zunge zergehen ließ, fühlte ich mich etwas besser.

Wenigstens hatte ich den richtigen Beruf gewählt.

Am nächsten Tag ging mein Bruder mir aus dem Weg. Leider mied er auch das Weinkontor oder mit anderen Worten: Er kam wieder nicht zur Arbeit.

Mein Teilhaber und ich übergingen dieses Thema, so wie man sich über einen peinlichen Verwandten ausschweigt, was Lucius schließlich leider auch war.

„Du bist in den Kornhandel eingestiegen?", fragte ich Respectus gegen Mittag, da mir unser gespanntes Verhältnis aufs Gemüt schlug. Er wollte protestieren, aber ich machte eine abwehrende Geste. „Ich weiß, dass dies nicht gegen unsere Vereinbarungen verstößt! Aber ich finde, du hättest mich ruhig darüber informieren können, dass du Säcke und Kisten auf den Speicher hast bringen lassen. Es hätte ja sein können, dass ich selbst etwas einlagern möchte …"

„Das hatte ich auch vor!", unterbrach mich mein Teilhaber, „aber ich bin nicht dazugekommen. Zuerst hast du nur stundenweise im Kontor vorbeigeschaut und dann stehst du plötzlich nachts auf dem Dachboden. Und das, wo du angeblich zum Essen eingeladen warst. Findest du nicht, dass dein Verhalten ziemlich merkwürdig war?"

92

Wenn Respectus recht hatte, so hatte er recht. Krampfhaft suchte ich nach einer passenden Ausrede. Mir fiel nichts Besseres ein als die Mär von dem verlorenen Ring. Dann wies ich auf den Todesfall im Freundeskreis und auf die Krankheit meines Bruders hin.

„Ist er wieder völlig gesund?", erkundigte sich mein Teilhaber und ich war einen Moment lang verblüfft über diese Frage. Offenbar hatte er meine Ausrede tatsächlich geglaubt.

„Er ist auf dem Weg der Besserung!", behauptete ich unverschämt.

Respectus kratzte sich verlegen am Kinn.

„Das habe ich gestern nicht so gemeint. Es war mir einfach herausgerutscht", brummte er schließlich, „wenn dein Bruder mal wieder zum Arbeiten vorbeikommen will … Dann ist er herzlich willkommen. Aber in Zukunft bezahlen wir ihn tageweise. Dann kann er sich selbst überlegen, ob er nicht doch etwas mehr Fleiß an den Tag legen will."

Das schien mir ein faires Angebot zu sein.

„Ich werde es ihm ausrichten", erwiderte ich, obwohl ich wenig Hoffnung hatte, dass Lucius Einsicht zeigen würde, „aber jetzt möchte ich gern mit dir den Speicher besichtigen. Wir sollten in Zukunft über die Waren sprechen, die dort oben gelagert werden, damit es nicht wieder zu Missverständnissen zwischen uns kommt."

Mein Teilhaber widersprach nicht, obwohl ich sicher war, dass ihm der Vorschlag gar nicht zusagte.

Mit Respectus ließ ich die Leiter runter und ich wollte schon hinaufsteigen, als ich von der plötzlichen Furcht ergriffen wurde, Respectus könnte, wenn ich oben auf dem Speicher angekommen wäre, die Leiter wieder zurückziehen. Also bedeutete ich ihm mit einer höflichen Handbewegung, dass ich ihm den Vortritt ließ.

Er kletterte die Leiter hoch und ich folgte. Mich umschauend fand ich meine Befürchtung vom Vortag bestätigt: Zwar stapelten sich noch immer Weinfässer und Jutesäcke mit Getreide bis fast zu Decke, aber die Kisten, die angeblich den Verwandten meines Teilhabers gehörten, waren verschwunden.

Kaum war ich imstande, meinen Groll zu verbergen, aber was geschehen war, ließ sich nicht mehr ändern. Es war zwecklos, nach dem Inhalt der Kisten zu fragen; da sie nicht mehr auf dem Dachboden standen, konnte mir Respectus alles erzählen.

Ich beäugte ihn verstohlen von der Seite. Unmöglich zu sagen, ob er ahnte, dass es die mysteriösen Kisten waren, die mich zu der Exkursion auf den Speicher verleitet hatten. Jedenfalls machte er gute Miene zum bösen Spiel und mir blieb nichts anderes übrig, als es ihm gleichzutun.

Eingehend erklärte mir Respectus, welche Weine er hier oben eingelagert hatte und warum. Dann nannte er mir Anzahl und Gewicht der Getreidesäcke. Ich hörte seinen Ausführungen nur mit halbem Ohr zu. So groß war meine Enttäuschung darüber, dass ich nun niemals erfahren würde, was sich in den Kisten befunden hatte.


## 7. Der Überfall

In den nächsten Wochen ging alles seinen gewohnten Gang, außer dass sich Lucius weiterhin im Handelskontor rar machte. Respectus verreiste für einige Tage und als er zurückkam, war es schon Mai und langsam fragte ich mich, was mein Bruder während meiner Arbeitszeit trieb. Die Dienstboten bestätigten meine Vermutung, dass er die Tage meist außer Hause verbrachte, doch wussten auch sie nicht, wohin er ging.

Mittlerweile hatte ich mich damit abgefunden, dass Lucius nicht mehr im Handelskontor aushalf. Inständig hoffte ich, dass er nicht auf die schiefe Bahn gekommen war. Zwar war Mogontiacum nicht gerade ein Sündenpfuhl, aber es mangelte nicht an verrufenen Spelunken, in denen das Würfelspiel gepflegt wurde, von den leichten Mädchen ganz abgesehen, die man dort traf. Aber wenn ich meinem Bruder Fragen stellte, gab er nur Ausflüchte von sich.

Wie mir mein Bruder erst später berichtete, befand er sich zu dieser Zeit tatsächlich in großer Gefahr. Im Folgenden will ich kurz berichten, was sich damals zugetragen hat.

Lucius besuchte zu dieser Zeit regelmäßig Cornelia, wobei er den Vormittag bevorzugte, weil sie dann häufig im Freien arbeitete und er ihr dabei Gesellschaft leisten konnte. Was sicherlich im Klartext heißen sollte, dass sich das Mädchen, während sie ihre Pflichten erledigte, seiner Annäherungsversuche kaum erwehren konnte.

So marschierte Lucius an einem trüben Morgen über die südliche Ausfallstraße, die aus Mogontiacum herausführte und in deren Nähe das Landgut des Marcus Terentius zwischen den Hügeln lag. Die Täler mit ihren Getreidefeldern und Obstgärten waren von Nebelschwaden verhüllt, sodass der Blick des Wanderers nicht in die Ferne schweifen konnte. Zur Rechten wurde die Landstraße von steinernen Grabdenkmälern gesäumt. Damit die Vorbeikommenden ständig den Tod vor Augen haben, dachte Lucius und dieser Gedanke verdüsterte seine ohnehin schon finstere Stimmung. Auch für Jucundus hatte man mittlerweile einen Grabstein setzen lassen und damit war der Fall für alle anderen erledigt. Nun würden nur noch die Passanten an ihn denken.

Selbst Cornelia nahm ihre Trauer doch nur zum Vorwand, um Lucius auf Distanz zu halten, da sie auf einen reicheren Verehrer wartete als ihn, wozu allerdings nicht viel gehörte. Denn mit dem Hinweis, dass er schließlich zu Hause freie Kost und Logis habe, erhielt Lucius nur einen Hungerlohn. Deshalb hatte er mittlerweile endgültig die Lust verloren, im finsteren Schuppen seines Bruders seine Jugend zu verschwenden.

Der Gedanke an andere Verehrer Cornelias ließ Lucius keine Ruhe, zumal er sich des Verdachtes nicht erwehren konnte, dass sie auf keinen geringeren als ihren Herrn Marcus Terentius ein Auge geworfen hatte. Lucius fand es jedenfalls seltsam, dass dessen Familie noch immer nicht aus Verona zurückgekehrt war. Was hatten sie dort wochenlang zu tun? Bestimmt war seine Frau mit einem Stabsoffizier durchgebrannt und seinem Patron war dies so peinlich, dass er den Skandal so lange wie möglich zu vertuschen suchte.

Als Lucius etwa die halbe Wegstrecke zurückgelegt hatte, fragte er sich, wie viele derartige Gewaltmärsche seine armen Sandalen noch verkraften würden. Sie waren vom Straßendreck verkrustet und die Sohle begann bereits am Ballen dünn zu werden. Lucius beneidete die Soldaten um ihre knöchelhohen Riemensandalen mit genagelten Sohlen. Aber woher das Geld für neues Schuhwerk nehmen?

Im Gebüsch, das am linken Straßenrand wucherte, knackte ein Zweig. Lucius hielt nach dem Tier Ausschau, das dieses Geräusch verursacht haben mochte, da er hoffte, es könne sich um ein Kaninchen handeln. Er wurde von der Jagdleidenschaft gepackt, aber dann kam ihm schmerzlich in den Sinn, dass er keine Waffen bei sich führte. Vielleicht hätte es

Cornelia gefallen, wenn er ihr ein Kaninchen als Liebesgabe mitgebracht hätte. Aber er konnte das Wild wohl kaum mit bloßen Händen zur Strecke bringen. Also blieb ihm nichts anderes übrig, als unverrichteter Dinge weiterzugehen.

Das Leben besteht aus einer Aneinanderreihung von versäumten Gelegenheiten, so sagte sich Lucius. Schlecht gelaunt ließ er seinen Blick über die weite Landschaft schweifen, die ihn wieder etwas gnädiger stimmte: Der morgendliche Nebel hatte sich aufgelöst und man konnte von der Höhenstraße die andere Seite des Rheins erkennen. Der Strom führte sehr viel Wasser mit sich, da es im Frühjahr ständig geregnet hatte.

Auf den Feldern und Weinbergen wimmelte es vor arbeitenden Menschen, aber Lucius konnte keine anderen Reisenden oder Kaufleute sehen. Insgeheim hatte er gehofft, jemand könne ihn ein Stück seines Weges auf dem Wagen mitnehmen. Bisher hatte er immer Glück gehabt, aber diesmal sah es wohl so aus, als ob er wirklich bis zum Gutshof laufen müsste.

Mit einem lautlosen Seufzer setzte er den Weg fort. Lustlos setzte er einen Fuß vor den anderen, bis er endlich die Stichstraße vor sich sah, die zum Landgut seines Patrons führte.

Eine Amsel stimmte am Straßenrand ihr Lied an und Lucius blieb einen Augenblick stehen um ihrem melodischen Gesang zu lauschen. Sie wippte auf einem Ast einer Heckenrose und Lucius sah ihr zu, wie sie sich ihr Gefieder putzte.

Ganz plötzlich flatterte die Amsel davon und Lucius blickte ihr mit einer unbestimmten Sehnsucht nach, als er hinter sich das Knirschen von Steinchen hörte. Das erstaunte ihn sehr, denn er hatte den Eindruck gehabt, allein auf weiter

Flur zu sein. Es konnte nur ein Tier sein, das hinter ihm den Weg überquert hatte.

Ein metallisches Klirren drang an sein Ohr. Von einer dunkeln Vorahnung ergriffen, drehte er sich blitzschnell herum und sah zwei baumlange, muskelbepackte Kerle auf sich zukommen, die wie Gladiatoren aussahen, die man als Schläger gedungen hatte. Der ältere von ihnen bedrohte ihn mit dem Schwert, während der jüngere mit einer Steinschleuder bewaffnet war. Sie waren wie aus dem Nichts aufgetaucht. Eigentlich konnten sie nur hinter einem der Grabmonumente gelauert haben.

Lucius überlegte verzweifelt, ob sich die Sache nicht gütlich lösen ließ. Es konnte sich eigentlich bei den beiden Bewaffneten nur um Räuber handeln. Leider war sein Geldbeutel leer und er brauchte daher gar nicht erst daran zu denken, ihnen Schutzgeld zu zahlen.

Wieder ärgerte er sich maßlos, dass er ungewaffnet war. Aber dies hätte ihm bei dieser Übermacht auch nicht geholfen. Also musste er wohl oder übel mit den beiden Raufbolden verhandeln.

Bevor Lucius sich auch nur einen beschwichtigenden Begrüßungssatz überlegt hatte, griff ihn der jüngere Wegelagerer an. Er wirbelte seine Schleuder so schnell durch die Luft, dass es Lucius unmöglich war, der Bewegung mit den Augen zu folgen. Geistesgegenwärtig sprang er jedoch augenblicklich zur Seite und der Stein prallte gegen die Rinde eines Alleebaums. Er hatte Lucius nur ganz knapp verfehlt.

Er beschloss, sein Heil in der Flucht zu suchen, zumal er hoffte, schneller und wendiger zu sein als die beiden tumben Gesellen. Wenn nur die Steinschleuder nicht wäre!

Lucius wandte sich also um und rannte los. So rasch ihn seine Füße trugen, hastete er zum rechten Straßenrand. Sein

Plan war, sich hinter einem großen Pfeilermonument zu verstecken, auch wenn er dadurch nur ein wenig Vorsprung gewann.

Sein Ziel kam immer näher, als ihn plötzlich ein harter Schlag an der rechten Wade traf. Der heftige, beißende Schmerz zwang ihn in die Knie. Kurz vor einem Ohnmachtsanfall registrierte er, dass ihn ein Stein getroffen hatte. Vor Schmerz aufstöhnend schnappte er nach Luft. Er stützte sich mit aller Willenskraft, die er aufbringen konnte, mit den Händen am Boden ab.

Irgendwie schaffte er es wieder auf die Beine und mühsam humpelte er in Richtung Grabmonument. Das Atmen fiel ihm schwer und er konnte es kaum fassen, dass er von hinten angegriffen worden war. Was hatte er diesen Halunken nur getan? Konnten sie nicht anstandshalber erst nach seiner Geldbörse fragen, ehe sie ihn mit Steinen traktierten?

Das Pfeilermonument lag schon zum Greifen nahe vor ihm, als Lucius ein sirrendes Geräusch hörte und sich zu Boden warf. Der dritte Stein streifte seinen Scheitel und er fluchte leise, bevor er auf allen Vieren weiterkroch.

Als er mit letzter Kraft das Grabmonument erreicht hatte, ließ er sich erschöpft zu Boden fallen. Der Aufprall auf die Erde ging ihm durch Mark und Bein. Er verzog vor Schmerz das Gesicht und betastete dann vorsichtig mit den Fingerspitzen die Stelle an seinem Bein, wo der Stein ihn getroffen hatte. Ein Bluterguss begann sich zu bilden, aber glücklicherweise hatte das Wurfgeschoß ihn nur gestreift. Daher war kein Knochen gebrochen, aber er hatte eine Prellung davongetragen und sie schmerzte wie Feuer.

Lucius sagte sich, dass er dankbar sein musste, so glimpflich davongekommen zu sein. Schon der erste Stein hätte ihn umbringen können, aber er hatte es dennoch geschafft, sich hinter das Grabdenkmal zu retten. Trotzdem befand er sich noch immer in Lebensgefahr, denn bis zum Landgut seines Patrons war es noch ein Fußweg von mindestens zehn Minuten. Die beiden Banditen würden bald von der anderen Seite angreifen und außerdem konnte Lucius sich nicht ewig hinter diesem Grabpfeiler verstecken. Seine einzige Hoffnung war, dass eine Kompanie von Soldaten zufällig vorbeimarschierte.

„Komm heraus, du Feigling!", rief eine raue Stimme, die zu dem grobschlächtigen Äußeren des Sprechers passte. „Du entkommst uns nicht!"

Diese Worte waren wie ein Schlag in die Magengrube. Einen Augenblick lang wollte Lucius verzweifeln, dachte er schon, die Lage wäre völlig hoffnungslos, denn von links näherte sich wahrscheinlich schon der Schwertkämpfer mit der blanken Klinge, während der Steinschleuderer im Begriff war, im großen Bogen das Pfeilergrab zu umrunden, um Lucius in den Rücken zu fallen.

Aber er würde wenigstens versuchen, sich zu wehren! Wild entschlossen den beiden Halunken Paroli zu bieten, ergriff Lucius einen der auf dem Boden herumliegenden Steine, bereit, damit den ersten Angreifer zur Strecke zu bringen. Trotzdem fühlte er, wie ihm die Zeit davonlief. Gegen zwei bewaffnete Gegner hast du keine Chance, flüsterte eine hämische Stimme in ihm.

Aber vielleicht kam ihm doch noch jemand zu Hilfe? Vorsichtig lugte er um die Ecke des Grabmonuments, aber er sah weder Freund noch Feind. Verzweifelt fragte er sich, warum gerade an diesem Tag die sonst so geschäftige Landstraße völlig verlassen war. Auch fragte er sich beklommen, wo genau die beiden Raufbolde gerade herumschlichen, denn er erwartete jeden Moment einen Angriff aus dem Hinterhalt.

100

„Komm endlich heraus!"

Diesmal war es eine andere, aber genauso harsche Stimme, die gesprochen hatte. Unmöglich herauszufinden, woher sie kam! Lucius' Finger umklammerten den Stein, bereit ihn auf jeden zu schleudern, der ihm zu nahe kommen würde, aber er konnte seine Feinde nirgendwo sehen. Was mochten die beiden Bewaffneten nur im Schilde führen? Sie hatten mehr als genug Zeit gehabt, um ihn zu umzingeln. Warum also begnügten sie sich damit, ihn aufzufordern, sein Versteck zu verlassen?

Lucius lauschte angestrengt, damit ihm kein noch so kleines Geräusch entging, das von seinen Feinden verursacht wurde, aber um ihn herum war kein Laut zu vernehmen. Der Wind hatte sich gelegt, die Vögel waren verstummt und die Stille war fast bedrohlich. Plötzlich drang aus der Ferne ein Geräusch an sein Ohr, das ihn neue Hoffnung schöpfen ließ. Es waren Hufgeklapper und das Knirschen von Rädern auf dem Splitterboden der Fahrbahn. Der dazugehörige Wagen musste aus der Stichstraße vom Anwesen des Marcus Terentius kommen. Anderenfalls hätte Lucius ihn längst aus der Ferne gesehen.

Das war die günstige Gelegenheit, auf die Lucius schon nicht mehr zu warten gehofft hatte: Die Ankunft des Wagens würde dafür sorgen, das es einen Zeugen gab, wenn er Glück hatte auch mehrere. Mit angehaltenem Atem wartete Lucius daher, bis die Geräusche, die das Fahrzeug und sein Zugtier verursachten, endlich auf der Höhe des Pfeilergrabs zu hören waren, hinter dem er sich verbarg.

Dann lugte er vorsichtig aus seinem Versteck hervor und sah auf der Fahrbahn einen vierrädrigen Wagen, der von einem Ochsen gezogen wurde. Er gehörte Publius, dem gutmütigen Olivenölhändler, der Lucius schon zweimal auf seinem Wagen mitgenommen hatte. Da er Marcus Terentius mit Öl versorgte, fuhr er regelmäßig diese Strecke entlang.

Lucius schoss hinter dem Grabmal hervor und huschte in geduckter Haltung auf den Wagen zu, wobei er wegen seines verletzten Beins eher sprang als rannte. Ohne erneut Bekanntschaft mit der Steinschleuder zu machen, erreichte er das Fuhrwerk. Er verschwendete keine Zeit mit Erklärungen, sondern erklomm den hölzernen Wagen und kauerte sich zwischen die Amphoren. Glücklicherweise war das Transportfahrzeug halb leer, ein weiterer Hinweis darauf, dass er gerade vom Gut des Marcus Terentius kam.

Publius schrak zusammen. Wahrscheinlich hatte er zuvor bereits die beiden Bewaffneten gesehen, denn der Kaufmann duckte sich und kroch hinter sein Fuhrwerk. Dann ließ er sich auf den staubigen Boden fallen.

„Ich bezahle dich gut, wenn du mich zurück auf das Landgut bringst", rief er dem vor Schreck wie gelähmten Händler zu.

Ein Stoß erschütterte den Wagen, aber es folgte kein Schmerzenschrei. Der Mann mit der Steinschleuder schien glücklicherweise kein guter Schütze zu sein. Oder hatte er absichtlich daneben geschossen?

„Was hat das zu bedeuten?", entfuhr es Publius, „ich habe keine Lust deinetwegen umgebracht zu werden."

Seine schrille Stimme ließ befürchten, dass er den Flüchtling im Zweifelsfall den beiden Mordbuben zum Fraß vorwerfen würde.

„Sie haben es auf mich abgesehen. Ich glaube nicht, dass sie dir etwas tun", erwiderte Lucius, der noch immer zwischen den Amphoren zusammengekauert saß, mit gedämpfter Stimme, denn er wollte die Wegelagerer nicht dazu anstacheln, ihm das Gegenteil zu beweisen. Inständig wünschte er, er könnte sich selbst vom Wahrheitsgehalt seiner Worte überzeugen.

„Das kannst du deiner Großmutter erzählen", fauchte Publius zurück.

„Außerdem wollen sie kein Aufsehen erregen", sprach Lucius seinen Gedanken von vorhin laut aus. „Daher wird es das Beste sein, wenn wir beide laut nach Hilfe rufen."

„Das provoziert sie nur!", wandte der Ölhändler erschrocken ein und Lucius erwiderte lieber nichts, denn noch immer befürchtete er, Publius könnte ihn an die beiden Raufbolde ausliefern.

Das untätige Warten auf den nächsten Angriff zerrte Lucius an den Nerven und am liebsten hätte er dem Ölhändler befohlen, sofort aufzubrechen, aber er wusste, dass Publius sich geweigert hätte.

Plötzlich vernahm Lucius wieder Hufgetrappel und eine menschliche Stimme. Sie haben Verstärkung bekommen, durchfuhr es ihn und aufs Schlimmste gefasst, lugte er zwischen den Amphoren hindurch in Richtung Straße.

Zu seiner Erleichterung sah er keine weiteren Halunken, sondern nur einen wohlbeleibten Bauern, der einen mit Säcken beladenen Esel die Piste entlangtrieb.

Vorsichtig und ohne den Kopf allzu sehr zu heben schaute Lucius sich um, aber er konnte die beiden Bewaffneten nirgends erkennen. Deshalb wagte er es schließlich, sich auf seine Unterarme aufzustützen. Nun konnte er endlich in alle Richtungen blicken.

Die Luft schien rein zu sein! Offenbar hatten sich die beiden Halunken zurückgezogen. Trotz des milden Frühlingswetters durchfuhr ihn ein Schauder, denn die Halunken waren genauso lautlos verschwunden, wie sie aufgetaucht waren.

Lucius schärfte sich ein, dass er nicht leichtsinnig werden dürfte, denn die beiden könnten irgendwo im Verborgenen lauern. Also ging er wieder in Deckung und wartete.

„Hast du zwei brutale Burschen gesehen?", fragte er den Bauern, als dieser in Hörweite war. „Der eine ist mit einem Schwert bewaffnet und der andere hat eine Steinschleuder dabei."

„Ja."

Offenbar war der Bauer alles andere als gesprächig.

„Und wo sind sie?", wollte Lucius wissen.

„Fortgeritten."

Lucius wurde von einer grenzenlosen Erleichterung durchflutet. Die Wärme kehrte in seine eiskalten Finger zurück und ganz plötzlich merkte er, dass er ziemlich hungrig war. Trotzdem war die Sache erst ausgestanden, wenn er nach Mogontiacum zurückgekehrt war.

„Nicht, dass es mich etwas anginge", begann er vorsichtig, da es sicher schwer seine dürfte, dem maulfaulen Bauern eine Information zu entlocken, „aber du hast doch mit ihnen gesprochen …"

„Nein."

„Ich habe aber ganz deutlich Stimmen gehört", wandte Publius ein, der sich wieder vom Boden aufgerappelt hatte. Seine Glieder schlotterten und Schweißperlen glänzten auf seiner Stirn. Auch sonst war er keine besonders stattliche Erscheinung. Er war ein hagerer Mann mittleren Alters, der ständig mit den Händen in der Luft herumfuchtelte. Beim Gehen hingen seine Schultern etwas herunter, aber sein gutmütiges Gesicht machte diesen Mangel wieder wett.

„Ich habe mit meiner Julia gesprochen."

Der Bauer hatte tatsächlich erstmals einen kompletten Satz formuliert!

Ohne die beiden andern Männer eines Blickes zu würdigen, tätschelte dieser das Maul seines Lasttiers, bei dem es sich wohl um Julia handelte. Dann trieb er den Esel vor sich her und setzte grußlos seinen Weg fort. Lucius blickte ihm kopfschüttelnd nach.

„Ein komischer Geselle."

Der Ölhändler nickte bestätigend und Lucius beschloss, dass Angriff die beste Verteidigung war.

„Könntest du mich vielleicht gegen Bezahlung zum Landgut des Marcus Terentius mitnehmen?" Publius wollte protestieren, aber Lucius brachte ihn mit einer abwehrenden Handbewegung zum Schweigen. „Ich weiß, dass du gerade von dort kommst, aber auf dem Landgut arbeitet ein Mädchen, mit dem ich unbedingt sprechen möchte."

„Und wie ist das mit dem Bezahlen?", fragte Publius vorsichtig: „Du hast doch kein Geld."

Traurig, aber wahr, dachte Lucius.

„Ich werde bald etwas liquider sein", versprach er mit dem gewinnendsten Lächeln, das er zustande brachte, und als er die ungläubige Miene seines Gegenübers sah, fügte er verärgert hinzu: „ich kann dir einen Schuldschein ausfüllen. Dafür verlange ich aber, dass du mich zurück nach Mogontiacum bringst."

Publius sog geräuschvoll den Atem ein.

„Ich bin doch nicht lebensmüde!", entfuhr es ihm dann mit einem panischen Unterton in der Stimme.

„Stell dich nicht so an", entgegnete Lucius mit nur mühsam aufrechterhaltener Selbstbeherrschung, „du musst so oder so zurückkehren oder hattest du etwa vor, mit deinen Amphoren voll spanischen Öls auszuwandern? Das würde deiner Frau bestimmt gar nicht gefallen."

Publius hatte nämlich immer in einer Art und Weise von

seiner Frau gesprochen, die keinen Zweifel daran aufkommen ließ, dass er sehr an ihr hing.

„Meiner Frau würde es auch nicht gefallen, wenn mich die Räuber erschlagen."

Diese Antwort hatte Lucius fast erwartet und so bedurfte es noch einiger weiterer eifrig vorgetragener Argumente, um Publius zu bewegen, den Auftrag zu übernehmen. Schließlich war es die Aussicht auf eine Auswahl guter Weine des Kontors, die den Ölhändler überzeugte.


## 8. Die Flucht

Es kam der letzte Tag einer arbeitsreichen Woche und ich freute mich schon auf einen geruhsamen freien Tag. Leider spazierte kurz vor Ladenschluss noch ein Kunde durch die Ladentür. Es war ein Gutsbesitzer, der gern mit mir fachsimpelte und es dauerte eine Stunde, bis ich ihn endlich herauskomplimentiert hatte.

Als ich endlich das Kontor verlassen konnte, musste ich feststellen, dass es schon wieder zu schütten begonnen hatte. Die Wege waren nur noch Schlammlachen und in den Pfützen bildeten sich Blasen. Einer alten Bauernregel zufolge würde es von nun an sechs Wochen lang regnen. Damit hatte ich Ende Mai wirklich nicht mehr gerechnet.

Mit einem unflätigen Fluch über das grässliche Wetter in Germanien ging ich zu einer Truhe, in der ich wetterfeste Kleidung eigens für derartige Katastrophen und Kalamitäten aufbewahrte und holte einen dicken Wollmantel mit Kapuze heraus.

Meine Füße produzierten beim Gehen schmatzende Geräusche und trotz meines Regenschutzes klebte mir bald die

Tunika am Leib. Ich zog mir den Mantel näher an den Körper, da ich fröstelte. Außerdem verspürte ich ein Ziehen in den Gliedern und ein Kratzen im Hals. Während ich missmutig durch den Morast stapfte und sich meine Sandalen mit Wasser vollsaugten, fragte ich mich, ob ich mir nicht etwa eine Erkältung zugezogen hatte.

Ich passierte eine Mauer, auf die jemand geschrieben hatte „Gnaeus Didius ist ein Sohn geboren worden". Der kontinuierliche Regen hatte die Farbe schon fast völlig heruntergewaschen und mit einem flüchtigen Gedanken an meinen Bruder empfand ich Mitleid mit dem Autor dieser Zeilen.

Endlich näherte ich mich meinem trauten Heim und bei diesem erhebenden Anblick beschleunigte ich unwillkürlich meine Schritte! Öllämpchen schienen mir einladend durch das Küchenfenster entgegen, welches das einzige Fenster des Hauses war, das zur Straße führte, und ich hoffte, dass man eine große Portion des Abendessens für mich aufgehoben hatte.

Mit klammen Fingern öffnete ich die Haustür und war heilfroh, endlich wieder zu Hause zu sein. Was ich jetzt als Letztes gebrauchen konnte, waren Zwistigkeiten in der Familie. Also beschloss ich, mit meinem Bruder Frieden zu schließen. Vielleicht würde Lucius bei einem Becher guten Weins Einsicht zeigen und sich zur Wiederaufnahme seiner Arbeit bewegen lassen. Auch mir würde der edle Rebensaft sicherlich gut tun, denn bekanntlich gibt es kein besseres Heilmittel gegen Erkältungen als Rotwein.

Petrina, unsere Haushälterin, nahm meinen triefenden Mantel in Empfang. Sie begrüßte mich mit einem gequälten Lächeln und einem bedrückten Gesicht, während sich auf dem Fußboden schnell eine Pfütze bildete, in deren Mitte ich stand.

„Was ist denn los?", fragte ich, mein Magen zog sich zusammen und ich begann – nicht nur wegen der Kälte – zu zittern.

Bestimmt war mein Bruder nun doch des Mordes beschuldigt worden.

„Lucius", begann Petrina mit bebender Stimme und bestätigte damit meine Befürchtungen. Ich war auf das Schlimmste gefasst. „Lucius ... ist letzte Nacht nicht zurückgekommen."

Ein Stein von der Größe des tarpeischen Felsens fiel mir vom Herzen. Es war typisch, dass sich unsere Haushälterin bei jedem nichtigen Anlass um Lucius sorgte. Weil sie keine eigenen Kinder hatte, verwöhnte sie meinen Bruder maßlos. Wenn ich nur an diese Was-soll-aus-dem-armen-Jungen-nur-werden-Blicke dachte, mit denen sie ihn immer beäugte, wurde mir schon ganz übel.

„Das kommt bei jungen Männern in seinem Alter schon einmal vor", erklärte ich in einem beschwichtigenden Tonfall.

Petrinas breites, freundliches Gesicht mit der Stupsnase, die ihr etwas Kindliches verlieh, obwohl sie schon jenseits der vierzig war, blieb trotz meiner Beteuerung sorgenvoll.

„Aber er hat sich auch heute den ganzen Tag nicht blicken lassen."

Das gefiel mir schon weniger, aber ich war nicht willens, mir von meinem Bruder den wohlverdienten Feierabend verderben zu lassen. Deswegen beruhigte ich sie, dass auch dies kein Anlass zur Sorge sei.

„Was gibt es zu essen?", fragte ich dann, um Petrina daran zu erinnern, dass ich auch noch existierte.

„Schweinsfuß und als Nachtisch Käse", stammelte sie und sie hatte allen Grund verlegen zu sein, denn ich hatte ihr doch erst neulich aufgetragen, zur Abwechslung einmal ein anderes Gericht zuzubereiten. Zwar ist Schweinefleisch in der römischen Küche äußerst beliebt, aber ich muss zugeben, dass ich Rindfleisch vorziehe, zumindest wenn es nicht von altersschwachen Arbeitstieren stammt. Und geräucherten Schweinsfuß mochte ich einfach nicht.

Außerdem irritierte mich, dass Petrina noch immer unentschlossen in der Türe stand.

„Ich bin schon sehr hungrig", fügte ich hinzu, was soviel heißen sollte wie „worauf wartest du noch?"

„Da Lucius nicht gekommen ist …"

„Bring mir nur alles, was du vorbereitest hast!", erklärte ich. Langsam begann ich die Geduld zu verlieren, „ich schaffe das auch allein. Und verschone mich bitte in Zukunft mit Schweinsfuß!"

Vor sich hinbrummelnd verschwand die Haushälterin in der Küche und kehrte kurze Zeit später mit finsterer Miene zurück. In Händen hielt sie eine riesige Platte mit mundgerechten Stücken, die sie mit einem kaum hörbaren „Guten Appetit" auf den runden Tisch vor meiner Liege abstellte. Dann huschte sie mit einer Leidensmiene wieder heraus, die einem Steuereintreiber ein schlechtes Gewissen verursacht hätte.

Wie gut, dass auch die Weinkaraffe heute Abend doppelt so voll ist, dachte ich mir beim Anblick der fettigen Speise, sonst schaffe ich das nicht.

Wider meine Absicht, wartete ich den ganzen Abend lang auf meinen Bruder. Zunehmend begann ich mich um ihn zu sorgen. Meine Gliederschmerzen wurden nicht besser, soviel ich auch trank. Um Mitternacht gab ich auf und wankte in mein Schlafgemach.

Am nächsten Tag lief mir die Nase und mein Hals war so

rau, dass mir das Sprechen Schmerzen bereitete. Offenbar hatte der Rotwein als Heilmittel gegen Grippe gründlich versagt. Trotzdem machte ich am Abend eine Runde durch die Schankwirtschaften, in denen Lucius verkehrte, aber die Wirte behaupteten allesamt, meinen Bruder seit mehreren Tagen nicht gesehen zu haben. Falls sie nicht auf seinen Wunsch hin logen, war dies kein gutes Zeichen; wo sonst konnte Lucius stecken?

Ich sagte mir zum Trost, dass ich es bestimmt erfahren hätte, wenn ihm etwas zugestoßen wäre. Selbst in einer Garnisionsstadt wie Mogontiacum ging man schließlich nicht einfach verloren. Wegen meiner Erkältung mied Respectus mich wie einen Aussätzigen. Also hatte ich viel Zeit, um vor mich hinzubrüten. Immer wieder schweiften meine Gedanken zu Jucundus, den man am Rheinufer erstochen hatte, und zu den Verwandten meines Teilhabers, die geheimnisvolle Kisten auf unserem Speicher lagerten. Hoffentlich hatte man Lucius nichts angetan!

Am folgenden Tag hielt ich die Ungewissheit nicht mehr aus und nahm mir frei, was Respectus mir nur allzu gern gewährte, denn mittlerweile hatte sich zu meinem Schnupfen noch ein bösartiger Husten gesellt. Von meiner erhöhten Temperatur hatte ich ihm wohlweislich gar nicht berichtet. Mein Plan war es, einen Ausflug zum Gut des Marcus Terentius zu unternehmen. Mir war nämlich die Idee gekommen, dass Lucius vielleicht mit Cornelia durchgebrannt sein könnte. Ich hätte ihm meinen Segen gegeben, wenn er nur noch am Leben war, so sehr sorgte ich mich mittlerweile um ihn.

Kurz nach Sonnenaufgang stand ich auf und ritt bei immer kräftiger werdenden Sonnenstrahlen über die Hügel. Die Früchte reiften an den Ästen und die Ähren des Kornfeldes wogten sanft im Wind, aber ich hatte kein Auge dafür. Die Bauernregel, nach der es eigentlich regnen sollte, hatte sich zum Glück nicht bewahrheitet. Aber das schöne Wetter stand in starken Gegensatz zu meiner finsteren Gemütsverfassung.

Gegen zehn Uhr erreichte ich das Anwesen meines Patrons. Wie bei meinem letzten Besuch stand das Gartentor weit offen und wieder hinderte mich niemand, das Landgut zu betreten. Ich zuckte vor Schreck zusammen, als plötzlich ein Hund neben mir zu bellen begann. Es war ein hässlicher Kläffer mit glanzlosem, grauem Fell, der aus einer nagelneuen Hundehütte gesprungen kam. Er erwies sich jedoch als ungefährlich, da er angekettet war, sicher, um zu verhindern, dass er sich an das Geflügel heranmachte, das auf dem Hof frei herumlief. Hatte der Köter bei meinem letzten Besuch geschlafen oder hatte man die Sicherheitsvorkehrungen verschärft?

Ich schaute mich um. Ich erwartete das Herbeieilen alarmierter Landarbeiter, die in den Weinbergen die Rebstöcke zuschnitten, aber niemand interessierte sich für den bellenden Hund. Als ich meinen Weg fortsetzte, beruhigte sich der Kläffer langsam wieder, bis er endlich resigniert verstummte.

Diesmal öffnete mir der alte Pförtner, ohne dass ich vorher die Tür fast einschlagen musste. Als er meine rote, triefende Nase sah, wich er instinktiv zurück.

„Es geht mich ja eigentlich nichts an, aber mit dieser Erkältung solltest du nicht durch die Gegend reiten."

Er musterte mich distanzierend und mir kam augenblicklich der Gedanke, dass ich doch lieber einen Arzt hätte aufsuchen sollen.

„Es geht mir schon besser", log ich, obwohl ich mittlerweile von Schweißausbrüchen geplagt wurde, „ich bin zum Landgut geritten, weil ich in einer wichtigen Angelegenheit kurz mit Cornelia sprechen muss."

Der süffisante Blick, mit dem der Pförtner mich bedachte, ließ keinen Zweifel daran, dass mein Bruder hier Stammgast war. Das Pferd hatte er sich in letzter Zeit nicht ausgeliehen. Und hätte er es heimlich aus dem Stall geholt, wäre mir dies bestimmt zugetragen worden, denn Longus benützte jede Gelegenheit, uns gegeneinander auszuspielen. Also musste Lucius den langen Weg zu Fuß zurückgelegt haben. Ich wünschte, er würde einmal bei der Arbeit soviel Einsatz zeigen. Welcher Gefahr er dabei nur knapp entgangen war, erfuhr ich erst später.

„Sie ist dahinten auf der Wiese!"

Der Pförtner deutete mit einer zittrigen Handbewegung nach links in die Landschaft und ich bedankte mich für die Auskunft. Als ich mich entfernte, rief der alte Sklave mir seine Genesungswünsche nach. Mühsam verkniff ich mir den Kommentar, dass es in Wahrheit Lucius war, der mich krank machte.

Wie angekündet, fand ich Cornelia hinter dem Herrenhaus, wo sie frisch gewaschene Tücher von der Wäscheleine herunternahm und sorgsam zusammenlegte. Ich hatte sie noch niemals aus unmittelbarer Nähe betrachtet und stellte mit Bedauern fest, dass ihr Gesicht bereits einen hausbackenen Zug aufwies, der erkennen ließ, wie sie in einigen Jahren als Matrone aussehen würde.

„Du siehst ja schrecklich aus!", bemerkte sie ohne Umschweife und ich hätte das Kompliment am liebsten erwidert, aber wenigstens wich sie mir nicht aus. Außerdem ermöglichte mir ihre nicht besonders feinfühlige Bemerkung, meinerseits auf die üblichen Höflichkeitsfloskeln zu verzichten. Mir kribbelte es in der Nase und ich musste herzhaft niesen.

„Normalerweise wäre ich mit dieser Erkältung zu Hause im Bett geblieben, aber ich mache mir Gedanken um meinem Bruder, denn er hat sich seit Tagen nicht mehr daheim blicken lassen", erklärte ich dann, „weißt du zufällig, wo er steckt?"

Cornelia blickte mich überrascht, aber nicht besonders beunruhigt an.

„Weißt du das wirklich nicht? Er hat dir doch schon vor einer Woche geschrieben, dass er in die Armee eingetreten ist", gab sie in einem tadelnden Tonfall zurück und hielt in der Bewegung inne.

Einen Augenblick lang dachte ich, dass ich mich verhört haben musste. Es konnte unmöglich von Lucius die Rede sein. Sein Welt waren die Tavernen, nicht der Exerzierplatz. Aber andererseits besaß ich keinen weiteren Bruder. Also sollte ein Irrtum ausgeschlossen sein.

„Ist er denn von allen guten Geistern verlassen?", fuhr ich das Mädchen an, bevor ich realisierte, dass ich mich im Tonfall vergriffen hatte. Schließlich war sie weder meine Tochter noch eine meiner Dienerinnen. Noch immer konnte ich es nicht fassen, was mir Cornelia berichtet hatte.

„Ich hoffe das ist kein schlechter Scherz?", fragte ich dann etwas freundlicher. „Mein Bruder hat manchmal einen seltsamen Sinn für Humor."

„Nein, das ist ganz bestimmt kein Witz! Er will in der Welt herumkommen und etwas erleben."

Cornelia sagte dies in einem derart beiläufigen Tonfall, dass ich den Entschluss meines Bruders schon fast verstehen konnte. Ohne mich anzusehen, streckte sie sich nach einem Tuch und nahm es von der Leine.

„Warum hast du nicht versucht, ihn von diesem Unsinn abzuhalten, solange noch Zeit dazu war?", fragte ich verärgert nach. „Schließlich muss man sich für fünfundzwanzig Jahre verpflichten. Das ist ein längerer Zeitraum, als er momentan an Jahren zählt!"

Cornelia zuckte mit den Schultern.

„Warum sollte ich? Es ist sein Leben und er muss wissen, was er damit macht. Vielleicht ist es das Beste für ihn."

Sie faltete das Tuch und legte es zu den anderen auf den Stoß. Dabei vermied sie es, mir in die Augen zu sehen. Ich wurde von dem unangenehmen Verdacht beschlichen, dass Lucius ihr Horrorgeschichten über mich erzählt hatte. Wahrscheinlich glaubte das Mädchen, ich habe ihn zu diesem verzweifelten Schritt getrieben, und das wurmte mich unbeschreiblich.

„Wie kann man nur so herzlos sein!", entfuhr es mir mit meinem letzten, mühsam angehaltenen Atem, bevor ich nochmals niesen musste.

Als ich mir die Nase geputzt hatte, sah ich, dass Cornelia sich abgewandt hatte, um die Tränen zu verbergen, die ihr in die Augen geschossen waren. Ich streckte die Hand nach ihr aus und wollte sie trösten. Aber bevor ich sie berühren konnte, trat sie abrupt einen Schritt zurück, wohl in der Sorge, sich bei mir anzustecken.

„Ich glaube, es war nicht nur die Abenteuerlust, die ihn in die Armee getrieben hat", sagte Cornelia einen Moment später in einem schwer definierbaren Tonfall, aber sie war wieder völlig gefasst, „sondern er hat es auch mit der Angst zu tun bekommen, weil ihm auf der Landstraße zwei Raufbolde aufgelauert haben."

„Das hat er mir gar nicht erzählt! Bin ich denn immer der letzte, der etwas erfährt?", beschwerte ich mich lautstark, zumindest hatte ich dies vor, aber heraus kam nur ein Krächzen. Dann räusperte ich mich, um meinen Hals frei zu bekommen.

Cornelia erzählte mir mit besorgter Miene, was auf der Landstraße vorgefallen war.

„Und die beiden haben Lucius in aller Ruhe hinter dem Grabmal auf Verstärkung warten lassen?", entfuhr es mir dann, denn so dilettantisch arbeiteten keine gedungenen Mörder. Mein erster Gedanke war, dass es sich bei den Raufbolden um Gastwirte handelte, bei denen Lucius die Zeche geprellt hatte, oder um Buchmacher, denen er Geld geschuldet hatte.

Über Cornelias blasses Gesicht huschte ein Lächeln und ich nützte die Gelegenheit, mir schnell noch einmal die Nase zu putzen.

„Offensichtlich, mich hat es auch gewundert."

Ich war urplötzlich davon überzeugt, dass ein Zusammenhang zwischen dem Überfall und dem Tod des Jucundus bestand. Wollte jemand alle Freigelassenen des Marcus Terentius aus dem Weg räumen? Zuerst Jucundus, dann Lucius und zum Schluss mich selbst? Der Viehhirte hatte eine verblüffende Ähnlichkeit mit meinem Bruder besessen. Vielleicht galt daher auch der erste Anschlag in Wahrheit Lucius? Aber dann wären die Täter beim zweiten Mal nicht so stümperhaft vorgegangen!

„Vielleicht wollten sie ihn nur erschrecken", erklärte ich, um Cornelia zu beruhigen. Aber je mehr ich über die Sache nachdachte, desto mehr empörte es mich, dass Lucius nicht mit mir gesprochen hatte, bevor er sich sozusagen hatte mustern lassen. In meiner Funktion als Familienoberhaupt hätte ich ihm dies schlichtweg verboten.

Genau deshalb hat er nicht mit mir geredet, durchfuhr es

mich und ich fragte mich, wie wir uns nur derart auseinander leben konnten.

„Ich habe keinen Brief von meinem Bruder bekommen!", erklärte ich nach einer Weile, mehr um irgendetwas zu sagen.

„Er hat aber gesagt, dass er einen Brief ins Handelskontor gesandt hat", meinte Cornelia irritiert, während sie das vorletzte Tuch zusammenlegte, „ich habe ihm nämlich zugeredet, dass er dir Bescheid sagen muss."

Hatte vielleicht Respectus den Brief unterschlagen? Aber was hätte er davon gehabt? Hatte er vielleicht befürchtet, ich könnte meinen Bruder davon abhalten, der Armee beizutreten? Schließlich hatte er zugegeben, dass er Lucius am liebsten loswerden würde.

„Ich weiß nicht, ob er das wirklich getan hat", erklärte ich nach einer Weile und Cornelia blickte von ihrer Arbeit hoch.

Ich beschloss ihr Erstaunen auszunutzen, um etwas zu fragen, was mich schon die ganze Zeit beschäftigt hatte.

„Was wird jetzt aus dir?", wollte ich wissen. „Ich glaube, du solltest trotz dieser schrecklichen Geschichte so bald wie möglich heiraten. Anderenfalls lässt dich Marcus Terentius niemals frei."

Jedenfalls hatte er keinen guten Grund dazu, zumal sie eine tüchtige Haushaltshilfe zu sein schien.

„Nicht vor Ablauf des Trauerjahrs!", erklärte Cornelia ultimativ und ich fragte mich, ob dies nicht im Klartext heißen sollte: „Dein Bruder kann mir gestohlen bleiben."

Einen Augenblick lang war ich von der heftigen Reaktion wie vor den Kopf gestoßen, zumal ich Lucius mit keinem Wort erwähnt hatte. Cornelia hingegen schaute gedankenverloren in die Ferne.

„Ich finde es sehr großzügig von meinem Herrn, dass er für Jucundus einen prächtigen Grabstein mit Reliefbild in Auftrag gegeben hat!", erklärte sie dann, etwas abrupt das Thema wechselnd.

Ich nickte, denn schließlich hatte auch mich diese Freigiebigkeit erstaunt. „Das Monument dient natürlich auch der Betonung seines eigenen Status", erklärte ich, ein Gedanke, der mich schon die ganze Zeit beschäftig hatte. Wem gegenüber wollte mein Patron etwas beweisen? Oder hatte er ein schlechtes Gewissen, weil er unverhofft und ohne Mühe in den Besitz des Anwesens des Jucundus gelangt war?

Mein Kommentar handelte mir einen tadelnden Blick Cornelias ein, aber trotzdem sprach ich meinen letzten Gedanken aus.

„Was ist eigentlich aus dem Haus geworden, das Jucundus sich auf der anderen Rheinseite errichtet hat?"

„Da er kein Testament hinterlassen hat, hat Marcus Terentius es geerbt", entgegnete das Mädchen und erstmals hörte ich so etwas wie Unmut gegen ihren Herrn in ihrer Stimme. „Er hat mir aber einige persönliche Gegenstände aus dem Besitz meines Verlobten überlassen. Außerdem hat er mir eine Mitgift zugesagt …"

Die weiteren Worte rauschten an mir vorbei, da ich am ganzen Körper zu zittern begann. Höchste Zeit, das Gespräch wieder auf Lucius zu lenken. Krank wie ich war, hatte ich schließlich nicht den weiten Weg zurückgelegt, um mich über Marcus Terentius zu unterhalten.

„Da der Brief meines Bruders leider nicht angekommen ist", unterbrach ich Cornelia nach einer Weile, was eigentlich hieß: Da mein sauberer Bruder dich angelogen hat oder mein Teilhaber Briefe unterschlägt, „weißt du zufällig Genaueres über seinen Inhalt?"

„Lucius hat vor einigen Tagen seine Grundausbildung begonnen."

Ich begriff in diesem Augenblick endgültig, dass mein Bruder einen Schritt getan hatte, der sich nicht mehr rückgängig machen ließ. Ob es mir gefiel oder nicht, ich musste seine Entscheidung akzeptieren. Auch wenn mir dies offenbar schwerer fiel als Cornelia. Außerdem sollte ich schleunigst zurückreiten, denn ich fühlte mich immer schwächer. Selbst das Sprechen fiel mir mittlerweile schwer.

„Solltest du irgendwelche Nachrichten von meinem Bruder erhalten, sei bitte so nett und benachrichtige mich sofort", sagte ich also mit heiserer Stimme und kam mir dabei vor wie ein Vollidiot, „Vor allem aber, sag ihm bitte, er soll sich schnellstmöglich mit mir in Verbindung setzen. Ich habe mir große Sorgen um ihn gemacht."

Das Mädchen blickte mir erstmals in die Augen.

„Ich werde tun, was ich kann."

Da nun alles Wichtige gesagt war, verabschiedete ich mich von Cornelia, die mir gegen meine Erkältung einen Kräutertee empfahl, der bestimmt höchst unangenehm schmecken und überhaupt nichts nützen würde.

Als ich die Fassade des Herrenhauses passierte, erwog ich bei Marcus Terentius vorzusprechen. Die Idee war ziemlich verführerisch, denn die Konvention hätte geboten, mich zu bewirten. Aber ich nahm davon Abstand, denn ich war zu krank für Anstandsbesuche. Außerdem schämte ich mich, Marcus Terentius gegenüber zuzugeben, dass mein Bruder ohne mein Wissen und meine Erlaubnis Soldat geworden war. Mein Patron sollte nicht den Eindruck gewinnen, ich sei nicht Herr im eigenen Hause.

Auf dem Rückweg schleppte ich mich doch noch kurz ins Handelskontor, denn die Sache mit dem Brief ließ mir keine

Ruhe. Wie ich aber schon befürchtet hatte, bestritt Respectus, ein Schreiben meines Bruders vergessen oder verloren zu haben.

„Du solltest endlich deine Krankheit auskurieren. Sonst verschleppst du sie noch", erklärte er dann mit besorgter Miene und trat instinktiv einen Schritt zurück.

Ich fühlte mich zu elend um zu widersprechen, obwohl ich das unangenehme Gefühl hatte, dass Respectus mich loswerden wollte. Wer weiß, vielleicht waren seine Verwandten schon mit Kisten und Fässern im Anmarsch.

## 9. Der Dolch

Leider sollte Respectus recht behalten, denn eine fiebrige Erkältung fesselte mich für die nächsten zwei Wochen ans Bett. Nach meiner Genesung konnte ich nur mit Mühe der Versuchung widerstehen, zum Legionslager zu stürmen und nach meinem Bruder zu fragen. Schließlich war es mein Recht aus seinem eigenen Mund zu erfahren, warum er Soldat geworden war. Außerdem beunruhigte es mich noch immer zutiefst, dass Lucius überfallen worden war. Aber ich beherrschte mich, denn ich wollte trotz allem, was vorgefallen war, auch meinen Bruder nicht zum Gespött der Legionäre machen.

Deshalb begnügte ich mich damit, ihm einen langen, mit Vorwürfen gespickten Brief zu schreiben und ihn Lucius durch einen Laufjungen zustellen zu lassen.

Einige Tage lang wartete ich genauso ungeduldig wie vergeblich auf eine Antwort. Dann fragte ich mich, ob Lucius mein Schreiben überhaupt erhalten hatte, aber da der Brief auch in der nächsten Woche nicht als „unzustellbar" zurückgesandt wurde, war wohl davon auszugehen, dass mein Bruder schlicht keine Lust hatte, auf meine Vorwürfe einzugehen. Ich gab mir daraufhin einen Ruck und beschloss, Lucius in einem zweiten Schreiben zu signalisieren, dass ich mich sehr darüber freuen würde, ab und zu ein Lebenszeichen von ihm zu erhalten. Aber ich verschob dieses Vorhaben von einem Tag auf den anderen, bis ich es endgültig aufgab, zumal ich auch so genug Probleme hatte.

Wie alle Neuigkeiten verbreitete sich nämlich die Kunde vom Verschwinden meines Bruders wie ein Lauffeuer, leider auch unter meinen Kunden. Ich hatte meine liebe Not, mich ihrer scheinheiligen Mitleidsbekundungen zu erwehren. Natürlich versuchte ich den anderen weiszumachen, dass ein bisschen Disziplin noch niemand geschadet habe. Und da sich Lucius offensichtlich nicht für den Weinhandel interessierte, hatte ich ihm angeblich vorgeschlagen, doch lieber unter die Soldaten zu gehen.

„Ja, das war wohl die beste Lösung", stimmte mir Respectus zu, aber ich vermochte nicht zu sagen, was er wirklich darüber dachte. Wahrscheinlich war es ihm egal, was mein Bruder trieb, wenn er dies nur außerhalb des Kontors tat oder besser gesagt nicht tat. An meinem ersten Arbeitstag nach meiner Genesung hatten wir uns wegen des verschollenen Briefes nochmals heftig gestritten. Dann redeten wir nur noch miteinander, wenn es sich absolut nicht vermeiden ließ.

Wie ich später aus der Gerüchteküche erfuhr, erwies sich die Idee meines Bruders, sich bei der Armee anwerben zu lassen, als Fehlschlag. Nachdem er seine militärische Grundausbildung absolviert hatte, bekam er einen Posten als Schreiber im Stabsgebäude zugeteilt. Mein armer Bruder war also wieder an einem Schreibtisch gelandet, nur dass seine neuen Arbeitgeber weniger duldsam waren als mein Teilhaber und ich.

Das hätte er sich aber eigentlich vorher denken können: Die Armee hatte einen großen Bedarf an gut ausgebildeten Rekruten, denn sie wollte so weit wie möglich von ihrer Umgebung unabhängig agieren. Deshalb beschäftigten sie sogar Ärzte, Schmiede, Zimmerleute und Tuchmacher. Dies war ein wichtiger Baustein für den Erfolg Roms.

Die meisten Neulinge waren jedoch ungebildete Raufbolde und Habenichtse. Bei manchen Einheiten sprachen sogar nur die Offiziere Latein und daher war mein Bruder mit seiner Beherrschung des Lateinischen in Wort und Schrift ein gefundenes Fressen für die Armeeverwaltung. Schließlich fiel in den Schreibstuben des Kastells täglich sehr viel Arbeit an: Morgenmeldungen mussten geschrieben werden, die den Offizieren die genaue Mannschaftsstärke anzeigten. Außerdem war die dienstliche Korrespondenz zu erledigen und Tagesberichte, Urlaubslisten, Wachlisten, sowie Marschbefehle zu schreiben.

Um ihm nicht endgültig die Freude am Soldatenleben zu verderben, nahm ich mir vor, Lucius mit Vorwürfen zu überhäufen, wann immer ich ihn zufällig treffen sollte, was aber leider nicht geschah.

Umso größer war mein Erstaunen, als mein Bruder eines Abends freiwillig zu Hause vorbeikam. Als er vor der Tür unseres Wohnhauses stand, erkannte ich ihn zuerst gar nicht wieder. Der Militärfriseur hatte ihm nämlich das Haar so kurz geschoren, dass von seinen einstmals so üppigen Locken nichts mehr zu sehen war. Ich musste mir widerwillig eingestehen, dass ihm seine frühere Mähne weit besser gestanden hatte. Er trug die kurze, naturweiße Tunika der Soldaten, die seitlich stärker über den Gürtel hochgerafft wurde als in der Mitte, so dass sie in halbrunden Falten fiel. Darüber hatte er einen Mantel geschlungen, der auf der rechten Schulter von einer Fibel gehalten wurde.

Aber was machte Lucius außerhalb der Kaserne? Ein finsterer Verdacht stieg in mir auf.

„Du bist doch hoffentlich nicht desertiert?", fragte ich ihn bang. „Du weißt, die verstehen in dieser Beziehung keinen Spaß."

Lucius schaute mich konsterniert an. „Was denkst du eigentlich von mir?"

Da ich nicht wollte, dass er gleich wieder abrauschte, blieb ich meinem Bruder die Antwort auf diese Frage schuldig.

Die Dienstboten, die mittlerweile herbeigeeilt waren, fielen Lucius fast vor Rührung um den Hals, während ich mich noch immer fragte, warum Lucius sich so unerwartet blicken ließ. Zwar freute ich mich, ihn wiederzusehen. Doch befürchtete ich, dies verhieß nichts Gutes. Wenn er Sehnsucht nach mir gehabt haben sollte, wäre er bereits viel früher hier aufgetaucht. Schon wollte ich nachfragen, ob er seinen Sold versoffen hatte und daher zu Hause gratis zu trinken gedachte, als mir ein Blick in sein ungewohnt ernstes Gesicht verriet, dass er etwas auf dem Herzen hatte.

„Komm rein, wir trinken zur Feier des Tages einen ganz besonderen Tropfen", sagte ich und nachdem man ihm die Füße gewaschen und abgetrocknet hatte, führte ich Lucius in die Küche, wo ich eine Amphore mit meinem besten Wein aus dem Geheimversteck zog. „So etwas Gutes hast du in deinem ganzen Leben noch nicht getrunken."

Mein Bruder schmunzelte leise in sich hinein, schüttelte amüsiert den Kopf und brach dann in schallendes Gelächter aus.

„Dein Versteck kenne ich schon lange", pustete er los,

als er sich wieder etwas beruhigt hatte. Ich machte ein verblüfftes Gesicht und Lucius wurde erneut von Lachsalven geschüttelt. „Ich habe es zufällig entdeckt, als sich die schwarze Nachbarskatze in unsere Küche verlaufen hat. Du weißt schon, das arme Tier, das du mit dem Wein vergiften wolltest."

„Du hast dich doch wohl nicht unterstanden …"

„Selbstverständlich habe ich das", unterbrach mich mein Bruder, „ich habe mir den Wein schmecken lassen und dann die Amphore mit einem anderen Rotwein wieder aufgefüllt."

Erst packte mich die Wut. Dann stutzte ich. So wenig mir dies gefiel, musste ich mir doch innerlich eingestehen, dass ich mich erst neulich gewundert hatte, warum mein Wein durch das Lagern derart an Qualität verloren hatte. Ich beschloss daher die Sache auf sich beruhen zu lassen, ehe meine Kunden erführen, dass man mir alles vorsetzen konnte.

Wir ließen uns im Triclinium auf den eleganten Liegen nieder, die ich im vergangenen Monat erworben hatte. Sie standen auf Füßen, die Löwenpranken ähnelten, waren mit geflochtenem Riemenwerk bespannt und mit gestreiften Kissen gepolstert. Mein neuer Leibsklave kam herein und ich fragte mich, warum er sich nicht früher hatte blicken lassen. Er schleppte die kleine Amphore mit dem guten Wein, eine Karaffe und zwei Trinkschalen herbei und stellte letztere auf die zierlichen runden Metalltische, die vor jeder Liege standen.

„Wie du siehst haben wir ein neues Mitglied in unserem neuen Haushalt", sagte ich zu meinem Bruder, der dem Sklaven mit großen Augen nachstarrte. „Ich habe ihn Cicero genannt, weil er so redegewandt ist."

Mein Teilhaber hatte schon vor mir einen derartigen Sklaven besessen, der hinter ihm herschritt, wenn er durch die Straßen ging. Nachdem ich dieses Schauspiel zwei Jahre lang belächelt hatte, hatte die abfällige und unverschämte Bemerkung einer Kundin bewirkt, dass auch ich mir einen Leibsklaven zugelegt hatte. Außerdem war es ohne Lucius doch recht einsam im Haus.

Nun hoffte ich, dass Cicero mich nicht irgendwann am Rheinufer erstechen möge, wie Caius den armen Jucundus. Aber eigentlich wirkte er nicht gewalttätig. Er war Anfang zwanzig, schlank und hatte intelligente Augen, wie die Sklaven in den Komödien, die meist schlauer als ihre Herren waren. Was mochte er wohl von dem Dialog über den versteckten Wein gehalten haben, dessen Zeuge er soeben geworden war?

„Ich habe etwas Wichtiges herausgefunden", platzte es aus meinem Bruder heraus, kaum dass der Diener sich auf einen Wink von mir zurückgezogen hatte. Dann genehmigte er sich einen großen Schluck Wein. Diesmal war es wirklich der Rebensaft meines Leibwinzers, denn ich hatte die Lieferung erhalten, nachdem mein Bruder mich verlassen hatte.

„Ich habe ganz vergessen, wie gut das schmeckt", entfuhr es ihm und er wischte sich mit dem Handrücken über den Mund.

„Selbst dran schuld! Es hat dich keiner geheißen, zur Armee zu gehen!", brummte ich verärgert, „aber jetzt spann mich nicht auf die Folter! Was hast du erfahren?"

„Du erinnerst dich doch daran, dass ich einen Dolch in der Hand hatte …"

„Wie könnte ich das vergessen! Aber rede bitte nie wieder über diese grauenhafte Geschichte. Die Sache ist endgültig erledigt und daran sollten wir auf keinen Fall rütteln."

124

Bei den letzten Worten war ich automatisch aufgesprungen und hatte mich vorsichtig umgeschaut.

„Damals habe ich noch gar nichts von Waffen verstanden, aber neulich habe ich einen ganz ähnlichen Dolch bei einem Kameraden gesehen. Ich habe ihn darauf angesprochen und er hat mir mitgeteilt, dass der Dolch eine Arbeit aus Gallien sei. Eigentlich sah er aus wie eine römische Waffe, nur hatte er eine kunstvoll eingravierte Dekoration mit Spiralmustern."

Mich schauderte. Dann zwang ich mich, die Sache ganz nüchtern zu betrachten.

„Die ganze Stadt ist voller keltischer Händler. Jeder von ihnen kann eine derartige Waffe verkauft haben."

Mein Bruder nickte stumm. Bei näherer Betrachtung stellte ich erst fest, wie schmal er geworden war. Ernährten unsere glorreichen Legionen ihre Kämpfer nicht richtig oder führte Lucius einen ungesunden Lebenswandel? Ich verkniff mir die Frage, denn ich wollte meinen Bruder nicht verärgern. Schließlich hoffte ich, dass er in Zukunft ab und zu bei mir vorbeischauen würde.

„Wenn du dich angemeldet hättest, hätte ich etwas Gutes für dich zubereiten lassen", sagte ich, um ihn dazu für die Zukunft zu ermuntern. „Leider habe ich ausgerechnet heute Petrina freigegeben. Sie will eine kranke Freundin besuchen."

„Dann muss ich eben mit dem vorliebnehmen, was sich in der Speisekammer findet", entgegnete er in einem beiläufigen Tonfall, aber ich war mir sicher, dass er den Köder geschnappt hatte, „doch meist ist sie ja gut sortiert. Die Armee hingegen wird von Geizkrägen geführt. Kannst du dir vorstellen, dass die Legionäre sich ihre Mahlzeiten selbst zubereiten müssen? Wir erhalten eine wöchentliche Getreideration und müssen uns selbst damit so eine Art Kommiss-brot backen."

„Ich dachte, dies sei allgemein bekannt."

„Ich hatten keine Vorstellung davon, was mich erwartet", gab Lucius zu, „aber mein Centurio meint, dies trifft für die meisten Rekruten zu."

„Selbst dran Schuld, wer sich freiwillig meldet!", konnte ich nur sagten.

Aber das Wort „Geizkrägen" ließ mich wieder an Respectus denken.

„Glaubst du allen Ernstes, dass Respectus einen kunstvoll dekorierten Dolch am Rheinufer liegen lassen könnte? Dafür ist er doch viel zu geizig! Der bloße Gedanke daran bräche ihm bereits das Herz."

„Wenn es um Tod oder Leben geht?", fragte mein Bruder schmunzelnd.

„Das wäre sein Tod!", behauptete ich, um ihn zu beruhigen, obwohl ich mir da selbst nicht so sicher war.

Ich musste unbedingt dem Gespräch eine andere Wendung geben.

„Lass uns endlich die Vorratskammer plündern!", forderte ich ihn auf, „und dann berichtest du mir, wie es dir so geht."

Nach einem reichlichen Mahl erfuhr ich, dass es Lucius den Umständen entsprechend einigermaßen gut ging. Aber er hatte Gerüchte gehört, die mir gar nicht gefielen. Offenbar plante unser junger Kaiser Domitian einen neuen Feldzug am Rhein.

Das bloße Wort „Feldzug" ließ mich schaudern. Vielleicht hätte ich doch nach dem Begräbnis des Jucundus das Geschäft auflösen und mich mit meinem Bruder von hier absetzen sollen? Ich hatte dies damals mehrfach erwogen, denn man konnte nie wissen, ob das leichte Mädchen, das Lucius am Rhein aufgeweckt hatte, doch noch aus dem Nähkästchen plauderte. Ich hätte diesen Plan bestimmt in die Tat umgesetzt, wenn mir jemand vorausgesagt hätte, dass Lucius auf die abwegige Idee kommen würde, Soldat zu werden. Zur Beruhigung rief ich mir ins Gedächtnis, dass er glücklicherweise als Schreiber in der Kommandantur beschäftigt war. Sicherlich würde man ihn nicht an die Front schicken.

„Und du meinst, der keltische Dolch hat etwas mit diesem Feldzug zu tun?", fragte ich dann, weil ich nicht sicher war, ob ich Lucius richtig verstanden hatte.

Mein Bruder schaute mich fassungslos an.

„Wir führen Krieg gegen die Germanen und nicht gegen die Gallier!"

„Das sind für mich alles Barbaren."

Mein Bruder lachte. Ganz sicher hatte er im gesamten vergangenen Monat nicht soviel gelacht wie an diesem Abend.

„Respectus auch?"

Mein arbeitswütiger, geiziger Teilhaber mit seiner panischen Angst vor Krankheiten ein Barbar? Die Vorstellung allein war schon grotesk.

„Ausnahmen gibt es überall. Er hat glücklicherweise die Segnungen der römischen Zivilisation erkannt!"

„Außerdem: Denk dran, woher wir gekommen sind!", ermahnte mich mein Bruder, aber das war nicht nötig, denn gerade weil mir dies peinlich war, distanzierte ich mich stets mit Nachdruck von den Barbaren.

„Aber wir sind mittlerweile richtige Römer geworden!", stellte ich daher noch mal mit Nachdruck fest.

Im gleichen Augenblick bedauerte ich, es noch immer nicht geschafft zu haben, die ewige Stadt zu besuchen.

Dann fielen mir der Brief und der Überfall ein, zwei äußerst unangenehme Themen. Ich beschloss, mit ersterem zu beginnen, denn es schien mir weniger Konfliktpotential zu besitzen.

„Ich will dir keine Vorwürfe machen, denn ich bin froh, dass du endlich wieder nach Hause gekommen bist", eröffnete ich vorsichtig, da ich vermeiden wollte, dass mein Bruder gleich wieder abrauschte, „aber ich hätte es wirklich vorgezogen, wenn du mir vorher mitgeteilt hättest, dass du Soldat werden willst."

„Und du hättest mir das nicht verboten?"

„Selbstverständlich hätte ich das!", entfuhr es mir und ich bereute meine Worte, kaum dass sie mir herausgerutscht waren.

„Siehst du!", erwiderter Lucius mit triumphaler Miene.

Ich musste unwillkürlich lachen.

„Gut, überspringen wir diesen Punkt. Als du tagelang nicht nach Hause gekommen bist, war ich natürlich beunruhigt und habe mich auf den Weg zum Gut des Marcus Terentius gemacht, um Cornelia …"

Beim Klang dieses Namens ging ein Aufleuchten über das Gesicht meines Bruders.

„Wie geht es ihr?"

„Schwer zu sagen." Ich machte eine abwehrende Handbewegung, um dem Protest meines Bruders zuvorzukommen, und kam sogleich zur Sache, „Sie hat mir gesagt, du hättest mir einen Brief ins Handelskontor geschrieben, im dem du mich angeblich über deinen bescheuerten Entschluss informiert hast."

Die Miene meines Bruders verfinsterte sich mit jedem Wort.

„Das hatte ich auch wirklich vor, aber …"

Also hatte er den Brief gar nicht geschrieben! Lucius

schaffte es doch immer wieder, mich zur Weißglut zu reizen.

„Weißt du, dass ich wegen dieses Briefs einen fürchterlichen Streit mit Respectus vom Zaum gebrochen habe? Ich habe ihn sogar beschuldigt, ein Dieb zu sein!"

„Das habe ich nicht gewollt."

Mein Bruder schaute betreten auf den Boden und ich atmete tief durch, um meinen Ärger zu bekämpfen.

„Eigentlich war der Brief Cornelias Idee. Sie hat gesagt, dass ich dir wenigstens Bescheid sagen muss, damit du dir keine Sorgen machst, aber wie du weißt, bin ich nicht gut in solchen Dingen …"

„Deshalb bist du auch Schreiber geworden", unterbrach ich verstimmt.

Das Gesicht meines Bruders verzog sich zu einem schiefen Grinsen. „Für die Armeeverwaltung reicht es gerade noch." Dann wurde er wieder ernst. „Ich dachte, wenn sie mich nach der Grundausbildung nicht haben wollen … das wäre mir so unangenehm gewesen … außerdem hatte ich Angst, du könntest in der Kommandantur aufkreuzen und nach mir fragen."

„Traust du mir das zu?", fragte ich in einem empörten Tonfall, obwohl ich genau das um ein Haar getan hätte. Mein Bruder antwortete nicht, sondern blickte mich nur treuherzig an, und ich sagte mir, dass ich ihn wohl nehmen musste, wie er war.

„Cornelia hat mir erzählt, man habe dich auf der Landstraße überfallen", wechselte ich daher das Thema. „Warum hast du mir das verschwiegen?"

„Um dich nicht zu beunruhigen."

Der geradezu panische Tonfall meines Bruders ließ erkennen, dass er selbst sich Sorgen machte.

„Aber da ich es nun einmal zufällig erfahren habe, wäre ich dir sehr verbunden, wenn du mir die Geschichte endlich erzählen würdest!"

Mein Bruder trank einen Schluck Wein mit einem Gesichtsausdruck, als ob er gerade zum Tode verurteilt worden wäre.

„Ich bin und bleibe der Stiefsohn der Fortuna!", begann er. Dann berichtete er in knappen Worten, was vorgefallen war.

„Wenn du mir gesagt hättest, dass du Cornelia besuchen willst, hätte ich dir das Pferd geliehen", bemerkte ich spitz.

„Hättest du das wirklich getan?"

Ich nickte.

„Hattest du die Bürschchen, die dich überfallen haben, schon einmal irgendwo gesehen?", fragte ich in der Annahme, dass es in Moguntiacum nicht viel Gelichter gab, das man für einen derartigen Auftrag anheuern konnte.

„Aber nein, ich kenne keine gedungenen Mörder! Wo denkst du hin?", protestierte mein Bruder empört.

„Cornelia sagte, dass sie dich an Gladiatoren erinnern. Vielleicht hast du sie schon einmal im Amphitheater gesehen?"

„Im Amphitheater? Ich schaue mir prinzipiell nur Komödien im Theater an", behauptete mein Bruder grinsend.

Wenigstens schien er das schreckliche Erlebnis mittlerweile einigermaßen überwunden zu haben.

„Hoffentlich ist dir dies eine Lehre und du wanderst nicht mehr mutterseelenallein durch die Wildnis?", fragte ich besorgt. „Vielleicht hätte ich mir statt eines Leibsklaven lieber einen muskulösen Leibwächter zulegen sollen?"

„Ich habe mich am nächsten Tag mustern lassen."

Das war eindeutig eine überstürzte Panikreaktion.

„In Zukunft besprichst du wichtige Entscheidungen vorher mit mir", schärfte ich meinem Bruder nochmals ein, bevor ich ihm nachgoss.

Lucius nickte, aber ich glaubte ihm kein Wort.

„Du solltest Cornelia vergessen. Du darfst schließlich als Soldat nicht heiraten", erklärte ich und fügte, bevor Lucius protestieren konnte hinzu: „Was hast du eigentlich vor? Sie freikaufen? Dafür fehlt dir das Geld!"

„Marcus Terentius wollte ihr doch die Freiheit schenken"", entgegnete mein Bruder unerwartet heftig.

„Das war etwas anderes."

„Wieso?"

„Marcus Terentius wollte sich Jucundus gegenüber erkenntlich zeigen."

„Wie soll ich das verstehen?", fragte Lucius perplex.

Da man eigentlich nicht schlecht über Tote sprechen sollte, trank ich mir mit einem halben Becher unverdünnten Weins Mut an, bevor ich erzählte, dass der Viehhirte den anderen Sklaven nachspioniert hatte, um sich bei seinem Herrn Liebkind zu machen.

Dann herrschte einige Augenblicke lang betretenes Schweigen.

„Und wie ich vorhin schon sagte: Als Soldat kannst du rein juristisch gesehen ohnehin nicht heiraten."

„Aber du weißt selbst, dass sich niemand daran hält. Die meisten Soldaten haben Familie", widersprach Lucius, aber langsam schien er schläfrig zu werden.

Ein natürliches Bedürfnis veranlasste mich, kurz den Raum zu verlassen. Als ich zurückkam, war mein Bruder auf seiner Liege zusammengesunken und lag schnarchend da, den leeren Becher mit der Rechten umklammernd.

Am liebsten hätte ich ihn weiterschlafen lassen, denn offenbar hatte ihn das Soldatenleben völlig erschöpft. Aber ich vermutete, dass er bald aufbrechen musste, um noch rechtzeitig vor der Sperrstunde das Legionslager zu erreichen.

Ich berührte ihn leicht an der Schulter und er schrak zusammen.

„Ich bin es nur!", erklärte ich und hoffte, dass ihn dies nicht noch mehr beunruhigte. „Ich dachte, du bekommst Ärger, wenn du hier übernachtest."

Mühsam rappelte Lucius sich auf und ging zum Fenster, um laut gähnend den Stand des Mondes zu begutachten.

„Verdammt! Ist es schon so spät?", fluchte er, aber mein Mitleid hielt sich in Grenzen. Die Suppe, die er nun auslöffeln musste, hatte er sich schließlich selbst eingebrockt.

„Lass dich mal wieder blicken!", forderte ich Lucius zum Abschied auf.

„Das mache ich." Der Tonfall war nicht sehr überzeugend, aber ich hoffte, dass mein Weinkeller größere Anziehungskraft als ihr Besitzer ausübte. „Nimm dich in Acht vor Respectus und denk daran, was ich dir über den Dolch berichtet habe."

Ich machte eine wegwerfende Handbewegung.

„Er wirkt nicht sehr gefährlich! Außerdem: Warum hätte er Jucundus umbringen sollen?"

„Wer weiß?"

Durch das Küchenfenster blickte ich dem davoneilenden Lucius nach. Wieso machte er sich neuerdings Sorgen um mich?

Beim Einschlafen dachte ich an Respectus und bekam ein schlechtes Gewissen. Schließlich hatte ich ihn zu Unrecht des Diebstahls bezichtigt.

Mitten in der Nacht wachte ich schweißgebadet auf. Ich hatte von ganzen Scharen rothaariger Kaufleute geträumt, die auf unserem Speicher mit keltischen Dolchen Messerwerfen nach mir veranstaltet hatten. Mein Puls raste, meine Finger waren eiskalt und ich sagte mir, dass es so nicht weitergehen konnte: Entweder mussten wir unsere Firma auflösen oder ich sollte mit meinem Teilhaber Frieden schließen.

## 10. Das Kurbad

Drei Wochen später führte uns die etwas obskure Nachfrage eines Herstellers von Keramikgeschirr in die Civitas Mattiacorum. Dieser für seine heißen Quellen bekannte Ort lag auf der anderen Rheinseite in den Hügeln des Taunus. Der Töpfer hatte Interesse an unserem Wein bekundet, aber ich hatte den Verdacht, dass er uns in Wahrheit nur seine schwärzlich-graue Keramik andrehen wollte, die für jeden Mann von Geschmack doch nur ein billiges Imitat der echten Silberware sein konnten. Leider war letztere aber für normale Sterbliche völlig unerschwinglich, weshalb auch wir zu Hause Tongeschirr verwendeten, wenn auch die rote Variante.

„Er hätte sich wirklich die Mühe machen können, in unser Kontor zu kommen. Seit wann findet eine Weinprobe beim Kunden statt?", maulte ich als wir mit unserem Wagen über die Rheinbrücke polterten.

„Aber er hat in Aussicht gestellt, größere Mengen abzunehmen", erklärte mein Teilhaber in einem leicht enervierten Tonfall, denn dies war nicht meine erste Bemerkung dieser Art, „und einem guten Kunden muss man eben etwas entgegenkommen, in diesem Fall im wahrsten Sinn des Wortes."

„So einen wie Cicero haben wir schon lange gebraucht",

bemerkte Respectus, als wir endlich die letzte knarrende Holzplanke der Brücke hinter uns gelassen hatten und unser Wagen wieder auf einer zivilisierten steingepflasterten Straße fuhr. Es war symptomatisch für unser angespanntes Verhältnis: Dies waren die ersten Worte meines Teilhabers an diesem Tag, die über das Unerlässliche hinausgingen. „Endlich jemand, dem man bedenkenlos das Weinkontor anvertrauen kann."

Mein Leibsklave hielt nämlich im Weinkontor die Stellung. Eigentlich hatte ich ihn mir ja zugelegt, um bei Respectus Eindruck zu schinden, aber Cicero besaß ein großes Talent für den Kaufmannsberuf. Und da ich Verschwendung hasste, hatte ich ihn mit dem alten Posten meines Bruders betraut.

„Ja, vielleicht war es doch das Beste, dass Lucius zur Armee gegangen ist!", meinte ich nach einer Weile, da ich mich verpflichtet fühlte, irgendetwas zu erwidern und mir nichts Besseres einfiel.

„Ich kann ihn mir allerdings beim besten Willen nicht als Soldat vorstellen." Mein Teilhaber warf mir einen Seitenblick zu. Mir war nicht ganz klar, ob er Lucius bemitleidete oder auf Einwände meinerseits wartete.

Die Straße, auf der wir fuhren, war relativ gut in Schuss. Trotzdem passierten wir einen Trupp Soldaten, der mit Straßenbauarbeiten beschäftigt war.

„Kein Wunder, dass die Steuern so hoch sind", brummte Respectus vor sich hin.

„Schau, wir sind schon fast da!", erklärte ich beim Anblick der ersten Häuser, um das angespannte Schweigen zu beenden.

Aquae Mattiacorum war – um es höflich auszudrücken – ein beschauliches Provinzstädtchen. Obwohl das Kastell im

Herzen der Ansiedlung unter Vespasian neu errichtet worden war, bestand es nur aus einem Erdwall mit hölzernen Palisaden. In seinem Schatten standen ärmliche Häuser, in denen die Mattiacer wohnten, die man hier angesiedelt hatte. Wir folgten der Wegbeschreibung unseres potentiellen Kunden. Seinen Namen lasse ich lieber unerwähnt, um es mir nicht mit den Kaufleuten meines Nachbarorts zu verderben. Jedenfalls erreichten wir seine Werkstatt ohne nach dem Weg fragen zu müssen.

Das kantige Gesicht des Werkstattinhabers nahm bei unserem Anblick ganz von selbst ein geschäftsmäßiges Lächeln an, das zwei Reihen gelblicher Zähne entblößte. Aber auch das Lächeln machte ihn nicht besonders einnehmend, denn seine scharfen, grauen Augen, die uns musterten, blieben kalt. Er war untersetzt, doch beweglich und mochte in den Dreißigern sein. Trotzdem begann sich sein hellbraunes, schütteres Haar bereits am Hinterkopf zu lichten und in seine Gesichtszüge hatte sich sein gewohnheitsmäßiges Lächeln eingegraben.

„Willkommen Freunde!", begrüßte er uns reichlich pathetisch und kam uns strahlend entgegen. „Ich hoffe, ihr habt bereits die Freuden unserer unnachahmlichen Heilbäder genossen?"

Verschwitzt und staubbedeckt wie wir waren, war dies eine seltsame Frage. Oder war das ein dezenter Ratschlag, das Versäumte später nachzuholen?

„Leider sind wir noch nicht dazugekommen", erwiderte ich und auch mein Teilhaber schüttelte bedauernd den Kopf.

Wahrscheinlich gaben wir in den Augen des Töpfers ein seltsames Gespann ab, denn ich überragte den kräftigen, rothaarigen Respectus mit seinem derben Gesicht um eine

Handspanne. Trotz des milden Wetters trug er zu seinem unvermeidlichen karierten Umhang einen wulstartigen Schal.

„Ihr möchtet doch sicherlich meine Keramikproduktionsstätte sehen?"

Dies war natürlich eine rhetorische Frage. Ein Blick in das entschlossene Gesicht des Töpfers genügte, um zu erkennen, dass jeder Widerstand zwecklos war. Da mich die Technik der Keramikherstellung nicht weiter interessierte, vermag ich nur zu berichten, dass ein beeindruckendes Heer von Arbeitskräften den matschigen Ton auf Töpferscheiben zu Gefäßen bearbeitete, die dann in einem riesigen Ofen gebrannt wurden, der mich an die Schmiede des Vulkan erinnerte.

Nachdem wir die Werkstatt besichtigt und gebührend gelobt hatten, kam das Unvermeidliche: Der Keramikhersteller rückte damit heraus, wie er sich unsere künftige Zusammenarbeit vorgestellt hatte. Wir sollten seine Trinkschalen als Werbegeschenk an gute Kunden verteilen!

Diese Unverschämtheit verschlug mir einen Augenblick lang die Sprache. Dann empfahl ich dem Töpfer halb im Scherz, seinen Kunden die von ihm gefertigten Trinkschalen mit unserem Wein zu demonstrieren. Mein Partner nahm diese Anregung ernst oder er tat wenigstens so. Jedenfalls redete er seinerseits auf den Werkstattbesitzer ein.

Das Gespräch drehte sich immerzu im Kreise, wenn man es ein Gespräch nennen kann, wenn zwei Teilnehmer von Wein reden und der dritte von Keramik. Wir ließen den Fabrikanten nicht einmal unseren Wein probieren, so aussichtslos war die Lage.

Irgendwann konnte ich den Redeschwall und die eloquenten Ausführungen meines Teilhabers nicht mehr ertragen.

„Wir müssen diese wichtige Entscheidung in Ruhe über-
denken", unterbrach ich den Töpfer mitten im Satz. „Vielleicht sollten wir uns jetzt wirklich einen Thermenbesuch
gönnen. Es ist eine Schande, dass ich die heißen Quellen
nur vom Hörensagen kenne, obwohl ich nur wenige Meilen
von hier entfernt wohne."

Beistand erheischend schaute ich Respectus an. Sein ernster Gesichtsausdruck ließ mich befürchten, dass dies nicht
mit seinem Arbeitsethos zu vereinbaren war.

„Selbst Plinius im fernen Rom hat sie gerühmt", fügte ich
als weiteres Argument hinzu, denn häufig half es, sich auf
Autoritäten zu berufen.

„Das hat uns alle mit großem Stolz erfüllt", erklärte der
Töpfer, der zwischen Lokalpatriotismus und Geschäftsstre-
ben hin und hergerissen war, wie Odysseus zwischen Scylla
und Charybdis.

„Kannst du mir eine der Anlagen empfehlen?", fragte ich,
denn wenn ich nicht die Initiative ergriff, so würden wir
noch zu den nächsten Saturnalien in der staubigen Werkstatt festsitzen.

Mit einer nervösen Handbewegung fuhr sich der Töpfer
durch das schüttere Haar.

„Sie sind alle hervorragend, aber ...", begann er, nannte
uns dann aber doch widerwillig einen Namen.

Ich bedankte mich und wandte ich mich demonstrativ
zum Gehen. Aus den Augenwinkeln bemerkte ich erleichtert, dass Respectus mir folgte.

„Wir melden uns wieder, wenn wir uns entschieden haben", erklärte er in einem Tonfall, der keinen Zweifel daran
ließ, dass es sich um eine abschlägige Antwort handelte.

Der Keramikhändler begleitete uns unter Beachtung aller
Höflichkeitsformen zur Tür und wünschte uns einen ange-

nehmen Aufenthalt im Kurbad, aber seine Enttäuschung war unübersehbar.

Als wir dem aufdringlichen Menschen entkommen waren, betupfte sich mein Teilhaber das Gesicht mit dem Zipfel seines Umhangs.

„Da drinnen herrscht ja eine unerträglich stickige Luft!", sagte ich mitfühlend.

„Es ist sicher nur eine Frage der Zeit, bis diese Töpfer alle lungenkrank werden!" Den Kommentar konnte nur ein Hypochonder abgeben. „Dieser redegewandte Handwerker hat seinen Beruf verfehlt. Er hätte besser Vertreter werden sollen!"

„Das ist er ja in gewisser Weise auch geworden", stimmte ich zu.

„Nur gut, dass dir der Vorwand mit dem Bad eingefallen ist ..."

„Das war kein Vorwand!", unterbrach ich alarmiert.

Echauffiert sah mich Respectus an.

„Stell dich nicht so an", erklärte ich, „dafür haben wir jetzt auch noch Zeit. Der Tag ist sowieso vergeudet."

Den restlichen Weg legten wir schweigend zurück. Das Bad, das der Töpfer uns empfohlen hatte, befand sich am Ende des Orts in einer üppiggrünen Landschaft. Die Innenräume waren mit Götterbildnissen und nackten Athleten aus Marmor dekoriert, die in allen möglichen Posen ihre muskulösen Körper präsentierten. Das Caldarium verfügte über verglaste Bogenfenster mit Ausblick auf das Tal. Dort saß man in einem großen Becken und trank eine ekelhafte, nach faulen Eiern riechende Brühe, der die Einheimischen heiltätige Wirkung zuschrieben. Vor allem kranke Legionäre und Hilfstruppensoldaten aus Mogontiacum versuchten, sich damit wieder tauglich für ihren anstrengenden Dienst zu machen.

Ich schüttete das grässliche Zeug in einem Schluck herunter und verzog das Gesicht, denn es schmeckte noch viel schlechter als es roch. Offenbar enthielt es neben überalterten Eiern und Schwefel noch andere üble Ingredienzien, doch ich möchte lieber gar nicht wissen, welche genau es waren.

Dann atmete ich tief durch und aalte mich in der angenehmen Wärme des Wassers. Der Dampf umhüllte uns und die Gespräche der anderen Badegäste verebbten. Ich wollte die beruhigende Wirkung des Wassers nicht durch unseren schwelenden Konflikt zunichtemachen.

„Wollen wir nicht das Kriegsbeil begraben?", fragte ich daher spontan Respectus, der seinen Becher noch immer unschlüssig in der Hand hielt. Endlich roch er nicht mehr nach diesem aufdringlichen Parfum. Das allein stimmte mich gnädig.

„Warum spionierst du mir nach?"

Diese Frage brachte mich für einen Augenblick aus der Fassung, denn ich hatte nicht mit einem Frontalangriff gerechnet.

„Weil du offenbar Geheimnisse vor mir hast", platzte es dann aus mir heraus.

Ein dicker Masseur mit brutalem Gesicht, der am Beckenrand auf der Suche nach Kundschaft herumlungerte, drehte sich nach uns um.

„Wie kommst du denn darauf?"

„Was hattest du zum Beispiel an dem Tag, als ich von der Mosel zurückgekommen bin, in meinem Arbeitsraum zu schaffen?", fuhr ich meinen Teilhaber an, ohne auf den neugierigen Masseur zu achten, der wahrscheinlich ein ehemaliger Preisringer war.

„Das habe ich dir doch schon mindestens dreimal gesagt!

Ich habe dich nicht so früh erwartet. Also habe ich im hellsten Raum des Kontors gearbeitet. Wenn ich gewusst hätte, dass dich das derart in Harnisch bringt, hätte ich es unterlassen!"

„Und warum hast du dann die Dokumente auf dem Tisch vor mir zu verbergen versucht?"

„Habe ich nicht!"

Durch den wabernden Wasserdampf hindurch blickte ich Respectus solange in die Augen, bis er das Schweigen brach.

„Naja, es war mir eben unangenehm, dass ich gerade mit meinem Getreidehandel beschäftigt war, aber …"

„Aber dies verstößt nicht gegen unsere Vereinbarung", ergänzten wir den Satz gemeinsam im Chor.

Langsam bekam der Masseur Stielaugen. Sein Blick blieb auf dem Becher in der Hand meines Teilhabers haften. Dieser starrte wütend zurück. Dann trank er endlich einen Schluck des wundertätigen Wassers. Er schloss die Augen und spie die ekelhafte Flüssigkeit sofort wieder aus.

„Das ist ja abscheulich!", rief er mit angewidertem Gesicht aus und kippte den restlichen Inhalt des Bechers in das Becken.

Nun waren die Augen aller Anwesenden auf uns gerichtet. Die meisten von ihnen waren hünenhafte Soldaten, mit denen man es sich besser nicht verdarb.

„Nimm dich zusammen! Sonst bekommen wir noch Ärger mit diesen gemeingefährlichen Gesellen", ermahnte ich Respectus mit gedämpfter Stimme, obwohl ich mir nur mühsam das Lachen verkneifen konnte, so komisch war seine Grimasse gewesen.

Aber es gab noch eine Sache, die zwischen uns stand.

„Und diese fremden Kisten auf unserem Speicher! Was

waren das für Verwandte, die sie bei uns abgestellt haben?"

„Meine jüngere Schwester hat einen Kupferschmied aus Massilia geheiratet", begann mein Teilhaber. Dann folgte eine derart komplizierte Aneinanderreihung der Linien und Nebenlinien seiner angeheirateten Verwandtschaft, dass mir binnen kürzester Zeit der Kopf schwirrte.

„Aber warum haben sie ihren Plunder bei uns eingelagert?", unterbrach ich die Ausführung schließlich enerviert.

„Das habe ich dir doch damals schon gesagt! Ihre Lagerhalle ist abgebrannt. Einige Tage später haben sie eine ganze Schiffsladung dieser Kisten erhalten, die sie wohl kaum im Regen stehen lassen konnten." Ich erinnerte mich noch allzugut an den Wolkenbruch am Tag unserer Exkursion auf den Speicher. „Also habe ich ihnen geholfen, wie es innerhalb der Familie so üblich ist."

„Und du hast wirklich keine Ahnung, was sich in diesen Kisten befunden hat?"

„Da meine Verwandten mit Metallwaren handeln, vermute ich, dass es wohl Pfannen, Töpfe und dergleichen waren."

„Oder Schwerter für die Barbaren?"

Respectus schaute mich konsterniert an und wäre fast empört aufgesprungen, aber er besann sich im letzten Augenblick.

„Schließlich sind das auch Metallwaren", fügte ich boshaft hinzu.

Mein Teilhaber kratzte sich am Hinterkopf, was er immer tat, wenn ihm etwas peinlich war.

„So habe ich die Sache noch gar nicht gesehen", gab er etwas kleinlaut zu. „Das nächste Mal prüfe ich den Inhalt fremder Kisten nach, ehe ich sie in unser Lager bringen lasse. Nicht dass wir noch Ärger bekommen!"

„Ich hoffe, dass es kein nächstes Mal gibt", präzisierte ich, „oder erwartest du, dass die Lagerhalle deiner Verwandten ständig abbrennt?"

Mein Partner schüttelte nachdenklich den Kopf.

„Falls nicht zufällig jemand nachhelfen sollte!", brummte er dann vor sich hin.

Was wollte Respectus damit andeuten? Ich wusste doch noch nicht einmal, wo seine Sippe wohnte!

„Ich habe neulich erfahren, dass der Dolch, mit dem mein ehemaliger Mitsklave erstochen worden ist, mit typisch keltischen Gravuren verziert war", erklärte ich ohne Umschweife. So wütend hatte mich der Kommentar meines Teilhabers gemacht.

„Das wundert mich nicht, denn diese Waffen sind momentan schwer in Mode. Ein Waffenschmied aus der angeheirateten Verwandtschaft meiner Schwester verdient sich eine goldene Nase damit", sagte Respectus so beiläufig, dass ich annehmen konnte, dass er meine Verdächtigungen nicht auf sich bezog.

„Wenn es mich auch eigentlich nichts angeht", begann ich vorsichtig, denn es gab noch eine Frage, die mir unter den Nägeln brannte, „aber am Tag der Anna Perenna war ich nachmittags im Weinkontor. Es hat mich damals sehr gewundert, dass ich dich nicht angetroffen habe."

Respectus verzichtete auf einen Kommentar zur wiederholten Nachfrage und antwortete nur: „Ich war bei einer privaten Feier am anderen Ende der Stadt! Aber das ist wirklich typisch! Wenn ich mir einmal freinehme, geben sich gleich die Besucher die Klinke in die Hand!"

„Wie meinst du das? Wer war denn noch alles im Weinkontor?", fragte ich verblüfft, denn mit dieser Wendung hatte ich nicht gerechnet.

„Mein Schwager sagt …"

Einen Augenblick meinte ich mich verhört zu haben.

„Er war allein im Kontor?"

„Nur ausnahmsweise. Ich war wirklich unabkömmlich und er musste dringend einige Kisten abholen, deren Inhalt verkauft worden war."

Ich musste mir große Mühe geben, um einigermaßen moderat zu reagieren.

„Also, bei aller Sympathie: So geht das nicht! Ich lege großen Wert darauf, dass in Zukunft deine Verwandten sich nicht allein in unserer Firma aufhalten. Das musst du wirklich verstehen!"

„Das sagst du nur, weil du keine Familie hast." Im gleichen Augenblick bemerkte er selbst, dass er in den Fettnapf getreten war. „Ich meine von deinem Bruder abgesehen und der hat sich ausgerechnet an diesem Nachmittag, als ich seine Hilfe gebraucht hätte, nicht blicken lassen. Dafür hat dieser stinkende Viehhirte nach dir gefragt."

Respectus begann, sich in Widersprüche zu verwickeln.

„Du hast doch neulich behauptet, dass du selbst mit Jucundus gesprochen hast!", protestierte ich daher.

„Mein Schwager hat ihn mir so plastisch beschrieben, dass ich sofort wusste, von wem du sprachst."

„Trotzdem hättest du sagen sollen, dass du Jucundus nicht selbst gesehen hast."

Mein Teilhaber räusperte sich.

„Das Ganze war mir mittlerweile unangenehm. Irgendwie ist mir die Sache über den Kopf gewachsen."

Wenigstens machte Respectus einen schuldbewussten Eindruck. Daher ließ ich die Angelegenheit auf sich beruhen. Aber ich schwor mir bei Jupiter, dass es zwischen uns endgültig aus sein würde, wenn er noch einmal seiner Sippe oder deren fragwürdigen Handelsgütern Asyl in unserem Kontor gewähren würde.

Mittlerweile waren einige neue Badegäste angekommen, auch sie größtenteils Soldaten. Langsam wurde es eng im Wasserbecken. Ich wollte vorschlagen, zwischen zwei Badegängen eine kleine Pause einzulegen, aber Respectus kam mir zuvor.

„Meine Fingerkuppen sind schon ganz aufgeweicht. Wenn ich nicht bald das Wasser verlasse, wachsen mir bestimmt Schwimmhäute!" Er tauchte kurz unter und strich sich dann das Haar aus dem Gesicht. Im nassen Zustand hatte es den Farbton frischer Kastanien. Auf seinem Hals und dem Rücken waren keinerlei farbige Wasserspuren zu erkennen. Respectus hatte also bei seiner Haarfarbe nicht mit diesen Kügelchen nachgeholfen, mit denen sich die Chatten die Haare rot tönten, einer Mode, der sogar Römer folgten. Männern, die sich parfümierten, traute ich dergleichen ohne weiteres zu. „Außerdem bin ich es nicht gewohnt, stundenlang untätig herumzusitzen."

„Ohne diese wunderbaren heißen Bäder wäre unser Ausflug auf die andere Rheinseite ein völliger Misserfolg gewesen", stellte ich mit Nachdruck fest.

„Das kann man wohl sagen."

Wie stiegen aus dem Becken, trockneten uns ab und verließen das Bad, obwohl ich ganz gern noch etwas länger geblieben wäre. Auf der Rückfahrt ins Handelskontor war fast alles wieder beim Alten. Während die Wagenräder über die schnurgeraden Straßen polterten, plauderten wir über Weinbau, Handel und die viel zu hohen Steuern. Das waren zwar Verlegenheitsthemen, aber immerhin ein großer Fortschritt gegenüber dem feindseligen Schweigen der letzten Zeit. Ich ließ mich nur allzu gern darauf ein, denn der

Zweifrontenkrieg gegen meinen Bruder und meinen Teilhaber hatte doch mit der Zeit ziemlich an meinen Nerven gezerrt.

## 11. Das Amphitheater

Am nächsten Morgen brachen wir nach einem kargen Frühstück zum Kontor auf. Ich stapfte voran und Cicero schritt mit ernster Miene hinter mir her. Aber wenn ich ehrlich war, fühlte ich mich auch nicht wichtiger als zurzeit, als ich noch keinen Leibsklaven hatte. Wenigstens hielt mich seine Anwesenheit davon ab, Selbstgespräche zu führen, eine schlechte Angewohnheit, die ich angenommen hatte, seit mein Bruder unseren Haushalt verlassen hatte.

Als wir das Forum überquerten, wimmelte es dort vor Dienstboten und Hausfrauen. Sie wurden überragt vom Kaiserstandbild in der Mitte des Platzes, das einen sehr imposanten Eindruck machte. Aber nur der Kopf Domitians war aus weißem Marmor, sein Körper hingegen aus einem besonderen Kalkstein und ich fragte mich, warum man bei den häufigen Herrscherwechseln des vergangenen Jahrzehnts nicht einfach die Köpfe der Herrscherbildnisse auswechselte. Die athletischen Körper in ihrem militärischen Panzer ähnelten einander ohnehin.

Neben den repräsentativen Gebäuden standen Werkstätten. Die meisten Handwerker bewohnten Häuser, deren Untergeschoss zweigeteilt war. Den vorderen Bereich nahm der Laden ein, den hinteren die eigentliche Werkstatt, deren Geräusche lautstark herausdrangen: Kupferschmiede bearbeiteten ihre Gefäße, Schuster hämmerten Nägel in die Sohlen ihrer Sandalen und Bäcker holten köstlich duftende Brote aus dem Ofen. Der Wind trieb mir den würzigen Geruch von Kräutern in die Nase, der sich mit dem beißenden Gestank frisch gegerbten Leders mischte, der von den Kürschnern herrührte, die am nahen Rheinufer ihrem Handwerk nachgingen. Vor den Häusern waren Buden und Stände aufgebaut. Hier priesen Marktschreier ihre Waren an und Kunden ließen sich große Körbe mit Gemüse beladen. Dazu klimperten die Geldwechsler mit ihren Münzen. Diese Betriebsamkeit zeigte, dass Mogontiacum ein wichtiger Handelsplatz für die nähere und weitere Umgebung war.

Vor den Auslagen eines Metzgers entdeckte ich die gebückte Gestalt des alten Pförtners meines Patrons. Mit fachmännischem Blick begutachtete er Räucherwürste, die von einem groben Querbalken herabhingen. Die Händlerin, eine Bäuerin mit wettergegerbtem Gesicht machte ihm ihre Ware schmackhaft. Wie bei unserer letzten Begegnung musste ich einen Augenblick nachdenken, um mich daran zu erinnern, dass der Pförtner Lydos hieß. Oder war sein Name Lydus?

„Sei froh, dass Marcus Terentius kein besonders strenger Herr ist", sprach ich ihn von hinten an und er schrak zusammen, „es soll Sklavenhalter geben, die ihre Pförtner neben der Tür anketten."

Cicero, der mir gefolgt war, starrte mich mit entsetzten Augen an und auch die Händlerin beäugte mich verärgert. Dabei hatte ich keinesfalls vor, ihren Kunden zu verkraulen.

„Wie kannst du mich nur so erschrecken!" Der alte Lydus wandte sich empört zu mir um. Er wischte sich die verschwitzte Stirn mit dem Handrücken ab. „Ich bin übrigens nicht mehr Pförtner. Mein Herr hat einen jüngeren Sklaven mit diesem Amt betraut."

146

„Aber deine neue Arbeit ist doch wohl nicht, Lebensmittel einzukaufen? Schließlich produziert euer Landgut alles, was man zum Leben benötigt."

Um das Bedürfnis meines Patrons nach exquisiten Speisen zu befriedigen, besaß sein Anwesen sogar Fischteiche, ein Wildgehege und mehrere Vogelhäuser.

„Die Wurst ist nur ein kleiner Imbiss. Ich habe etwas anderes in der Stadt zu tun." Normalerweise war ich nicht besonders neugierig, aber ich hätte gern gewusst, was Lydus für meinen Patron erledigen sollte. „Da ich einmal hier bin, werde ich mir natürlich die Gladiatoren anschauen."

Am morgigen Tage sollten im Amphitheater Spiele stattfinden. Wie es der Tradition entsprach, wurden die Gladiatoren am Vortag dem Publikum präsentiert. Dabei wurde die Bilanz ihrer Siege verlesen, wichtige Informationen für den Abschluss der Wetten. Außerdem veranstaltete man Schaukämpfe mit Holzschwertern, denn seit dem Aufstand des Spartacus erhielten die Gladiatoren nur noch in der Arena scharfe Waffen. Dagegen konnten sie sich nicht wehren, denn schließlich waren sie rein rechtlich gesehen Sklaven.

„Für so etwas habe ich keine Zeit", brummte ich nicht ohne Neid zurück.

„Die Zeit nehme ich mir einfach", erwiderte der alte Mann mit einem schelmischen Grinsen.

Ein Lieferant mit einer Schubkarre polterte über das Pflaster und das Gespräch versiegte für einen Augenblick. In der Gasse, die man dem Händler freigelassen hatte, folgte die Sänfte einer vornehmen Dame, die sich von zwei schwarzen Sklaven über das Forum tragen ließ.

„Gibt es etwas Neues im Haushalt des Marcus Terentius?", fragte ich, als der Zug verschwunden war.

„Mir sagt der Herr ja nichts", begann der ehemalige Pförtner mit einer verschwörerischen Miene. Dann dämpfte er seine Stimme, „aber man munkelt, dass er nach Italien zurückkehren will. Seine Familie ist noch immer nicht zurückgekehrt …"

„Das sind doch nur Gerüchte", unterbrach ich ihn enttäuscht, denn einen irrationalen Augenblick lang hatte ich gehofft, Neuigkeiten über meinen Bruder zu erhalten. „Vielleicht ist ihm die Frau davongelaufen. Aber ich kann mir beim besten Willen nicht vorstellen, dass Marcus Terentius sein Landgut aufgibt."

Denn er hat es mit seinem Repräsentationsfimmel derart heruntergewirtschaftet, dass es nicht mehr viel wert ist, fügte ich in Gedanken hinzu. Meinem Patron blieb gar nichts anderes übrig, als auf seiner Scholle zu bleiben, ob er wollte oder nicht.

„Aber er hat bereits einige besonders wertvolle Gegenstände in Holzkisten verpacken lassen."

Mein Blick streifte zufällig die Händlerin. Ihrem angespannten Gesicht war anzusehen, dass sie der Unterhaltung folgte.

„Wahrscheinlich will er sie verkaufen oder zum Pfandleiher bringen, denn er ist pleite", rutschte es mir heraus, bevor ich mich daran erinnerte, dass ich vorsichtig mit meinen Äußerungen über meinen Patron sein sollte, denn ich war weiterhin auf sein Wohlwollen angewiesen.

„Wie kannst du nur so etwas Schändliches behaupten!", widersprach der ehemalige Pförtner unerwartet temperamentvoll und zählte mir sodann sämtliche echte und noch viel mehr angemaßte Vorzüge meines Patrons auf.

„Es tut mir schrecklich leid", unterbrach ich nach einer Weile seinen Redeschwall, „aber ich muss jetzt wirklich zur Arbeit."

Wir verabschiedeten uns voneinander und Lydus deutete endlich mit dem Zeigefinger auf eine der geräucherten Würste. „Ich nehme diese!", erklärte er in einem feierlichen Tonfall.

Den restlichen Weg zum Handelskontor legte ich mit langen, schnellen Schritten zurück. Ich wollte nicht riskieren, dass mein Teilhaber mir vorwarf, in die Fußstapfen meines Bruders getreten zu sein und mir Säumigkeit vorwerfen zu lassen. Trotz der frühen Stunde lastete inzwischen eine drückende Hitze über der Stadt. Als ich das Handelskontor erreichte, standen mir Schweißperlen auf der Stirn und meine Tunika klebte mir am Leib. Cicero hingegen sah noch immer wie aus dem Ei gepellt aus.

„Haben wir Besuch?", fragte er und zeigte auf einen mit Holzkisten und Fässern beladenen vierrädrigen Wagen, den ich nicht kannte. Er warf im morgendlichen Licht einen harten Schlagschatten an die Wand unseres Kontors.

Hatte Cicero tatsächlich „wir" gesagt? Dieses Wort hätte mein Bruder in dieser Situation bestimmt nie in den Mund genommen.

„Keine Ahnung, bestimmt wieder einer dieser Verwandten", brummelte ich zurück, denn ich fühlte mich beim Anblick der Ladung unangenehm an die dubiosen Kisten auf dem Speicher erinnert.

Respectus erwartete mich bereits mit sorgenvoller Miene und ich wappnete mich innerlich gegen den Vorwurf, so spät gekommen zu sein. Aber mein Teilhaber blickte mich weiterhin nur stumm an.

„Was ist los?", fragte ich ihn erschrocken.

Seit dem Tod des Jucundus und der Flucht meines Bruders rechnete ich immer gleich mit dem Schlimmsten.

„Einer meiner Verwandten möchte gern für einige Tage

etwas auf unserem Speicher lagern. Ich habe ihm gesagt, dass ich vorher noch mit dir reden muss."

„Warum?"

„Weil ich dachte, dass du etwas dagegen haben könntest."

Ich fragte mich, ob er mich absichtlich falsch verstand.

„Ich meinte: Warum will er seine Ware bei uns lagern? Brennt in Mogontiacum neuerdings ein Speicher nach dem anderen ab?"

Respectus kratzte sich verlegen am Hinterkopf.

„Leider hat er hier keinen eigenen Abstellraum und meine anderen Verwandten können ihm auch nicht weiterhelfen …"

„Die werden schon wissen warum", unterbrach ich ihn. „Ich finde dein Verwandter, wie heißt er eigentlich?"

„Aulus", antwortete mein Teilhaber mit belegter Stimme.

Was hatte sein Verwandter zu verbergen, dass man seinen Namen nicht laut aussprechen durfte?

„Dieser Aulus könnte sich wenigstens die Mühe machen, mit mir zu sprechen! Schließlich bin ich der Miteigentümer dieses Ladens. Gedenkt er wenigstens etwas dafür zu bezahlen, dass er unseren Dachboden in Beschlag nimmt? "

Respectus zog ein Gesicht, als ob er Besuch vom Steuereintreiber erhalten hätte. Dies bestätigte meinen Verdacht, dass er auch das letzte Mal Miete einkassiert, sie jedoch nicht mit mir geteilt hatte.

„Ich werde sehen, was sich machen lässt", entgegnete Respectus grimmig.

Langsam reichte es mir. Zuerst verschacherte mein Teilhaber einfach unseren Dachboden und dann sollte ich nichts davon haben?

„Ich bestehe darauf, diesen Aulus persönlich kennenzulernen!", erklärte ich mit Nachdruck. „Ist es eigentlich derselbe, der neulich Dutzende von Kisten bei uns gelagert hat?"

Respectus grübelte einen Augenblick lang nach und schüttelte dann den Kopf. Überlegte er, ob er mit einer Lüge davonkam, oder verpachtete er den Speicher so häufig, dass er sich nicht mehr an Details entsinnen konnte?

„Es ist diesmal ein anderer angeheirateter Verwandter meiner Schwester, aber er gehört zum selben Familienzweig …"

„Bitte verschon mich mit Details", unterbrach ich ihn. „Wer auch immer er ist: Ich bestehe darauf, ihn persönlich zu sprechen!"

Respectus schaute mich verärgert an.

„Morgen gehe ich mit Aulus zu den Spielen", erklärte er dann, „wenn du mitkommst, kannst du meinen Verwandten selbst nach seiner Ware fragen."

Ich war ehrlich von diesem Vorschlag beeindruckt: Selten ließ sich so problemlos das Angenehme mit dem Nützlichen verbinden.


Den Göttern sei Dank war am nächsten Tag ein Feiertag. Also blieb das Weinkontor geschlossen und ich konnte endlich wieder einmal richtig ausschlafen. In den vergangenen Wochen hatte ich zunehmend unter Schlaflosigkeit gelitten, nicht zuletzt wegen meines Bruders und der rätselhaften Vorkommnisse in unserem Handelskontor. Ich war völlig übermüdet.

Nach einem reichlichen Frühstück, bestehend aus Fladenbrot, Oliven, Eiern und verdünntem Wein und einem ausgiebigem Gespräch mit meinem Nachbarn war der Tag schon so weit fortgeschritten, dass ich beschloss, ein verfrühtes Mittagessen zu Hause einzunehmen. Die Mahlzeiten, die von den fliegenden Händlern vor dem Amphitheater verkauft wurden, waren nämlich in der Regel ihr Geld nicht wert. Petrinas säuerlichem Gesicht war anzusehen, dass sie mich nicht eingeplant hatte, aber sie trug erstaunlich schnell das Essen auf. Ohne große Erwartungen schaute ich auf die Servierplatte und für einen Augenblick fehlten mir die Worte.

Dann wurde ich ziemlich wütend: Meine Haushälterin setzte mir schon wieder geräucherten Schweinsfuß vor, obwohl ich mir dies nachdrücklich verbeten hatte! Natürlich stellte ich Petrina wegen dieser Missachtung meiner Weisungen zornentbrannt zur Rede, aber sie behauptete, ihr Leib-und-Magen-Gericht hätte sie schon seit Wochen nicht mehr zubereitet.

Daraufhin unterstellte ich ihr, dass es mit ihrem Gedächtnis nicht mehr zum Besten bestellt sei. Leider drückte ich mich etwas unhöflich aus und Petrina rauschte prompt mit beleidigter Miene ab. Mir taten meine unüberlegten Worte augenblicklich leid. Außerdem hatte ich keine Lust tagelang Petrinas beleidigtes Gesicht ertragen zu müssen und so versuchte ich einzulenken, ohne mich jedoch zu entschuldigen. Schließlich hatte ich meiner Haushälterin bis auf Widerruf verboten, mir Schweinsfuß aufzutischen.

Das Gespräch drohte weiterhin zu eskalieren und ehe wir endlich wieder Frieden geschlossen hatten, war der Mittag schon längst verstrichen. Kein Wunder, dass Petrinas früherer Herr sie loswerden wollte. Sicherlich hatte er in Wahrheit Mogontiacum so überstürzt verlassen, um dieser trostlosen Kost zu entfliehen.

Zu guter Letzt begruben wir das Kriegsbeil mit einem Kompromiss: Meine Haushälterin versprach mir hoch und heilig, in Zukunft den Speiseplan am Wochenanfang mit mir zu besprechen und ich versicherte ihr im Gegenzug, dass ich meine Meinung nicht mehr so plötzlich ändern würde.

Hastig wechselte ich die Tunika, um endlich das Amphitheater aufzusuchen, das sich aus nahe liegenden Gründen unweit des Legionslagers befand. Als ich mein Ziel endlich erreichte, reflektierten die hellen Kalksteinplatten, mit denen der Außenbau des Amphitheaters verkleidet war, gnadenlos das gleißende Sonnenlicht. Nur gut, dass das Theater mit riesigen Sonnensegeln ausgestattet war, die über der Arena aufgehängt werden konnten. In unterirdischen Gängen warteten die Tiere, Gefangene und Gladiatoren auf ihren Auftritt und im Innenrund des Baus jubelte das Publikum.

Völlig verschwitzt huschte ich durch den südlichen Zugang. Diese unterirdischen Gänge hießen vomitoria, weil es von der Bühne gesehen so aussah, als ob die Zugänge die Zuschauer ausspien. Die Sitzreihen stiegen um das sandbestreute elliptische Mittelfeld an, was eine gleichmäßige Sicht von allen Plätzen ermöglichte.

Auf einer Empore im untersten der drei Ränge befand sich der Ehrenplatz des Editors. So hieß der Veranstalter der Spiele, der die Gladiatoren von ihrem Ausbilder geliehen hatte. Ich entsinne mich leider nicht mehr seines Namens, aber er war ein Lokalpolitiker, der durch die Veranstaltung für die anstehende Wahl um Stimmen warb. Die lokalen Honoratioren saßen nahe am Geschehen in den unteren Reihen. Etwas höher befanden sich die Plätze der wohlhabenden Bürger und der Legionäre. Arme und Frauen hingegen mussten sich mit den oberen Rängen begnügen.

Man rechte gerade den Sand der Arena. Das Vorprogramm, das aus Tierhatzen und Hinrichtungen von Verbrechern bestand, musste also bereits beendet sein. Dies bekümmerte mich aber nicht, denn ich verabscheute öffentliche Exekutionen geradezu, seit mein Bruder fast des Mordes angeklagt worden war. Hauptsache, ich war pünktlich zum Beginn des

Nachmittagsprogramms gekommen, welches der eigentliche Höhepunkt der Spiele war.

Beim Herabsteigen der Stufen ließ ich meinen Blick über die Köpfe der Zuschauer schweifen und erkannte schon aus der Ferne den roten Haarschopf meines Teilhabers. Er hatte sich einen guten Platz im Zentrum gesichert, wo er mit einem massigen, kahlköpfigen Mann mittleren Alters plauderte.

Neben sich hatte Respectus einen Korb auf die Sitzbank gestellt, wie ich hoffte, um einen Sitzplatz für mich zu reservieren. Dieser befand sich maximal weit entfernt von einem der beiden Hauptzugänge, weshalb ich einige Unmutsbekundungen auf mich zog, als ich Dutzende von Zuschauern bitten musste, mich vorbeizulassen. Während ich mich an ihnen vorbeiquetschte rief man mir „Warum bist du nicht früher aufgestanden?", „Du hättest gleich zu Hause bleiben sollen!" und andere Unfreundlichkeiten nach.

„Wenn du wüsstest, wie schwer es war, dir die ganze Zeit diesen Platz freizuhalten", brummte Respectus mich statt einer Begrüßung an.

Er stellte den Korb auf den Boden und ich murmelte etwas von wichtigen Geschäften, die keinen Aufschub geduldet hätten, vor mich hin, bevor ich mich auf der Bank niederließ.

„Das ist übrigens Aulus, der Schwager meiner Schwester", sagte Respectus, mir seinen Verwandten mit bewundernswürdiger Beiläufigkeit vorstellend. Sicherlich ahnte er nicht einmal, dass ich ins Amphitheater gekommen war, um ihn kennenzulernen.

Wenn ich ganz ehrlich war, gab es aber noch einen anderen Grund, der mich aus meiner feiertäglichen Lethargie aufgeschreckt hatte: Nämlich die Hoffnung „zufällig" meinem Bruder Lucius zu begegnen. Leider konnte ich ihn aber nirgendwo in der Menge ausmachen.

Doch ich erblickte in der zweiten Reihe Marcus Terentius in Begleitung einiger Freunde. Dies war nicht weiter bemerkenswert, denn in der Provinz gab es nur wenige Zerstreuungen. Die Spiele hatten daher sicherlich die gesamte Bevölkerung und alle Landgutbesitzer der Umgebung ins Amphitheater gelockt. Hingegen verblüffte es mich aus zwei Gründen, Cornelia im Gefolge meines Patrons zu sehen: Erstens waren Sklaven in der Arena nur als Diener zugelassen, weshalb sich der Pförtner hatte mit den Schaukämpfen begnügen müssen. Und zweitens pflegten Männer und Frauen nicht beisammenzusitzen. Letztere mussten mit den unattraktivsten, hoch oben gelegenen Plätzen vorlieb nehmen. Nur die Vestalinnen hatten das Privileg, sich die Spiele aus der Nähe betrachten zu dürfen.

Cornelia plauderte munter mit Marcus Terentius. Ihr Blick traf über die Menge hinweg den meinen und sie zuckte zusammen. Dann senkte sie ihre Augen und wandte sich meinem Patron zu, der sie offenbar etwas fragte. Sicherlich wollte er wissen, was sie bekümmerte.

Dieselbe Frage stellte auch ich mir insgeheim. Demonstrativ schaute ich in eine andere Richtung, denn es war mir unangenehm, eine Frau anzustarren, die mich geflissentlich ignorierte. Außerdem war es höchste Zeit, ein paar Worte mit Aulus zu wechseln. Wenn die Kämpfe begannen, würde er mir wohl kaum Rede und Antwort stehen.

„Respectus sagt, du möchtest Waren auf unserem Speicher lagern?", fragte ich Aulus und verrenkte mir fast den Hals um ihm in die Augen sehen zu können. Sie waren grau wie die meines Partners. Unter seinem Gewand zeichnete sich sein runder Bauch ab und ich fand, dass er aussah wie der Inbegriff eines reichen Händlers.

„Ja, das stimmt", entgegnete Aulus mit einem perplexen Gesichtsausdruck. Dann blickte er beistandheischend meinen Teilhaber an. „Respectus sagt, auf eurem Speicher ist genug Platz."

„Im Prinzip schon", konterte ich ungerührt, „aber das letzte Mal dachte ich, es wäre ein Notfall, weil es in deinem eigenen Speicher gebrannt hat."

Der Mann widersprach weder, noch fragte er, was ich meinte. Also war er doch derselbe Kaufmann, der im Frühling Dutzende von Kisten bei uns eingelagert hatte.

„Diesmal gebe ich meine Zustimmung nur unter der Bedingung, dass du uns Miete zahlst", erklärte ich ohne weitere Umschweife. „Schließlich müssen wir den Dachboden in Schuss halten, damit es nicht hineinregnet. Außerdem muss er häufiger geputzt werden, wenn er von mehreren Firmen benutzt wird."

Aulus wandte sich jäh zu Respectus um. Im gleichen Augenblick ging ein kollektives Raunen durch die Menge. Mein Partner zuckte beschwichtigend mit den Schultern und machte dann eine hilflose Geste. Trompetenfanfaren kündigten den Beginn des Nachmittagsprogramms an. Dies war wohl das Ende der Geschäftsverhandlung. „Ich glaube ein Denar pro Monat ist nicht zuviel", erklärte ich mit Unschuldsmiene, während die Bilder der Siegesgöttin Victoria, der Schicksalsgöttin Nemesis, des Kriegsgottes Mars und des Herkules in die Arena getragen wurden. Natürlich war mein Angebot der reinste Wucher, aber ich hoffte, dass damit das Thema „fremde Kisten" ein für alle Mal erledigt sein würde.

„Ich werde es mir überlegen", zischte Aulus mit verkniffener Miene zurück.

„Sag aber gefälligst Bescheid, bevor du Waren auf meinem Dachboden stapelst!", entgegnete ich in einem forschen Tonfall.

Dann stutzte ich: Hatte ich tatsächlich „mein" Dachboden gesagt? Das durfte ich mir nicht zur Gewohnheit werden lassen.

Die Antwort, die Aulus vor sich hinbrummelte, ging in der allgemeinen Aufregung unter, denn endlich betrat das erste Gladiatorenpaar die Arena. Beide waren stadtbekannte Berufskämpfer, die unter den Künstlernamen „Leo" und „der Parther" auftraten. Zwei Schiedsrichter standen bereits am Rand der Arena. Ihre Hauptaufgabe bestand darin, den Kampf genau zu verfolgen, Regelverstöße zu ahnden und zu verhindern, dass ein sich ergebender Gladiator weiterhin angegriffen wurde.

Das Publikum jubelte den Kämpfern zu, genauso wie es jauchzen würde, wenn einer von ihnen getötet würde. Nach der Lautstärke der Sprechchöre zu beurteilen, besaßen die beiden Gladiatoren eine ungefähr gleich große Anhängerschaft im Publikum.

„Wer bestimmt eigentlich die Reihenfolge der Kämpfe?", wollte Aulus wissen.

„Lose haben am Morgen entschieden, wer gegen wen kämpft", klärte ich ihn auf, „aber die besten Gladiatoren kommen immer am Schluss."

Den Anfang machte an diesem Tag die besonders beliebte Kombination von Netzkämpfer und einem „Verfolger" genannten Schwerbewaffneten. Die Gegner kämpften nämlich äußerst selten mit den gleichen Waffen. Nur der Provocator und die berittenen Equites traten stets gegen ihresgleichen an.

Die Ausrüstung der Netzkämpfer folgte – im Gegensatz

zu den anderen Gladiatorengattungen – nicht militärischen Vorbildern. Sie bestand aus einem Wurfnetz, einem Dreizack und einem Kurzschwert. Aber Netzkämpfer trugen weder Schild noch Helm, sondern nur einen Armschutz am linken Arm, an dem über der Schulter ein Bronzeschild befestigt war. Auf einen unbedarften Betrachter wirkten sie sicherlich wie eine Mischung aus Fischer und zum Leben erwachter Poseidon-Statue.

Um dem Wurfnetz seines Gegners keinen Angriffspunkt zu bieten, trug der Verfolger einen Helm, dessen Oberfläche glatt poliert war, und der das ganze Gesicht bedeckte. Er war mit kleinen Sehschlitzen versehen, die das Sichtfeld stark beeinträchtigten, seinen Träger aber davor schützten, dass ihm der Netzkämpfer ein Auge ausstechen konnte. Die Waffen des Verfolgers waren das Kurzschwert sowie der große Rechteckschild der Legionäre, mit dem er sich des Dreizacks erwehren konnte. Auch besaß er einen Armschutz am rechten Unterarm und am linken Unterschenkel eine Bandage mit Beinschiene.

Die Orgel, die stets die Spiele mit Musik begleitete, hob an zu spielen und der Kampf begann. Leo, der schnelle, bewegliche Netzwerfer, tanzte um seinen Verfolger herum. Er war ein hagerer sehniger Bursche. Bevor er Anstalten machte, das Netz über seinen Gegner zu werfen, versuchte er, den Parther genannten Verfolger zu verwirren. Dies war sehr gefährlich für seinen Gegner, denn war der Verfolger einmal im Netz verfangen, so gab es für ihn fast kein Entkommen mehr. Außerdem durfte er sich nicht dadurch erschöpfen, dass er sich von dem leicht bewaffneten Netzkämpfer herumhetzten ließ.

Der Parther war älter und schwerer gebaut als der Netzwerfer, aber er war auch wesentlich kräftiger. Ganz plötzlich stieß er mit dem Schwert zu. Die Bewegung war so schnell, dass mein Auge sie nicht nachvollziehen konnte. Der Netzwerfer sprang behände zur Seite und konnte dem Schlag dadurch rechtzeitig ausweichen. Dies trug ihm tosenden Beifall ein. Einige Zuschauer waren von ihren Plätzen aufgesprungen. Andere brüllten im Sprechchor „Parther" oder „Leo".

Mein Blick streifte zufällig Respectus und seinen Verwandten. Sie hatten die Köpfe zusammengesteckt und tuschelten.

Ein Aufschrei ging durch die Menge. Einzelne Parther-Rufe wurden laut. Sofort blickte ich zurück in die Arena, aber ich konnte nicht nachvollziehen, was ich soeben verpasst hatte. Noch immer stand der Verfolger an der gleichen Stelle und der Netzwerfer umrundete ihn mit leichtfüßigen Schritten. Seine Rechte umklammerte das Netz. Es beruhigte mich, dass er sein Wurfnetz noch nicht verschossen hatte, denn intuitiv stand ich auf seiner Seite, da er nicht so ein hirnloser Kraftprotz zu sein schien wie sein muskelbepackter Gegner.

„Er hätte ihn schon längst mit dem Netz fangen können", kommentierte ein Mann in der Reihe unter mir. Neben ihm saßen seine Söhne, die etwa neun und zehn Jahre alt sein mochten. Ich fragte mich, ob ich mit so jungen Kindern die Spiele besuchen würde, aber bevor ich mir diese Frage beantwortet hatte, nahm der Kampf wieder meine ungeteilte Aufmerksamkeit in Anspruch.

Leo holte nämlich mit dem Wurfnetz aus und ich hielt den Atem an. Für einen Herzschlag herrschte Schweigen in der Arena. Leo schleuderte dem Parther sein Netz entgegen. Es wirbelte durch die Luft, aber der Verfolger, der offenbar behänder war, als seine kräftige Figur vermuten ließ, machte einen Ausfallschritt. Das Netz verfehlte ihn nur ganz knapp. Der Verfolger bückte sich nach dem im Sand liegenden Netz, aber ohne eine Sekunde zu verschwenden, stürzte der Netzwerfer ihm nach. Im letzten Augenblick bekam er es zu fassen.

Unter den Zuschauern erhob sich ein Tumult, denn die Sympathien waren auf beide Kämpfer gleich verteilt.

Leo griff den Verteidiger mit dem Dreizack an. Der Parther parierte mit dem Schild. Der Aufprall des Metalls auf den Legionärsschild war in der ganzen Arena zu hören. Ganz plötzlich und unerwartet ging der Verfolger in die Offensive. Mit seinem Schwert schlug er seinem Gegner den Dreizack fast aus der Hand und streifte ihn dabei am rechten Arm. Die Wunde blutete stark, aber die Verletzung schien nicht schwer zu sein. Der Netzkämpfer wich zurück und der Parther trieb ihn bis fast zur Tribüne.

Von rechts hörte ich die Stimme von Respectus, der seinem Verwandten heftig widersprach. Ich drehte mich nach ihm um, doch er verstummte sogleich. Trotzdem redete Aulus weiterhin auf ihn ein, leider jedoch mit so gedämpfter Stimme, dass ich wegen der aufgebrachten Menge kein Wort verstand.

Das Publikum applaudierte frenetisch. Ich fluchte innerlich in mich hinein, denn offenbar hatte ich etwas Wichtiges versäumt. Tatsächlich war der Kampf beendet: Der Netzwerfer hatte den Verfolger in seinem Netz gefangen, was gar nicht so selten vorkam. Trotzdem ärgerte ich mich, dass ich dies nicht mit eigenen Augen beobachtet hatte.

„Der Parther hat seinen Gegner unterschätzt", sagte der Besserwisser vor mir zu seinen Söhnen.

Wie es der Tradition entsprach, wandte sich der Editor an das Publikum, damit es über das Schicksal des Verlierers entschied. Die Mehrzahl der Zuschauer rief „Missum" und schwenkte Tücher, was hieß, dass der Parther nicht sterben musste, wohl nicht zuletzt weil es schwierig war, einen Kampf mit derart ungleichen Waffen zu beurteilen.

Der Sieger legte seine Waffen ab und stieg dann die Stufen zur Tribüne des Editors hoch, um sich sein Geldgeschenk abzuholen. Man würde nun dem Netzwerfer seinen Siegeskranz aufsetzen und ihm vielleicht sogar eine Ehrenrunde zubilligen, was glücklicherweise einige Zeit in Anspruch nehmen würde. Diese Pause zwischen zwei Kämpfen wollte ich nutzen, um mit Cornelia zu sprechen. Vielleicht hatte sie etwas von meinem Bruder gehört.

Ich musste mir dazu keinen Vorwand ausdenken, denn als sein Klient war ich eigentlich verpflichtet, täglich bei Marcus Terentius vorzusprechen.

„Ich komme gleich wieder", sagte ich zu Respectus, obwohl ich dies gar nicht vorhatte.

„Bis nachher", murmelte mein Teilhaber gedankenverloren.

Mit einem knappen Nicken verabschiedete ich mich von Aulus. Dann erhob ich mich übertrieben langsam von der Sitzbank, um damit zu signalisieren, dass man mir Platz machen sollte, aber niemand nahm Notiz von mir. Wieder musste ich jeden Zuschauer zwischen mir und dem Gang einzeln bitten, mich passieren zu lassen.

Glücklicherweise saß Cornelia direkt am nördlichen Hauptzugang. Also musste ich keine weiteren trägen Theaterbesucher aufscheuchen. Cornelias grüne Tunika bestand aus feinem Wollstoff und sie trug eine Kette mit einem goldenen halbmondförmigen Anhänger. Aus der Nähe sah ich, dass sie schrecklich blass war, was sie durch die reichliche Verwendung von Schminke zu kaschieren versuchte. Durch die elfenbeinfarbene Puderschicht schimmerten dunkle Augenringe hindurch. In verkrampfter Haltung saß sie auf ihrem Platz und umklammerte mit der Rechten so fest eine Tasche, dass ihre Knöchel weiß heraustraten. Was mochte sie wohl derart bekümmern?

„Ich habe dich schon von weitem neben diesem rothaarigen, kräftigen Mann sitzen sehen", erklärte mein Patron, nachdem ich ihn begrüßt hatte, in einem gönnerhaften Tonfall.

Jeden anderen hätte ich gefragt, ob er tatsächlich meinen Teilhaber nicht wiedererkannte, aber Marcus Terentius gegenüber wäre dies unhöflich gewesen. Also erklärte ich etwas von Geschäftsfreunden und schaute dabei fragend auf die Sitzreihe, aber man rückte nicht zusammen, um mir einen Platz freizumachen, obwohl dies den Komfort der anderen keinesfalls beeinträchtigt hatte.

Wie ich so im Gang herumstand und mich über Cornelias Kopf hinweg mit meinem Patron unterhielt, kam ich mir unsäglich albern vor. Unmöglich unter diesen Umständen ein paar private Worte mit Cornelia zu wechseln!

Etwas streifte meine linke Hand und fast hätte ich sie zurückgezogen, als ich sah, dass es Cornelias Finger waren, die mir ein Stück Papyrus zuzustecken suchten. Ohne das Mädchen anzusehen, öffnete ich die Faust, zu der ich meine Hand geballt hatte und griff zu. Ich schloss meine Finger um den Papyrus. Inständig hoffte ich, dass meinem Patron die heimliche Übergabe nicht aufgefallen war. Sein argloser Gesichtsausdruck ließ mich hoffen, aber Cornelia schien Bedenken zu haben, denn der letzte Rest von Farbe war aus ihrem Gesicht gewichen.

Ich hatte natürlich keine Ahnung, welcher Art die Botschaft war, die Cornelia mir zugesteckt hatte. War es ein

Hilferuf? Noch immer beunruhigte es mich, dass das Mädchen so elend aussah. Oder war es ein an Lucius gerichteter Liebesbrief?

Der Papyrus beschäftigte mich sosehr, dass ich nur mit halbem Ohr meinem Patron zuhörte, der mir etwas erzählte. Plötzlich blickte er mich forschend an. Offenbar war mir eine Wendung des Gesprächs entgangen.

„Ja, so ist es", sagte ich aufs Geratewohl, aber die Reaktion auf meine Worte verhieß nichts Gutes: Cornelia verschluckte sich fast bei dem Versuch, nicht zu lachen, während mein Patron mich mit konsternierten Blicken durchbohrte. Anscheinend war ich in einen riesengroßen Fettnapf getreten.

„Verzeihung, ich war wohl einen Augenblick in Gedanken woanders", stammelte ich daher.

„Ich habe gerade gesagt, dass ich mir beim Anblick dieser athletischen Kämpfer richtig alt und unsportlich vorkomme", wiederholte Marcus Terentius mit einer säuerlichen Miene.

Einen Augenblick lang herrschte betretenes Schweigen, aber ich brachte es nicht über mich, eine Entschuldigung auszusprechen, zumal mein Patron tatsächlich alt und erschöpft aussah. Wenn er auch im Vergleich zu der immer noch erbleichten Cornelia wie das blühende Leben wirkte.

„Du hast noch nie sportlicher ausgesehen als heute", bemerkte ich dann diplomatisch.

Cornelia kicherte und auch mein Patron schien meine Worte nicht als Kompliment zu interpretieren, aber wenigstens sagte er nichts.

„So leid es mir tut, aber ich muss euch leider wieder verlassen. Meine Freunde werden mich sicherlich bereits vermissen", behauptete ich schließlich und niemand machte Anstalten, mich aufzuhalten.

Neugierig wie ich war, stürmte ich den nördlichen Hauptzugang hinauf und verließ das Theater durch den nächstgelegenen Ausgang. Draußen schaute ich mich vorsichtig um. Als ich mich vergewissert hatte, dass niemand mir gefolgt war, entfaltete ich das Papyrusstück und überflog mit angehaltenem Atem die wenigen Worte, die in einer ungeübten Handschrift darauf notiert waren.

„Ich muss dringend mit dir sprechen. Kannst du mich bitte morgen früh besuchen? Ich erwarte dich im Garten", lautete die Botschaft.

Einen Augenblick lang war ich völlig perplex. Warum hatte Cornelia nicht wenigstens angedeutet, worum es ging? Was wollte sie mir mitteilen, dass sie nicht wagte, es dem Papyrus anzuvertrauen? Wollte Marcus Terentius sie verkaufen? Oder hatte sie Schwierigkeiten, sich der Annäherungsversuche ihres Herrn zu erwehren?

Vielleicht wollte sie sich aber auch nur nach dem Befinden meines Bruders erkundigen? Doch das hätte sie doch ohne weiteres in der Nachricht erwähnen können! Das alles ergab keinen Sinn.

Ich betrachtete nochmals den Papyus. Die krakelige Schrift zeigte, dass Cornelia keine geübte Schreiberin war. Überhaupt war es für eine Sklavin keinesfalls eine Selbstverständlichkeit, schreiben zu können. Sie war wohl nicht imstande gewesen, schnell und ohne die Aufmerksamkeit ihres Herrn zu erregen, einen längeren Text zu verfassen.

## 12. Der Besuch

Nach einer unruhigen Nacht, in der mich die Grübelei über Cornelias rätselhafte Nachricht um den Schlaf gebracht hatte, schickte ich Cicero schon zu früher Stunde allein ins Handelskontor.

„Sag Respectus, dass ich heute später komme, weil ich mich nicht wohl fühle", instruierte ich ihn, obwohl mir klar war, dass mein Teilhaber ihm kein Wort glauben würde, weil mein Leibsklave nur mäßig zum Schauspieler taugte. Zumindest hoffte ich dies. Denn anderenfalls musste ich vor ihm auf der Hut sein.

Dann brütete ich noch eine Weile über meinem Frühstücksteller, denn ich fragte mich, was Cornelia unter „morgens" verstanden hatte.

Kam ich zu früh, musste ich womöglich unverrichteter Dinge zurückreiten, denn ich konnte schließlich nicht stundenlang im Garten meines Patrons herumlungern. Traf ich hingegen zu spät ein, war Cornelia vielleicht bereits ins Haus zurückgeschickt worden. Es konnte nicht falsch sein, sich an die üblichen Besuchszeiten zu halten. Also gab ich mir einen Ruck und ging in den Stall. Longus hatte mein Pferd bereits gesattelt, doch als ich endlich aufbrach, war der Himmel verhangen und ein schwüler Wind strich durch die Gassen. Ich schaute skeptisch hoch zu den dunklen Wolken und dachte: Hauptsache, es regnet nicht.

Bald hatte ich Mogontiacum hinter mir gelassen und passierte den ersten runden Meilenstein. Es würden nicht viele weitere folgen, aber der Weg zum Gutshof meines Patrons erschien mir an diesem Tag unendlich lang, da mich meine Neugier plagte. Außerdem konnte ich eine unangenehme Vorahnung nicht abschütteln: Schwebte Cornelia in Gefahr? Um meine strapazierten Nerven zu beruhigen, tröstete ich mich mit dem Gedanken, bald mehr zu wissen. Doch beruhigte mich das nicht wirklich. Was für Neuigkeiten würde ich wohl erfahren und über wen? Über Cornelia selbst?

Über meinen Bruder? Über beide? Mir schwante jedenfalls nichts Gutes.

Das Getreide reifte bereits auf den Feldern und Scharen von schwarzen Vögeln kreisten unter den dräuenden, dunklen Wolken um sich ihren Anteil an der Ernte zu sichern. Ab und zu sah ich ein paar Landarbeiter auf den Feldern. Sonst war ich allein. Mein Bruder musste damals völlig von Sinnen gewesen sein, um sämtliche Vorsichtsregeln außer Acht zu lassen und einfach so allein durch die offene Landschaft zu wandern.

Beim Anblick der die Straße flankierenden Grabmäler fragte ich mich, hinter welchem sich mein Bruder wohl vor den Halunken, die ihn seinerzeit überfallen hatten, versteckt haben mochte. Noch lieber hätte ich natürlich gewusst, wer Lucius dieses Gelichter auf den Hals gehetzt hatte. Eigentlich gab es nur eine mögliche Erklärung: Ein anderer Verehrer der schönen Cornelia, der seinen Rivalen vertreiben wollte, was ihm schließlich auch bravourös gelungen war.

Ganz plötzlich ergriff die Vorstellung äußerster Gefährlichkeit dieser Landstraße von mir Besitz. Vielleicht trieben hier Räuberbanden ihr Unwesen? Im gleichen Augenblick ließ mich ein stechender Schmerz am linken Oberarm vor Schreck aufschreien. Ich fuhr herum, sah aber keinen Angreifer. Dann blickte ich auf meinen noch immer schmerzenden Arm. Ich sah eine Schnake, die so schnell von meiner Haut aufflog, dass es mir nicht gelang, sie zu erschlagen. Die Einstichstelle war angeschwollen und juckte heftig, aber trotzdem war ich erleichtert, dass es nur ein Mückenstich war, der mich aufgeschreckt hatte. Trotzdem lagen meine Nerven blank. Ich machte von der Peitsche Gebrauch und trieb damit mein Pferd an.

Ich erreichte die Villa in dem Augenblick, als die morgendlichen Besucher gerade das Haus verlassen hatten. Sie hatten ihrem Patron aufgewartet und nun machten sie sich zu Fuß auf den Weg zu ihren eigenen kleinen Bauernhöfen. Wie ich neidlos feststellen musste, hatte Marcus Terentius für einen halbbankrotten Gutsbesitzer erstaunlich viele Klienten. Es waren mindestens zwanzig. Die meisten von ihnen kannte ich allenfalls flüchtig, aber sie grüßten mich trotzdem. Sicherlich beeindruckte sie mein herrschaftliches Reitpferd, obwohl ich eigentlich nicht vorgehabt hatte, soviel Aufsehen zu erregen.

Diesmal eilte mir kein Stallknecht entgegen, was mir einerseits nicht unrecht war, denn ich wollte unter vier Augen mit Cornelia sprechen. Andererseits ärgerte ich mich über die mangelnde Ehrerbietung, denn den Dienstboten konnte meine Ankunft kaum entgangen sein.

Also saß ich ab und führte meinen verschwitzten Braunen am Zügel hinter mir her. Meine Blicke tasteten die Umgebung ab. Vor dem Haus konnte ich Cornelia nirgends entdecken. Also schlenderte ich zu den Bäumen, zwischen denen beim letzten Besuch die Wäscheleine aufgespannt war. Aber diesmal fand ich hier weder ein Leine noch Cornelia, sondern nur eine Schar kleiner Kinder, die auf der Wiese Fangen spielten und dabei vor Freude jauchzten. Zu jedem anderen Zeitpunkt hätte mir die Szenerie ein Lächeln entlockt. Doch an diesem Tag konnte nichts meine Stimmung aufhellen.

Unerwartet frischte eine Brise auf. Bestimmt würde es bald regnen. Kein vernünftiger Mensch würde bei diesem Wetter Wäsche im Freien aufhängen. Weiterhin meinen Braunen hinter mir herzerrend, umrundete ich das Herrenhaus, aber vergebens. Ich fand Cornelia nicht.

Mein Pferd wieherte unvermittelt und zog die Luft ein,

als ob es eine sehr unangenehme Witterung aufgenommen hätte. Aus dem Inneren des Hauses kläffte ein Hund zurück. Höchste Zeit, an der Pforte vorzusprechen, bevor man noch die Hunde auf mich hetzte!

Schlecht gelaunt betätigte ich den Türklopfer, aber es tat sich nichts. Mit angehaltenem Atem lauschte ich. Erst nach einigen Minuten öffnete sich die Tür, wenn auch nur einen Spalt breit. Durch den Türschlitz sah ich den Rotschopf des neuen Dieners meines Patrons herauslugen. Er hatte demnach den alten Pförtner abgelöst.

„Ich würde gern mit Cornelia sprechen", erklärte ich.

Mein Plan war, den Sachverhalt umzukehren und zu behaupten, dass ich dem Mädchen eine Nachricht von meinem Bruder übermitteln möchte.

„Das ist leider nicht möglich. Sie ist erkrankt."

Diese Auskunft schien mir etwas zu schnell gekommen. Sie klang wie auswendig gelernt. Hoffentlich hatte Cornelia meinetwegen keinen Ärger bekommen!

„Das höre ich aber gar nicht gern", begann ich und versuchte beim Sprechen, meine sich überschlagenden Gedanken zu ordnen. „Es ist hoffentlich nicht Ernsthaftes? Sie war schon gestern im Amphitheater schrecklich blass."

„Ich weiß nicht, was ihr fehlt", erklärte der neue Pförtner wenig überzeugend. Die Geschichte, die er mir auftischte war ganz offensichtlich erstunken und erlogen. Aber warum um der Götter Willen wollte man verhindern, dass ich mit Cornelia sprach? Hatte mein Patron die Übergabe der Nachricht beobachtet?

„Könnte ich vielleicht trotzdem kurz mit Cornelia sprechen? Ich habe ihr etwas Wichtiges von meinem Bruder auszurichten", versuchte ich einen neuen Anlauf.

Mittlerweile stand der neue Pförtner breitbeinig vor mir

wie der Rausschmeißer einer Taverne. „Es tut mir leid, aber der Arzt hat ihr strengstens verboten, Besuch zu empfangen."

Seit wann ließ man wegen einer Sklavin den Arzt aus der Stadt kommen? Auch „empfingen" Sklaven üblicherweise keinen Besuch. Das Ganze erinnerte mich fatal an die vermeintliche Krankheit meines Bruders. Das einzige, was jetzt noch half war ein Bestechungsversuch.

„Ich will wirklich nur ganz kurz mit ihr reden", erklärte ich mit gedämpfter Stimme, während ich dem neuen Pförtner einen Denar zuzustecken versuchte. „Das muss der Arzt ja nicht unbedingt erfahren."

Der rothaarige junge Mann wich zurück, als ob ich ihn angegriffen hätte. Er musste noch viel lernen. Das Einkassieren von Bestechungsgeldern ist normalerweise eine Lieblingsbeschäftigung der Pförtner.

„Das geht beim besten Willen nicht!"

Vor ohnmächtiger Wut innerlich kochend, hätte ich fast darauf bestanden, den Patron persönlich zu sprechen. Ich hielt mich jedoch im letzten Moment zurück und formulierte mein Anliegen in einer Art und Weise, dass es sich nach dem Routinebesuch eines Klienten anhörte.

„Leider ist der Herr nicht zuhause", behauptete der Pförtner.

Ich war wie vor den Kopf gestoßen, denn auf eine abschlägige Antwort war ich nicht gefasst. Erstmals hatte ich den Eindruck, dass das Lügen dem Pförtner unangenehm war. An seiner Stelle wäre ich vor Scham in den Boden versunken, denn schließlich waren die Besucher gerade ohne Marcus Terentius aus dem Herrenhaus herausspaziert und seitdem hatte offensichtlich niemand den Bau verlassen.

„Da kann man wohl nichts machen", sagte ich mehr zu

mir selbst, da ich meinen Patron kaum der Lüge bezichtigen konnte und ließ den Pförtner grußlos im offenen Eingang stehen.

Mit diesem Ausgang meines Besuchs hatte ich wirklich nicht gerechnet! Nicht nur, dass meine Neugier nicht befriedigt worden war, sondern ich machte mir nun ernsthaft Sorgen um Cornelia. Hielt man sie im Haus gefangen? Auch die Tatsache, dass Marcus Terentius mich neuerdings an der Haustür abwimmeln ließ, gefiel mir gar nicht. Dies war eine ziemliche Unverschämtheit, denn der Pflicht zur Aufwartung meinerseits entsprach umgekehrt die Verpflichtung des Patrons, mich zu empfangen.

Enttäuscht machte ich mich auf den Rückweg. So sehr ich mir unterwegs auch das Hirn zermarterte, es fiel mir kein Weg zu einem Gespräch mit Cornelia ein. Ich war so tief in Gedanken versunken, dass ich hinter einer Kurve des schmalen Wegs beinahe einen Ochsen angestoßen hätte, der einen vierrädrigen Wagen zog. Dieser war randvoll mit Amphoren beladen, die laut aneinander klapperten, als der Mann auf dem Kutschbock sein Zugtier im letzten Augenblick zügelte.

Mit einem Ruck kam das Fahrzeug auf dem Feldweg zu stehen und sein Besitzer, ein unscheinbarer hagerer Mann mit hängenden Schultern starrte mich erschrocken an. Sein Kopf war hochrot vor Hitze und sicher auch vor Schreck wegen des beinahe erfolgten Zusammenstoßes. Mit einem schmuddeligen Tuch fächelte er sich Kühlung zu, während er schwer atmend nach beleidigenden Worten suchte.

Ob dies der furchtsame Ölhändler war, der meinem Bruder das Leben gerettet hatte? Er entsprach jedenfalls haarscharf Lucius' Beschreibung. Außerdem polterte sein Wagen über den Weg, der zum Anwesen des Marcus Terentius führte. Die Begegnung kam mir sehr gelegen. Vielleicht konnte der Händler sich unauffällig nach Cornelias Gesundheitszustand erkundigen.

„Guten Tag, Publius", begrüßte ich den Mann auf dem Kutschbock aufs Geratewohl, bevor er auch nur dazu gekommen war, mich zu beschimpfen.

Der so Angesprochene zuckte wie vom Blitz getroffen zusammen.

„Woher kennst du meinen Namen?", fragte er entgeistert zurück und blickte mich aus vor Angst weit geöffneten Augen an.

„Mein Bruder Lucius hat mir von dir erzählt. Er ist vor einiger Zeit auf der Landstraße überfallen worden …"

„Ach so! Du bist also der Weinhändler aus Mogontiacum!" Die Antwort klang so erleichtert, dass ich mich verärgert fragte, wofür er mich gehalten hatte. Schließlich war ich unbewaffnet und hatte ihn nicht um seine Börse gebeten. „Heißt du nicht Marcus wie dein Patron?"

Wollte mich Publius ärgern oder tat er dies nur nebenbei? Es war mehr als ein unglücklicher Zufall, dass ich den gleichen Vornamen wie mein Patron trug. Unser Volk war so prosaisch, dass es nicht einmal zwanzig verschiedene römische Vornamen gab, die zu allem Überfluss noch meist abgekürzt wurden, weshalb mir im Schriftverkehr nur ein „M" vergönnt war und meinem Bruder ein „L".

„Ja, der bin ich!" bestätigte ich leicht enerviert. „Schön, dass ich mich endlich persönlich bei dir für die Rettung von Lucius bedanken kann".

Ein Aufleuchten huschte über das Gesicht des Ölhändlers, aber seine Miene verfinsterte sich augenblicklich wieder.

„Als Gegenleistung hat mir dein Bruder zwei Amphoren guten Weins versprochen", knurrte er schlecht gelaunt,

„aber die ist er mir schuldig geblieben. Ich habe ihn danach nie wieder gesehen."

Das sah meinem Bruder wieder einmal ähnlich, einfach meinen Wein zu verschenken und dann noch nicht einmal Wort zu halten!

„Das hat Lucius wohl schlicht vergessen. Er ist nämlich kurze Zeit später in die Armee eingetreten. Aber ich werde selbstverständlich seine Schulden begleichen", beteuerte ich, obwohl ich mir sicher war, dass mein kleiner Bruder den Wein keinesfalls vergessen hatte. Entweder er hatte nie vorgehabt, sein Versprechen zu halten, oder er hatte zuviel Angst vor mir gehabt, um mich nach dem edlen Rebensaft zu fragen.

„Ja, wenn du es sagst", erwiderte der Ölhändler in einem skeptischen Tonfall.

„Ich bin mir da ganz sicher", begann ich und es bedurfte nicht vieler Worte, um Publius zu überreden, am Abend bei mir vorbeizuschauen, damit ich ihm die versprochenen Amphoren aushändigen konnte.

Schon machte der Ölhändler Anstalten, sich von mir zu verabschieden, als ich vorgab, dass mir ganz plötzlich ein Gedanke gekommen sei.

„Du fährst doch gerade zum Gut des Marcus Terentius?"

„Ja, er ist ein Stammkunde von mir. Ich liefere ihm einmal im Monat bestes spanisches Olivenöl!"

Nach dieser Selbstbeweihräucherung fühlte ich mich versucht, im Gegenzug unseren Wein anzupreisen, zumal mir plötzlich bewusst wurde, dass ich Marcus Terentius nicht zu unseren Stammkunden zählen durfte.

„Wirst du mit dem Hausherrn persönlich sprechen?"

Ich hoffte auf einen negativen Bescheid. Es wäre nämlich meinem Plan nicht zuträglich, wenn mein Patron mitbekam, worüber der Ölhändler seine Dienstboten befragte.

„Wahrscheinlich nicht", gab Publius zu, „ich händige meine Ware immer dem Kellermeister aus. Er ist es auch, der mich bezahlt."

Davon war ich ausgegangen. Schließlich kannte ich die Gepflogenheiten des Hauses: Mein Patron fühlte sich zu Höherem berufen und verhandelte niemals selbst mit Händlern und Lieferanten.

„Schade! Trotzdem könntest du mir vielleicht einen kleinen Gefallen tun", fügte ich zuckersüß hinzu. Der Ölhändler schaute mich alarmiert an und ich machte eine beschwichtigende Geste. „Es ist nur eine Kleinigkeit: Du könntest so nett sein, den Kellermeister zu fragen, wie es Cornelia geht."

„Wem?"

Ich hatte über meine taktischen Überlegungen ganz vergessen, dass er das Mädchen nicht kannte.

„Eine Haussklavin des Marcus Terentius, der mein Bruder seit einiger Zeit den Hof macht."

Ein Aufleuchten huschte über das Gesicht des Händlers.

„Ich erinnere mich! Als ich ihn völlig aufgelöst auf der Landstraße aufgesammelt habe, wollte er vor der Rückfahrt nach Mogontiacum noch unbedingt mit einem Hausmädchen sprechen." Das sah Lucius ähnlich, wegen einer Frau seinen Verstand zu verlieren!

Publius warf mir einen argwöhnischen Blick zu.

„Warum hast du nicht selbst nach ihr gefragt? Schließlich kommst du offenbar gerade vom Landgut des Marcus Terentius."

Das war eine gute Frage! Offenbar war Publius nicht so beschränkt wie er aussah.

„Sie hat mir ausrichten lassen, dass sie krank sei, aber ich glaube ihr nicht", improvisierte ich. „Daher wäre ich dir sehr dankbar, wenn du der Sache nachgehen könntest."

Der unentschlossenen Miene des Ölhändlers war anzusehen, dass ihm die Sache nicht geheuer war.

„Du musst nur ganz beiläufig bemerken, dass Lucius dir von Cornelia vorgeschwärmt hat, und dann den Kellermeister fragen, wie es dem Mädchen geht", erklärte ich in einem beschwichtigenden Tonfall.

Publius schluckte zweimal und gab sich einen sichtbaren Ruck.

„Geht in Ordnung, das klingt eigentlich harmlos", entgegnete er, „hoffentlich behalte ich mir den Namen."

Fast hätte ich mir an die Stirn gegriffen, aber ich beherrschte mich. Schließlich war ich auf die Hilfe des Ölhändlers angewiesen. Auch wenn ich mir einen fähigeren Verbündeten gewünscht hätte. Mit solchen Mitstreitern hätte Cäsar bestimmt nicht Gallien erobert!

„Du wirst dich schon daran erinnern!", beruhigte ich Publius, „Ich werde mich auch erkenntlich zeigen."

„Du willst dich erkenntlich zeigen?", wiederholte er vorsichtig meinen Satz.

Ich machte ihm ein Angebot, aber er forderte das Doppelte. Da Publius trotz seiner Raffgier noch nicht reich geworden war, musste sein Öl doch von eher minderer Qualität sein.

„Heute Abend in meinem Haus", schärfte ich dem Händler nochmals ein.

Dann trennten sich unsere Wege: Publius schuckelte mit seinem Wagen auf den Feldweg in Richtung Landgut, während ich im gestreckten Galopp nach Mogontiacum zurückritt, um anstandshalber wenigstens noch ein paar Stunden im Weinkontor zu verbringen. Zu Hause vertraute

174

ich mein vor Schweiß dampfendes Pferd Longus' versierten Händen an. Er würde es sorgfältig mit einem Tuch abreiben und noch etwas auf der Straße herumführen.

„Im Laufe des Abends wird ein Gast vorbeikommen, den du um jeden Preis bis zu meiner Rückkehr festhalten musst", schärfte ich ihm ein, „er heißt Publius und ist ein Ölhändler."

„Selbstverständlich!"

Das klang nach alltäglicher Routine.

„Kann ich mich auf dich verlassen?" Ich blickte dem verblüfften Longus in die Augen. „Du darfst ihm keinen Wein mitgeben und er muss unbedingt auf mich warten. Und wenn du Gewalt anwenden musst!"

Longus nickte, aber leider versagte meine Phantasie bei der Vorstellung, wie er irgendjemand gewaltsam vom Gehen abhielt, noch nicht einmal den ängstlichen Händler. Dann gab es kein Pardon mehr: Ich musste zur Arbeit. Schließlich wollte ich nur bis zum frühen Abend im Handelskontor bleiben. Der Nachmittag verging mit der quälenden Langsamkeit einer jener handlungsarmen Tragödien, die man in der Schule lesen musste. Ich ging im Lagerraum auf und ab, bis Respectus mich fragte, welche Laus mir über die Leber gelaufen war.

„Bevor er zur Armee gegangen ist, hat Lucius einem Ölhändler, der ihm einen großen Gefallen getan hat, eine Belohnung versprochen und sie ihm dann nicht gegeben. Heute Mittag bin ich dem Mann zufällig auf der Straße begegnet und mir war die Sache so peinlich, dass ich ihn zu mir eingeladen habe ..."

Respectus bedachte mich mit einem mitleidigen Blick. Wahrscheinlich dachte er, ich hätte den Verstand verloren, dass ich mich wegen einer Lappalie derart echauffierte.

„Ich weiß nicht ob Longus meine Weisungen richtig ausführt. Er kennt sich mit meinen Weinen nicht besonders gut aus. Daher gehe ich lieber nach Hause und kümmere mich selbst darum."

Ehe mein Partner reagieren konnte, war ich schon durch die Haustür gehuscht. Cicero bediente gerade einen Kunden. Also ließ ich ihn im Kontor zurück.

Auf dem Forum traf ich einige alte Freunde und machte neue Bekanntschaften, indem ich im Gedränge einen Krug von der Kante eines Verkaufstands stieß. Unter anderen Umständen hätte ich dem Keramikhändler vorgeworfen, seine Ware absichtlich so labil zu präsentieren, damit man sie zerbrach und ersetzen musste. Aber ich rief mir ins Gedächtnis, dass ich Wichtigeres zutun hatte, als mich auf dem Forum herumzustreiten. Daher beglich ich den Schaden und eilte innerlich vor mich hinfluchend weiter.

Als ich mein Haus erreichte, hörte ich Stimmen, die durch das Küchenfenster drangen. Eine davon gehörte unüberhörbar Publius, die andere Longus, der ihn in Schach zu halten versuchte.

„Aber der Herr hat mir aufgetragen, dass du auf ihn warten sollst", lamentierte er gerade so lautstark, dass er selbst die Nachbarskinder übertönte, die auf der Straße „Gladiator" spielten.

Ich war also keine Minute zu früh gekommen.

Petrina begrüßte mich mit der für sie charakteristischen sorgenvollen Miene, die sich bereits tief in ihre Züge eingegraben hatte.

„Dieser Publius …"

„Ich weiß", wiegelte ich ihren Erklärungsversuch ab und folgte den immer lauter werdenden Stimmen in die Küche, wo Longus meinen guten Wein zu verteidigen suchte.

Publius stand mit dem Rücken zur Tür. Als ich eintrat drehte er sich um.

„Es ist alles in Ordnung", sagte ich beschwichtigend zu Longus, der ganz schnell in der Tiefe des Hauses verschwand und ich beschloss, der treuen Seele bald irgendeine Anerkennung zukommen zu lassen.

Wie Publius so in seiner am Leib schlotternden Tunika vor mir stand, wirkte er nicht besonders furchteinflößend und ich wunderte mich, dass Longus sich so über den Ölhändler aufgeregt hatte.

„Leiste mir doch beim Essen Gesellschaft. Du bekommst später deine Belohnung", versprach ich mit einer einladenden Handbewegung in Richtung Triclinium, „aber zuerst erzählst du, was du über Cornelia herausgefunden hast."

„Der Kellermeister meinte, er hätte sie seit Tagen nicht mehr gesehen", platzte Publius heraus, kaum dass er sich auf einer Liege niedergelassen hatte.

„Verflucht!", entfuhr es mir spontan.

Darauf erst wurde mir klar, dass dies wenig besagte, hatte ich Cornelia doch am Vortag noch im Amphitheater gesehen.

„Dann habe ich noch etwas mit den anderen Dienstboten geklatscht und dabei einiges Interessantes erfahren." Publius blickte mich mit triumphaler Miene an. Er hätte sich gut als einer dieser effekthascherischen Ankläger am Gericht gemacht. „Marcus Terentius hat es nicht gefallen, dass sich dein Bruder ständig auf seinem Landgut herumgedrückt hat. Und gestern im Theater hat er sich darüber geärgert, wie du Cornelia angestarrt hast. Deshalb hat er Weisung gegeben, keinen von euch beiden zu ihr vorzulassen."

Das musste ich erst einmal verdauen, denn eine derartige Gemeinheit hätte ich meinem Patron niemals zugetraut.

„Wenn ich das richtig verstanden habe, ist Cornelia nicht krank", hörte ich Publius sagen und damit stand für mich endgültig fest, dass ich nicht bereit war, die Sache auf sich beruhen zu lassen.

Schlecht gelaunt machte ich mich daran, den versprochenen Wein für Publius bereitzustellen. Inzwischen bedauerte ich, Publius eingeladen zu haben, war sein weiteres Verweilen doch eine reine Zeit- und Geldverschwendung. Aber es war zu spät, um einen Rückzieher zu machen.

## 13. Der Tempel

Am nächsten Morgen erinnerte mich ein bohrender Kopfschmerz daran, wie viele Becher meines Weins ich an den Ölhändler verschwendet, beziehungsweise mir selbst die Gurgel heruntergeschüttet hatte. Jetzt bezweifelte ich, dass dies eine gute Investition gewesen war. Wenigstens hatte ich den edlen Rebensaft stark verdünnt einschenken lassen und war im Laufe des Abends zu einem billigeren Wein übergegangen. Der Ölhändler hatte sich nicht beschwert.

Unweigerlich musste ich an meinen Bruder denken, der unbemerkt den Wein in meiner Amphore ausgetauscht hatte. Ich musste ihm unbedingt die besorgniserregenden Neuigkeiten über Cornelia mitteilen. Sonst würde er mir zu Recht später Vorwürfe machen.

Also beschloss ich, am frühen Abend, eine Runde durch die Tavernen der Stadt zu machen. Der Rhein schimmerte im milden Abendlicht, und da es Juli war, würde es auch noch einige Stunden lang hell bleiben. Es müsste eigentlich zu schaffen sein, alle in Frage kommenden Lokale abzuklappern. Ich begann in der Nähe des Legionslagers. Die erste Weinschenke, die am Wegrand lag, war geschlossen. Ob für immer oder ob sie nur Ruhetag hatte, vermochte ich nicht zu sagen. In einem Anfall von Sarkasmus sagte ich mir, dass der Wirt wohl demnächst im Theater den Löwen zum Fraß vorgeworfen werden würde, weil er seine Gäste vergiftet hatte. Auch das Eckhaus auf der anderen Straßenseite beherbergte eine Schankwirtschaft und ich überquerte die staubige Straße.

Durch die wegen der sommerlichen Hitze geöffneten Fenster klangen die Stimmen von Zechern. Überrascht drosselte ich meine Schritte und lauschte. War dies nicht das helle Lachen meines Bruders? Ich musste mich geirrt haben, denn soviel Glück hatte ich selten.

Vorsichtig steckte ich meine Nase durch die offenstehende Tür, man konnte nie wissen, ob man in derartigen Wirtsstuben nicht in eine Prügelei geriet. Die Sonne warf ein gleißendes Viereck auf den Kachelboden des dunklen Schankraums, der recht überschaubar war, um nicht zu sagen: Er war geradezu winzig. Nur vier Tische fanden darin Platz. An einem von ihnen saß mein Bruder mit drei Kameraden und würfelte. Die anderen waren wesentlich älter als er, was mir gar nicht gefiel. Einer von ihnen hatte eine Narbe auf der Stirn und auch die anderen beiden sahen gewöhnlich aus und waren ziemlich hässlich.

Als ich mich unauffällig von hinten näherte, ließ Lucius gerade seine drei Würfel in einen ledernen Becher fallen. Hatte ihn niemand davor gewarnt, dass Betrüger immer Knobelbecher einsetzten? Gezinkte Würfel verrieten sich durch eine torkelnde Rollbewegung, da sie unterschiedlich stark abgerundete Kanten besaßen. Nur durch den Einsatz eines Bechers konnte dies vertuscht werden. Hoffentlich hatte mein Bruder wenigstens eigene Würfel mitgebracht!

Lucius schüttelte den Becher und knallte ihn dann auf die Tischplatte. Die Würfel tanzten auf dem Holz. Es dauerte eine Ewigkeit, bis sie endlich zur Ruhe gekommen waren. Jedenfalls erschien es mir so in meiner Ungeduld. Hoffentlich hat er einen miesen Wurf gemacht!, dachte ich heimlich bei mir, damit er schleunigst von diesem Laster kuriert wird! Denn selbstverständlich gefiel es mir gar nicht, dass er spielte. Andererseits war es neben Alkoholgenuss und dem Besuch bei den käuflichen Damen nun einmal die beliebteste Freizeitbeschäftigung der Legionäre.

Mit angespannter Miene hob Lucius den Becher mit einem Ruck hoch. Ich beobachtete ihn mit angehaltenem Atem und schüttelte dann belustigt den Kopf: Zwei, eins, fünf. Die Summe der Augen aller drei Würfel betrug also acht. Ein jämmerlicher Wurf!

Lucius fluchte unflätig und einer seiner Mitspieler schob sich die auf dem Tisch liegenden Münzen mit ungerührter Miene zu. Der Verlust meines Bruders hielt sich glücklicherweise in Grenzen, denn der Spieleinsatz hatte offenbar nur ein As betragen. Auch diese Taktik kannte ich zur Genüge! Bei der nächsten Runde würde man meinen Bruder gewinnen lassen und dann würden die Einsätze kontinuierlich steigen.

„Guten Abend, Lucius!", sagte ich, um seine Aufmerksamkeit auf mich zu lenken.

Der Kopf meines Bruders fuhr herum. Einen Augenblick lang starrte er mich an, als sei ich ein Schatten aus der Unterwelt. Dann überwog auf seinen Zügen die Wiedersehensfreude.

„Warum hast du dich solange nicht mehr blicken lassen?", entfuhr es mir spontan, obwohl ich eigentlich vorgehabt hatte, Gnade vor Recht walten zu lassen und Lucius keine Vorhaltungen zu machen.

„Ich hatte es wirklich vor, aber mir ist immer etwas dazwischen gekommen. Außerdem …"

Meinem Bruder fielen also nur die üblichen Ausflüchte ein. Ich hätte ihm mehr Phantasie zugetraut.

„Ich bin gekommen, weil ich etwas Wichtiges mit dir zu besprechen habe", unterbrach ich sein Gestammel und zog einen überzähligen Stuhl vom Nachbartisch herbei. Zwar hätte er ein Kissen vertragen können, aber wenigstens kippelte er nicht.

Das Gesicht meines Bruders nahm einen säuerlichen Ausdruck an. Offenbar befürchtete er, dass ich den weiten Weg hierher auf mich genommen hatte, um ihm Vorwürfe zu machen. Außerdem fand er momentan das Würfelspiel interessanter als eine Unterhaltung mit mir.

Eigentlich gedachte ich gar nichts zu konsumieren, so angeschlagen, wie ich noch vom Vortag war. Aber ich wollte nicht riskieren, vom Wirt hinausexpediert zu werden, bevor ich mit meinem Bruder gesprochen hatte.

„Den Hauswein, aber bitte stark verdünnt."

„Lucius, träumst du? Wir warten alle auf deinen Einsatz", forderte einer der Spieler meinen Bruder ungeduldig auf. Es war nicht das Narbengesicht, aber auch er machte einen ziemlich ungemütlichen Eindruck.

Lucius schaute unentschlossen zwischen der Würfelrunde und mir hin und her und es bestanden kaum Zweifel, dass ich bei dieser Konkurrenz den Kürzeren ziehen würde.

„Es geht um Cornelia", flüsterte ich meinem Bruder so leise zu, dass es außer ihm niemand verstehen konnte.

Lucius erbleichte.

„Ich setze eine Runde aus", murmelte er mit tonloser Stimme in die Runde.

„Du traust dich wohl nicht, weil dein großer Bruder gekommen ist", bemerkte der Mann mit der Narbe in einem hämischen Tonfall, aber Lucius ging zum Glück nicht auf diese dumme Bemerkung ein. Den Göttern sei Dank walzte auch keiner seiner Kameraden das Thema breit, denn es hatten sich schon aus geringeren Anlässen Wirtshausschlägereien entwickelt. Bestimmt hatte sich der Anführer der Bande auf diese Weise seine Gesichtsverletzung zugezogen.

Ich wandte den anderen demonstrativ den Rücken zu und blickte meinem Bruder in die Augen.

„Cornelia …"

Mein Bruder schaute mich entrüstet an.

„Hast du …"

„Nein, natürlich nicht", entgegnete ich im Brustton der Überzeugung und verkniff mir nur mühsam, „Sie ist niemals mein Typ gewesen" hinzuzufügen.

Der Wirt knallte meinen Wein auf den Tisch und ich zahlte. Dann schilderte ich in kurzen Worten, was vorgefallen war.

Die anderen hatten aufgehört zu würfeln, wahrscheinlich, weil sie keinen Dummen mehr hatten, den sie ausnehmen konnten. Glücklicherweise waren sie aber bald in eine lebhafte Diskussion über Gladiatorenkämpfe verwickelt und niemand interessierte sich mehr für uns.

„Wir müssen sofort etwas unternehmen!", entfuhr es meinem Bruder als ich geendet hatte.

Wie vom Blitz getroffen sprang er von seinem Sitz auf, aber ich zog ihn wieder herunter.

„Unternimm bloß keine übereilten Schritte! Denk immer dran, dass sie eine Sklavin ist. Marcus Terentius darf sie umbringen, wenn er möchte. Wir müssen also mit äußerster Vorsicht vorgehen."

„Was hast du nun vor?", fragte er sichtlich enttäuscht, mit

kindlicher Zuversicht und in der Erwartung, dass ich für jedes Problem schon eine Lösung finden werde.

„Leider weiß ich momentan auch nicht weiter", gab ich unumwunden zu. „Du hättest Publius den versprochenen Wein geben sollen", fügte ich hinzu, machte aber im gleichen Augenblick eine beschwichtigende Handbewegung. „Aber lassen wir dieses Thema. Fällt dir vielleicht jemand ein, der unauffällig mit Cornelia Kontakt aufnehmen könnte? Ich jedenfalls lasse mich nicht noch einmal einfach so an der Haustür abweisen."

Lucius schaute nachdenklich auf den Tisch, während ich meinen Blick durch den düsteren Schankraum schweifen ließ, wobei ich jeden Blickkontakt mit den zwielichtigen Kameraden meines Bruders vermied.

„Sie ist eine Adeptin des Isiskults. Vielleicht weiß man im Tempel Näheres über sie", erklärte Lucius nach einer Weile.

Das hatte ich nicht gewusst! Aber es erstaunte mich auch nicht besonders. Bekanntlich erfreuten sich die orientalischen Kulte seit dem Regierungsbeginn Vespasians eines ungeheuren Zulaufs. Der Gründer des flavischen Kaiserhauses war nämlich angeblich von höheren Mächten zur Herrschaft berufen worden: In Alexandria waren nacheinander zwei Männer aus dem Volk zu ihm gekommen, als er gerade im Tribunal saß. Der eine war blind und der andere lahm. Beiden hatte Serapis im Traum geweissagt, dass der Kaiser sie durch Handauflegen heilen könne, was Vespasian wider alle Erwartung auch tatsächlich gelungen war.

Ohne die Mithilfe des ägyptischen Gottes ist unserem früheren Kaiser jedoch eine weitere Karriere als Wunderheiler verwehrt geblieben. Dennoch ist Isis unter den Flaviern zur Repräsentantin des Kaiserkultes aufgestiegen. In Mogontiacum musste sie sich ihr Haus mit der orientalischen Magna

Mater teilen, aber immerhin war der Tempel im staatlichen Auftrag errichtet worden.

„Aber kennt man dort eine Sklavin?", sinnierte ich vor mich hin.

Lucius nickte.

„Wenn ich das richtig verstanden habe, ist dort jeder willkommen: Sklaven, Ausländer, Frauen, absolut jeder." Plötzlich sah mich Lucius so verblüfft an, als ob er mich zum ersten Mal gesehen hätte. „Da stimmt etwas nicht!" entfuhr es ihm, „Dass mir das jetzt erst einfällt! Cornelia kann nicht schreiben! Jedenfalls hat sie das immer behauptet."

Ob Cornelia Lucius angelogen hatte, um nicht mit ihn korrespondieren zu müssen? Aber das traute ich ihr dann doch nicht zu.

„Das heißt, jemand anderes hat die Botschaft für sie geschrieben. Das erklärt auch, warum darin nicht erwähnt wird, worum es geht", dachte ich laut. „Aber woher wusste sie, dass sie einen von uns beiden im Amphitheater treffen würde?"

„Sie konnte sich denken, dass ich mir die Spiele normalerweise nicht entgehen lasse", erklärte er und schüttete den Rest seines Weins herunter, „aber leider habe ich nicht freibekommen."

„Wollt ihr noch einen Wein?", fragte der Wirt, der gerade mit zwei Bechern, die für den Nachbartisch bestimmt waren, seinen dicken Bauch an uns vorbeiquetschte und dabei einen missbilligenden Blick auf unsere leeren Trinkgefäße warf.

„Es ist noch nicht spät", meinte mein Bruder, bevor ich den lästigen Menschen in seine Schranken weisen konnte. „Wenn du willst, können wir noch heute Abend zum Tempel gehen."

„Gute Idee", stimmte ich zu, zumal mir weder der fette Wirt noch seine Gäste gefielen und erhob mich augenblicklich von meinem unbequemen Sitz.

Ich war innerlich darauf gefasst, dass wieder jemand eine lästerliche Bemerkung machen würde, aber die anderen ließen uns unkommentiert gehen, da sie sich wohl an einem strittigen Thema festgebissen hatten.

„Du hast noch nicht gezahlt!", schnaubte der Wirt und stellte sich Lucius in den Weg, bevor er die Tür erreicht hatte.

Einen Augenblick lang befürchtete ich, dass mein Bruder sein Heil im Spiel gesucht haben könnte, weil er seine Zeche nicht zahlen konnte. Aber diesmal hatte ich ihm Unrecht getan.

„Das habe ich in der Aufregung ganz vergessen", entschuldigte er sich und kramte einige Kupfermünzen heraus.

„Warum nicht gleich so?", meinte der Wirt, während er das Geld einsäckelte und dann die Passage freigab.

„Nichts für ungut, ich wollte die Zeche nicht prellen!", beteuerte Lucius mit einem hilflosen Schulterzucken.

„In diese Spelunke würde ich an deiner Stelle nicht mehr gehen", sagte ich, als wir endlich draußen auf der sonnenbeschienen Straße standen.

„Was soll's! Sie liegt sehr günstig und der Wirt gibt Kredit."

Diese Auskunft überzeugte mich.

Das Heiligtum der Isis und Magna Mater befand sich im Stadtzentrum neben der Hauptstraße, die vom Legionslager zur Rheinbrücke führte. Wir legten den größten Teil des Wegs schweigend zurück. Ich musterte Lucius unauffällig von der Seite. Offenbar hoffte er Cornelia im Tempel zu sehen.

„Wie hat Cornelia eigentlich den Weg vom Landgut ihres Herrn hierher zurückgelegt?", fragte ich, als wir von der Hauptstraße abbogen, denn das Mädchen konnte ja wohl kaum in die Stadt gelaufen sein.

„Ihre Herrin hat sie mitgenommen. Drusilla Terentia ist nämlich in den Mysterienkult der Isis eingeweiht. Ohne ihren fatalen Einfluss wäre Cornelia bestimmt nicht …"

„Aber ich dachte, die Frau unseres Patrons ist gerade in Oberitalien?", unterbrach ich das Lamento.

„Das macht die Sache ziemlich schwierig für Cornelia. Bis zur Rückkehr ihrer Herrin nutzt sie – unter dem Vorwand einzukaufen – jede Gelegenheit, um auf dem Wagen in die Stadt zu fahren."

Dies war ein Vorteil, den arme Frauen und Sklavinnen den feinen Damen voraushatten, die nicht ohne Sänftenträger und Anstandsdamen ihr herrschaftliches Haus verlassen konnten. Wieder fragte ich mich, warum die Dienstboten Marcus Terentius auftischen konnten, dass sie alltägliche Dinge wie etwa Lebensmittel in der Stadt einkaufen mussten, wo sein Landgut doch angeblich völlig autark war.

Als wir den umzäunten Tempelbezirk betraten, herrschte im Inneren ein ziemlich großer Andrang. Überall sah man Menschen jedes Alters, die den Gottheiten ihre Gaben darbrachten. Es war ein ständiges Kommen und Gehen. Traditionell war der Kult der mütterlichen Isis vor allem bei den Frauen beliebt, zumal sich die Göttin auch auf Liebeszauber verstand. Aber glücklicherweise gab es auch keinen Mangel an männlichen Besuchern, weshalb ich mir nicht allzu deplaziert vorkam. Zwischen den Gruppen von Besuchern boten Händler Speisen, Räucherwerk und Opfergaben zu überteuerten Preisen an.

„Warst du schon mal hier?", fragte ich Lucius, ein Gedanke, der mich schon unterwegs beschäftigt hatte.

„Nur einmal und das auch nur, weil ich Cornelia begleitet habe. Dieser orientalische Hokuspokus ist nichts für mich."

Da konnte ich meinem Bruder nur innerlich zustimmen.

Trotzdem ließ ich meinen Blick neugierig über den Tempelhof schweifen, denn die Tatsache, dass das Heiligtum von hohen Mauern umgeben war, hatte meine Neugier geweckt. Was hatten die ägyptischen Priester wohl zu verbergen, dass sie die Blicke der Passanten scheuten?

Aber wie groß war meine Enttäuschung! Vor meinen Augen lag ein regelrechtes Labyrinth, in dem man sich nur schwer zurechtfand. Zwischen einfachen Fachwerkbauten auf gestampftem Lehmboden sah ich einen nur mittelgroßen rechteckigen Tempel, der überhaupt nicht meiner Vorstellung von Kultbauten entsprach. Eine repräsentative Säulenhalle fehlte ihm ebenso wie der zentrale Innenraum. Wenn man ihn mit dem Tempel der Kapitolinischen Trias im Stadtzentrum verglich, war er wenig repräsentativ. Beeindruckend wirkten nur die farbigen ägyptischen Statuen, die den Eingang bewachten.

Was die anderen kleinen Gebäude betraf, so sollten die Wände aus Flechtwerk durch aufgetragenen Putz und Bemalung den Eindruck von steinernen Mauern erwecken. Unweigerlich musste ich an das Herrenhaus meines Patrons denken, dem stets die Repräsentation mehr am Herzen gelegen hatte, als es seine Einkünfte zuließen.

Aus der Ferne sah ich einen griesgrämigen kahlköpfigen Priester, der ein Leopardenfell über sein einfaches weißes Gewand gelegt hatte. Ich kannte diese exotische Kostümierung bereits, weil die Isisanhänger zweimal im Jahr Festumzüge durch die Stadt veranstalteten. Es handelte sich um ein

Frühlingsfest und einen Umzug im Herbst, der zu Ehren des Osiris begangen wurde. Verstand ich es richtig, so war der Gemahl der Isis von seinem eigenen Bruder ermordet und zerstückelt worden. Aber Isis hatte ihn soweit wiederbelebt, dass sie von ihm ihren Sohn Horus empfangen konnte. Osiris hingegen herrschte nun über die Unterwelt. Mir behagte der Gedanke mehr, dass in unserem Glauben der Unterweltsgott Pluto nur eine untergeordnete Rolle spielt. Auch fand ich es ziemlich befremdlich, dass man hier in Mogontiacum Gefäße mit angeblichem Nilwasser verehrte, die die Priester nur mit verhüllten Händen anzufassen wagten. Ich würde ein Fass unseres besten Weines darauf verwetten, dass es sich um Rheinwasser handelte. Schließlich stammte es aus einem Brunnen im Tempel.

„Willst du etwa einen dieser ägyptischen Priester ansprechen?", fragte ich Lucius, dabei möglichst unauffällig auf den Mann im Leopardenfell deutend.

„Ich glaube, sie sind alle Römer", informierte mich mein Bruder etwas besserwisserisch, „aber trotzdem würde ich lieber mit diesem Schreiber da drüben reden."

Lucius zeigte auf einen ernst aussehenden älteren Mann mit gelichtetem grauem Haar, der auf einem Klappstuhl neben einem der Opferaltäre saß und offenbar auf Kundschaft wartete. Seine überaus geflissentliche Art erinnerte mich an einen Reiher beim Fischfang.

„Das ist eine gute Idee", stimmte ich zu. „Er sieht so aus, als ob er den ganzen Tag die Leute beobachtet."

Als wir den Hof durchquerten, passierten wir ein Nebengebäude, in dem eine ausgelassene Gesellschaft tafelte. Es roch nach gebratenem Fleisch und nach Weihrauch.

„Dieser Kult gefällt mir immer besser", meinte ich halb im Scherz.

„Ja, hier gibt es Gasthäuser, in denen sich die Gemeinde zu Mahlzeiten zusammenfindet. Aber man kann dort auch Familienfeiern ausrichten oder sich mit Freunden zum Essen treffen."

„Eigentlich ist das doch unlauterer Wettbewerb. Da bekommt man auf seine alten Tage noch Mitleid mit den armen Wirten, zumindest mit denen, die ihre Gäste nicht vergiften und ausrauben."

Als wir uns näherten, blickte uns der Schreiber erwartungsvoll an. Seine Begeisterung legte sich schlagartig, als ich mich nach Cornelia erkundigte.

„Wenn ihr wüsstet, wie viele Menschen jeden Tag meine Dienste in Anspruch nehmen!", erklärte er mit wichtiger Miene, „Ich kann mich beim besten Willen nicht an jeden einzelnen von ihnen erinnern."

Diesen Eindruck hatte ich überhaupt nicht. Aber ich würde auch nicht zugeben, dass sich oft tagelang kein Kunde in unserem Handelskontor blicken ließ.

„Du kannst sie unmöglich übersehen haben. Sie gehört zum Gefolge der Drusilla Terentia und ist ein auffallend hübsches Mädchen mit blondem Haar", erklärte Lucius in einem hoffnungsvollen Tonfall.

Mit einer eckigen Bewegung kratzte sich der Schreiber mit seinem Griffel hinter dem Ohr und auch diese Geste erinnerte mich an einen Vogel.

„Ich frage meine Kundinnen nicht nach ihrem Namen."

Ein untrüglicher Hinweis darauf, dass er in verbotene Praktiken verwickelt war. Mir waren diese orientalischen Kulte nicht geheuer. „Ich glaube nicht, dass sie dich wegen eines Schadenszaubers konsultiert hat. Sie hatte bestimmt nichts zu verbergen" beteuerte ich beschwichtigend. „Vielleicht hat sie doch ihren Namen genannt",

Meine Bemerkung wurde durch einem empörten Blick seitens des Schreibers bestraft.

„Mit Verfluchungen habe ich nichts zu tun! Ihr wisst doch selbst, dass Zauberei gegen die Gesetze verstößt. Mein Gewerbe ist völlig legal", erklärte er mit Nachdruck, „wenn ihr jemanden sucht, der Flüche in Bleibleche einritzt, dann müsst ihr euch an einen dieser zwielichtigen Magier wenden."

Langsam verlor ich die Geduld mit diesem umständlichen Zeitgenossen.

„Du hast uns falsch verstanden!", unterbrach ich ihn so heftig, dass ich fast schrie, „wir wollen nicht Isis um Hilfe bitten, sondern wir suchen jemand, der weiß, wie es unserer Freundin geht. Sie kann nicht schreiben und hat daher jemanden gebeten, für sie eine Nachricht auf ein Stück Papyrus …"

„Eine Botschaft an Isis …"

Der Schreiber plusterte sich auf, aber ehe er weiterhin sein Berufsethos verteidigen konnte, unterbracht ich ihn: „Nein, einen normalen Brief an mich!"

Wieder kratzte sich der Schreiber mit dem Griffel. Wahrscheinlich tat er dies immer, wenn er nachdachte.

„Sie ist ein ziemlich hübsches, blondes Mädchen?", fragte er in dem sachlichen Tonfall nach, in dem man sich nach dem Weg erkundigt.

Lucius nickte mit angehaltenem Atem.

„Warum habt ihr das nicht gleich gesagt?"

Langsam platzte mir der Kragen.

„Das haben wir doch getan!"

Zum dritten Mal in wenigen Sekunden kratzte sich der Schreiber mit seinem Griffel hinter dem Ohr.

„Sie kam vor einigen Tagen zu mir und hat dieses seltsame

Anliegen geäußert. Der Preis, den ich für derartige Dienstleistungen nehme, erschien ihr zu hoch, aber eine andere Frau, die das Gespräch zufällig mitbekommen hat, bot dem Mädchen spontan ihre Hilfe an."

Schon aus seiner geschwollenen Ausdrucksweise schloss ich, dass der Schreiber nicht der Verfasser der hilflosen Zeilen war, die Cornelia mir zugesteckt hatte.

Wir bedankten uns für die Auskunft und begaben uns außer Hörweite.

„Warum hat sie nicht bei dir vorbeigeschaut, wo sie einmal in der Stadt war?", entfuhr es dann meinem Bruder.

„Denk dran, dass wir am Stadtrand wohnen und auch das Weinkontor liegt nicht gerade im Zentrum. Vermutlich hat der Gutsverwalter oder einer der Köche sie auf dem Wagen mitgenommen und sie hatte nicht genug Zeit dafür. Sehr wahrscheinlich hat sie auch Angst gehabt, dass ihre Begleitung die Kontaktaufnahme mit mir mitbekommen könnte."

„So wird es gewesen sein!"

„Außerdem wollte sie mit dir sprechen, nicht mit mir."

Mein Bruder schüttelte in komischer Verzweiflung den Kopf. „Schön wär's!"

Der Wind wehte mir Weihrauchschwaden in die Nase, die aus dem Tempel kommen mochten.

„Gehen wir wieder! Hier gefällt es mir nicht", schlug ich vor, um das Gesprächsthema zu wechseln.

„Vielleicht kommt sie immer am gleichen Wochentag hierher", vermutete Lucius, während er beim Laufen einem großen Stein am Wegesrand nachsah.

„Das könnte durchaus sein", gab ich zu und blieb abrupt stehen, „hoffen wir, dass der Schreiber sich daran erinnert, welcher Tag es das letzte Mal war."

Als er uns zurückkehren sah, bedachte uns der Schreiber mit einem reichlich gequälten Blick.

„Wir haben nur noch eine letzte Frage", beruhigte ich ihn. „Weißt du zufällig, welcher Wochentag es war, als du mit unserer Freundin gesprochen hast?"

„Keine Ahnung, aber es war der Tag vor den Spielen!", spuckte der Schreiber schlecht gelaunt heraus und ich fragte mich, was ihn in diese Stimmung versetzt hatte.

„Kam sie immer am Markttag?", fragte Lucius mit vor Aufregung glänzendem Gesicht.

„Keine Ahnung! Ich habe sie schließlich nur einmal gesehen", erklärte der Schreiber ultimativ.

Ich schaute Lucius an. Enttäuschung war in sein Gesicht geschrieben, denn mit dieser Antwort konnten wir nicht viel anfangen. Trotzdem gab ich dem Mann ein kleines Trinkgeld, damit er uns nicht in allzu schlechter Erinnerung behielt. Er biss auf die Münze, um sich von ihrer Echtheit zu überzeugen, lächelte selbstvergessen und steckte sie dann ein.

„Das hätte ich mir eigentlich selbst denken können", sagte ich, als wir den Bezirk verlassen hatten. „Am gleichen Tag ist mir nämlich der alte Pförtner unseres Patrons auf dem Forum über den Weg gelaufen. Wahrscheinlich ist Cornelia mit ihm in die Stadt gefahren, und während er sich die Gladiatoren angesehen hat, ist sie zum Isistempel gegangen."

Lucius, der beim Gehen niedergeschlagen auf den Boden schaute, nickte stumm.

„Ich werde ab und zu hier vorbeischauen. Irgendwann werde ich ihr bestimmt begegnen", versprach ich ihm, weil ich mich verpflichtet fühlte, irgendetwas zu sagen.

„Das ist nett von dir", erwiderte Lucius mit matter Stimme.

192

„Höchstwahrscheinlich machen wir uns viel zu viele Gedanken. Cornelia wollte sicher einfach nur mal wieder mit dir reden", versuchte ich meinen Bruder aufzumuntern, aber leider überzeugte ich mich selbst nicht so recht vom Wahrheitsgehalt meiner Worte.

Ich hatte das ungute Gefühl, dass die Geschehnisse der letzten Tage nur ein Vorgeschmack auf das waren, was uns noch bevorstand.

## 14. Medea

Wenige Tage später hörte man morgens aus der Ferne das Klappern von metallenen Uniformteilen und den festen Schritt zahlreicher Nagelsandalen, die sich der Stadt näherten. Dies irritierte mich, da ich die Legionen nicht hatte wegmarschieren hören. Früher wäre ich bestimmt neugierig auf die Straße gestürzt. Aber mich beschäftigte noch immer vor allem der Gedanke, was Cornelia auf dem Herzen hatte und warum mein Patron mich an der Haustür hatte abfertigen lassen.

Mehrfach hatte ich in den letzten Tagen erwogen, noch einmal zum Landgut des Marcus Terentius herauszureiten und nach Cornelia zu fragen, aber ich brachte es nicht über mich, denn ich scheute die Blamage, wieder nicht eingelassen zu werden. Und Publius, der ängstliche Ölhändler, hatte sich in der Zwischenzeit auch nicht mehr blicken lassen.

Nun verstärkte sich aber doch die unangenehme Vorahnung, die ich nicht losgeworden war, seit ich die Soldaten gehört hatte. Sie wurde bestätigt, als ich während der Mittagspause eher zufällig das Forum überquerte. Eine drückende Spannung, ja Furcht lag in der Luft. Es herrschte nicht das quirlige Leben, das sonst das Forum berherrschte. Niemand kaufte etwas ein, die Händler versuchten noch nicht einmal, ihre Waren anzupreisen. Die Leute standen in kleinen Gruppen beisammen und tuschelten. Im Vorbeigehen hörte ich etwas von meuternden Legionen, Barbaren im Anmarsch und plündernden Chatten.

„Weißt du was los ist?", fragte ich Cicero, der mir nachgetrottet war, denn viele Dinge erfuhren die Sklaven als erste.

„Keine Ahnung", meinte mein Leibsklave, „aber ich habe heute morgen marschierende Soldaten gehört."

„Ich auch", bestätigte ich und winkte dann über den Kopf einer Hausfrau hinweg meinem Barbier zu, den ich soeben in der Menge entdeckt hatte.

Bestimmt hatte er schon den ganzen Vormittag den neuesten Klatsch mit seinen Kunden durchdiskutiert.

„Guten Tag, Tiberius!", begrüßte ich ihn. „Was um Jupiters Willen ist passiert, dass alle so aufgeregt sind?"

„Weißt du das wirklich nicht?", fragte der Barbier mit vor Aufregung weit geöffneten Augen und sprudelte dann los: „Heute ist eine weitere Legion am Rhein eingetroffen. Sie steht unter dem persönlichen Oberbefehl des Kaisers. Stell dir nur vor! Kaiser Domitian ist in Mogontiacum!"

Diese Neuigkeiten, die nach Krieg rochen, gefielen mir gar nicht. Mit Schrecken erinnerte ich mich an den Bataveraufstand in meiner Jugend, bei dem die Rheinbrücke zerstört und Mogontiacum verwüstet worden war. Unwillkürlich schweiften meine Gedanken zu dem Tag zurück, an dem Vespasian, der Vater des gegenwärtigen Kaisers, in die Stadt eingezogen war. Damals hatte ich noch nahe bei der Landstraße gewohnt, an der das Hilfstruppenlager lag und mit eigenen Augen Vespasian mit den Legionären vorbei-marschieren sehen.

Welch ein Unterschied zu unserem derzeitigen Kaiser, wenn ich den Ausführungen des Barbiers glauben durfte, der den Einzug nun in den glühendsten Farben der Bered-samkeit schilderte: Der Kaiser reiste in einer Sänfte und ihm folgte ein riesiger Tross. Sein gesamter Hofstaat begleite-te ihn. Angeblich umfasse sein Gefolge nicht nur Köche, sondern auch Konditoren, Vorkoster, Schneider, Friseure, Kammerjäger, Flötenspieler, Gemmenschneider, Wahrsa-ger sowie Sklaven, die Gedichte deklamieren konnten. Aber vielleicht war diese Liste auch mit jedem Weitererzählen länger geworden. Fest steht jedenfalls, dass Domitians Vater für eine derartige Prachtentfaltung viel zu sparsam gewesen wäre, eine Tugend, die man Kaiser Domitian nicht gerade nachsagte.

Beim schieren Klang des Wortes Sparsamkeit musste ich an Respectus denken. Bestimmt würde er mich nachher darauf hinweisen, dass die Soldaten unsere besten Kunden waren. Aber er hatte gut reden, denn er hatte keinen Bruder in der Armee.

Mittlerweile hatte sich eine Gruppe von mindestens zwan-zig andächtig lauschenden Personen um Tiberius gebildet und ich hatte daher keine Schwierigkeiten, den tratschsüch-tigen Barbier wieder loszuwerden.

„Leider muss ich in unser Kontor zurück!", erklärte ich und bedeutete Cicero mit einer Geste, mir zu folgen.

Im Gesicht meines Leibsklaven spiegelte sich eine noch größere Enttäuschung als in dem des Barbiers, der einen Teil seines Auditoriums eingebüßt hatte.

„Du brauchst dringend einen neuen Haarschnitt!", rief er mir nach. „Und deinen Bruder habe ich seit Monaten nicht mehr unter die Schere bekommen. Sein Haar muss ihm ja mittlerweile bis auf die Schultern reichen!"

„Leider nicht", entgegnete ich, mich zu Tiberius umdrehend, „denn Lucius ist zur Armee gegangen. Dort hat man ihm seine Mähne gnadenlos kurz geschoren. Es sieht ganz schrecklich aus."

„Was für ein Jammer um seine schönen Locken", beklagte Tiberius mit geradezu angewidertem Gesicht.

„Selbst dran schuld", brummte ich und kehre ins Kontor zurück.

Einige Tage später, als ich gerade im Begriff war, meinen Arbeitsplatz zu verlassen, überbrachte mir ein Bote eine Nachricht meines Bruders. Es war ein magerer, braungebrannter Rekrut mit großen Ohren, dem Lucius den Weg zu unserem Handelskontor beschrieben hatte. Ich wollte ihn zum Dank zu einem Wein einladen, aber er behauptete geradezu panisch keine Zeit zu haben. Bestimmt hatte mein Bruder seinen Kameraden schreckliche Dinge über mich erzählt.

Als sich die Tür hinter dem jungen Burschen geschlossen hatte, beäugte ich das Diptychon einen Moment lang von außen, denn mir schwante nichts Gutes. Was war nun schon wieder geschehen? Konnte Lucius seine Spielschulden nicht bezahlen? Hatte er etwas Verbotenes angestellt und war so ungeschickt gewesen, sich dabei erwischen zu lassen? Oder hatte er vor dem bevorstehenden Feldzug noch rasch sein Testament verfasst und ließ es mir auf diese Weise zukommen?

Mit vor Aufregung leicht zitternden Fingern klappte ich die mit Wachs beschichteten Holztafeln auseinander und las mit angehaltenem Atem die darin eingeritzten Zeilen.

*Lieber Marcus,*

*es ist etwas geschehen, das ich nicht für mich behalten kann: Und zwar hat sich schon wieder ein rätselhafter Todesfall in Mogontiacum ereignet. Gestern wurde nämlich Tiberius Claudius Zosimus, der Vorsteher der kaiserlichen Vorkoster, tot aufgefunden. Der Arzt hat ihn nur flüchtig untersucht, da er meint, dass seine ungesunde Lebensweise den Vorkoster vor der Zeit ins Grab gebracht hat. Zosimus hatte die Angewohnheit, Unmengen der kaiserlichen Speisen zu vertilgen, bevor er sie für unbedenklich erklärt hat. Daher war er ziemlich korpulent.*

*Bisher wagte niemand, die Aussage des Arztes zu bezweifeln, denn alle fürchten die notorischen Wutausbrüche des Kaisers. Vor allem die Sklaven haben großes Interesse daran, die Sache unter den Tisch zu kehren. Es ist schon vorgekommen, dass sämtliche Sklaven eines ermordeten Herrn hingerichtet worden sind, ohne sich auch nur die Mühe zu machen herauszufinden, welcher Sklave den Mord begangen hat. So wie ich das mitbekommen habe, wird der Arzt Kaiser Domitian weismachen, sein Vorkoster sei an einer ansteckenden Krankheit verstorben. Ob unser verehrter Kaiser ein so schlimmer Hypochonder ist wie Respectus? Ich hörte sagen, dass er überall Verschwörungen wittere, aber sonst wüsste ich nicht viel über ihn zu berichten. Dann will man den Vorkoster so schnell wie möglich einäschern, um damit Tatsachen zu schaffen.*

*Ich glaube, dass man Zosimus ermordet hat, denn noch gestern war der Vorkoster das blühende Leben selbst. Außerdem war er offenbar beliebt und hatte keine Feinde. Jedenfalls sagen das alle, mit denen ich gesprochen habe.*

*Viele Grüße und ich hoffe, es geht dir gut*
*Lucius.*

Das hörte sich ganz danach an, als ob Lucius im Legionslager herumlief und seine Nase in fremde Angelegenheiten steckte. Was soll das heißen: „Alle, mit denen ich gesprochen habe"? Ich hoffte, inständig, dass mein Bruder sich nur mit seinen Freunden über den angeblichen Mord unterhalten hatte und las dann das Postskriptum:

*P.S. Beinahe hätte ich noch etwas Wichtigste vergessen: Mittlerweile habe ich einige interessante Dinge über die geheimen Riten im Heiligtum der Isis erhalten. Früher war ich der Meinung gewesen, dass alle Soldaten Anhänger des Mithras sind, aber manche haben sich auch in den Isiskult einweihen lassen und bei denen konnte ich mich informieren.*

*Ich habe erfahren, man solle sich an eine Frau wenden, die sich Medea nennt, wenn man an magischen Ritualen interessiert ist. Sie hat einen Marktstand auf dem Tempelgelände, wo sie abends Öllämpchen verkauft.*

Ich las den Brief dreimal hintereinander, aber ich konnte die Gedankengänge meines Bruders einfach nicht recht nachvollziehen. Warum meinte er, dass man den Vorsteher der Vorkoster des Kaisers umgebracht hatte? Mir klang es so, als ob der Arzt die richtige Diagnose gestellt hatte, nämlich dass er ein Opfer seines Hangs zur Völlerei geworden war.

Trotzdem ließ mir die Sache keine Ruhe: Wenn es doch Mord war, schon wieder ein Mord in Mogontiacum? Unwillkürlich musste ich an den ungeklärten Tod meines Freundes Jucundus denken. Der Mordthese widersprach, dass der Vorkoster angeblich keine Feinde besessen hatte. Vielleicht handelte es sich um eine Verwechslung und der Mordanschlag hatte jemand anderem gegolten? Oder man hatte ihn aus dem Weg geräumt, weil man plante, den Kaiser zu er morden. Aber da Tiberius Claudius Zosimus der Vorsteher der Vorkoster war, konnte man daraus schließen, dass Kaiser Domitian selbst auf seinem Feldzug ein ganzes Heer von Vorkostern mit sich führte. Es wäre sehr aufwändig, sie alle einen nach dem anderen „um die Ecke zu bringen".

Also verwarf ich diesen Gedanken und erwog die Möglichkeit, dass einer der Untervorkoster Zosimus umgebracht haben könnte, um dessen Position zu erlangen. Unter Umständen hatte das Verbrechen auch gar nichts mit dem Beruf des Opfers zu tun. Vielleicht war es ein Mord aus Habgier, Eifersucht oder aus verschmähter Liebe. Was, wenn es sich um einen ganz normalen Raubmord handelte?

Schwer zu sagen, wenn man nicht einmal wusste, ob der Tote innerhalb des Lagers gefunden worden war. In diesem Fall war der Mörder bestimmt ein Armeeangehöriger. Schließlich durften Außenstehende Militärlager nicht betreten.

Es ärgerte mich, dass Lucius so wenig Einzelheiten erwähnt hatte. Andererseits beunruhigte mich der Gedanke, dass er sich in fremde Angelegenheit einmischen könnte. Vor allem sollte er dem Kaiser so weit wie möglich aus dem Weg ging. Alle sagten, dass er despotisch und cholerisch sei. Was sollte man schließlich von einem Mann halten, der sich mit „mein Herr und Gott" anreden ließ? Davon, dass er angeblich den ganzen Vormittag mit dem Fangen von Fliegen verbrachte ganz zu schweigen.

Kurz entschlossen schabte ich mit der stumpfen Seite meines Schreibgriffels die Wachsschicht auf der Innenseite des Diptychons glatt, um den Brief meines Bruders zu beantworten. Ein großer Vorteil dieser Schreibtäfelchen war es, dass man nicht riskierte, kompromittierende Briefe aufzubewahren.

Ihr Nachteil war jedoch, dass man den Text memorieren musste, bevor man ihn ausradierte. Daher murmelte ich Zosimus, Vorsteher der Vorkoster, Medea mit den Öllämpchen vor mich hin, während ich das Wachs sorgfältig glättete.

Dann verfasste ich mit der spitzen Seite meines Griffels einen neuen Brief, in dem ich meinen Bruder bat, mir mitzuteilen, wo genau man den Toten gefunden hatte, ob man ihn beraubt hatte, ob er Familie hatte und in welchen Kreisen er verkehrte. Das alles formulierte ich möglichst verklausuliert, da ich befürchten musste, dass die Post der Soldaten zensiert wurde. Daher wagte ich auch nicht „halte dich fern vom Kaiser" hinzuzufügen.

Ich versiegelte das Diptychon, verstaute es mit einem leisen Seufzer in meinem Beutel und verließ dann das Handelskontor.

„Bitte geh nach Hause und richte Petrina aus, dass es später werden kann. Sie soll aber trotzdem auf jeden Fall mein Abendessen für mich aufbewahren", beauftragte ich Cicero, „aber sag ihr bitte ganz eindringlich, dass ich sie an den Zirkus verkaufe, wenn sie mir noch einmal ungebeten geräucherten Schweinsfuß vorsetzt."

„Selbstverständlich", stammelte mein Leibsklave mit schreckensbleicher Miene und es ärgerte mich, dass er mir offenbar zutraute, meine Haushälterin den Löwen zum Fraß vorzuwerfen. Einer der Gründe, warum Respectus so gut mit Cicero auskam, war, dass beide nicht für eine Sesterz Sinn für Humor besaßen.

Ich brach zum Legionslager auf, wo ich den Brief an der Pforte abgeben wollte. Dies ging schneller, als die Dienste eines Laufjungen in Anspruch zu nehmen und ich war ziemlich neugierig auf die Antwort. Vorher wollte ich einen kurzen Abstecher zum Isistempel machen, der auf dem Weg lag. Zwar versprach ich mir nicht besonders viel von dem Gespräch mit der Frau, die sich Medea nannte. Wie mein Bruder wähle ich diese Formulierung, weil ich mir beim besten Willen nicht vorstellen konnte, dass sie tatsächlich so hieß. Aber es konnte sicher nicht schaden, wieder einmal nach Cornelia zu fragen. Wie ich zugeben muss, hatte ich nämlich in der Zwischenzeit das Heiligtum nicht wieder betreten, obwohl ich es mir fest vorgenommen hatte. Irgendwie war mir immer irgendetwas dazwischen gekommen.

Als ich die Tür des Kontors hinter mir abschloss, lastete über der Stadt eine drückende Schwüle. Der Himmel war mit milchig weißen Wolken verhangen; es drohte Regen, nicht schon wieder wollte ich meines Bruders wegen im Regen herumlaufen und erneut riskieren, mir eine fiebrige Erkältung zuzuziehen.

Hoffentlich sieht mich niemand, dachte ich, während ich zum zweiten Mal in einer Woche den umzäunten Bereich des Heiligtums betrat. Heute weiß ich, dass nicht nur Sklaven und Arme sich zum Isiskult hingezogen fühlten, aber damals widerstrebte es mir, für einen Isis-Anhänger gehalten werden.

Erleichtert stellte ich fest, dass im Tempelbezirk trotz des wenig einladenden Wetters und der recht späten Stunde noch immer großer Besucherandrang herrschte. Ich hatte befürchtet, keine Händler mehr vorzufinden. Duftendes Räucherwerk zog über die Menge hinweg und von den Dächern gurrten die Tauben.

Einige Händler hatten Zelte aufgeschlagen. Darunter standen treppenartige Regale. Unter den Tischen standen Körbe für den Transport der Ware. Angeboten wurden Datteln, Feigen, Oliven, Weintrauben und Pinienkerne aus dem Süden, aber auch einheimische Getreidekörner, Früchte und Nüsse sowie Heilmittel und Andenken. Auf mehreren der Stände waren Öllämpchen ausgebreitet, an denen bei allen Kultstätten großer Bedarf bestand, da man sie am Ende der Zeremonie auf den niedergebrannten Opferresten deponierte. Aber keine der Händlerinnen entsprach meiner Vorstellung von einer Zauberin. Ich hätte gern den wichtigtuerischen Schreiber befragt, aber offenbar war dieser bereits nach Hause gegangen. Ärgerlich schaute ich mich um, sah aber kein bekanntes Gesicht.

Als ich meinen Blick unschlüssig von einem Stand zum andern wandern ließ, trat plötzlich eine breite Gestalt durch den Eingang des Tempels, die ich auch in der dunkelsten Nacht erkannt hätte. Es handelte sich um niemanden anderen als um meinen Teilhaber Respectus, der Anstalten machte, sich unbemerkt hinter den Ständen vorbeizudrücken. Offenbar wollte er mir nicht begegnen.

Ich würde ihn dazu zwingen! Ohne eine Sekunde zu zögern, eilte ich ihm in schräger Richtung entgegen, sodass es mir gelang, ihm in den Weg zu treten, bevor er durch den Ausgang der Anlage verschwinden konnte.

„Guten Abend, Marcus", grüßte er mich mit verkniffener Miene, da er mich beim besten Willen nicht mehr ignorieren konnte. Schließlich war ich bereits so nah, dass ich sein Parfüm riechen konnte.

„Guten Abend, Respectus! Ich hätte nicht gedacht, dass sich unsere Wege heute Abend noch einmal kreuzen würden", erwiderte ich seinen Gruß schlecht gelaunt, da ich mich fragte, warum es Respectus peinlich war, von mir oder mit mir gesehen zu werden.

„Die Überraschung ist ganz auf meiner Seite", entgegnete er und verlagerte dabei sein Gewicht von einem Fuß auf den anderen. Er sah aus wie ein Kind, das man bei etwas Verbotenem erwischt hatte. „Aber andererseits, Mogontiacum ist klein."

Dann wandte er sich um und erst jetzt bemerkte ich, dass ihn seine Frau Sabina und seine Tochter, an deren Namen ich mich leider nicht erinnern konnte, begleiteten. Da sie beide ziemlich schlank waren, hatte der stämmige Respectus sie bisher verdeckt.

Seine Tochter, die zu mir aufblickte, war seit unserer letzten Begegnung ein ganzes Stück gewachsen. Sie mochte elf oder zwölf Jahre alt sein, war jedenfalls schon fast im heiratsfähigen Alter. Ihre dunkelblonden Haare waren nach gallischer Art in drei Zöpfe geflochten, von denen zwei um den Kopf gewunden waren und der dritte den Rücken hinunter fiel, eine Frisur die dem aufgeweckten Mädchen sehr gut stand.

Ihre Mutter Sabina war hingegen nach römischer Art gekleidet. Über einem hellgelben Untergewand hatte sie einen safrangelben Mantel geschwungen. Mit mehreren Fibelpaaren, zahlreichen Armreifen und einem Halsreif, an dem eine große runde Schmuckscheibe hing, war sie ungewöhnlich reich geschmückt. Dieser Aufwand wurde noch übertroffen von ihrem Haar, das nach der allerneuesten Mode frisiert war.

Offenbar hatte sie ihrem geizigen Gatten mindestens eine Haussklavin abgetrotzt. Denn nur mit Hilfe von Dienstmädchen konnten ihre Haare zu wahren Lockenbergen aufgetürmt und mit der Brennschere in winzige Kringel geformt worden sein. Nach einem kaum wahrnehmbaren Farbunterschied innerhalb der Haarmasse zu schließen, hatte Sabina die Frisur durch ein Haarteil ergänzt, das über die Stirn gelegt worden war.

Ich sah sie vor meinem inneren Auge auf einem Korbstuhl

sitzen und sich wohlgefällig im Spiegel betrachten. Überarbeitete sich Respectus, um dem Luxusbedürfnis seiner wesentlich jüngeren Gemahlin nachkommen zu können?

Nach einer Schrecksekunde wurde mir erst bewusst, dass es die Höflichkeit gebot, Sabina und ihre Tochter zu grüßen. Leicht verlegen fügte ich hinzu: „Ich suche hier nur jemanden".

Glücklicherweise fragte mich niemand nach der Person, die ich angeblich suchte, denn ich war nicht in der Stimmung um mir eine überzeugende Lüge auszudenken.

„Es tut mir leid, aber ich muss heute Abend noch einige dringende Dinge erledigen", erklärte Respectus unvermittelt und räusperte sich. Jedem anderen hätte ich unterstellt, dass dies nur ein Vorwand war, um mich loszuwerden, aber Respectus glaubte ich es aufs Wort.

„Dann will ich dich nicht aufhalten", erwiderte ich, wie es sich gehörte.

Kaum brachte mein Teilhaber es über sich, mir zum Abschied zuzunicken und bedeutete seiner Familie mit einer Geste, ihm zu folgen. Er verschwand schleunigst mit Weib und Kind. Am Ausgang drehte sich seine Tochter noch einmal mit unverhohlener Neugier nach mir um und betrachtete mich wie ein seltenes Tier. Nur widerwillig ließ sie sich von ihrer Mutter weiterschleifen. Verwechselte sie mich mit Lucius oder hatte Respectus zuhause Schauergeschichten über uns beide verbreitet?

Verärgert wandte ich meine Aufmerksamkeit wieder den Marktbuden zu, die des Weges entlang standen. Überall wurde gefeilscht. Münzen wechselten ihren Besitzer und Arme bettelten um Almosen.

Da nur eine Händlerin ausschließlich Öllämpchen auf ihrem Tisch aufgebaut hatte, vermutete ich, dass sie möglicherweise Medea sein könnte, auch wenn sie nicht so aussah, wie ich erwartet hatte. Sie war schlank, mittelgroß und mochte um die dreißig sein. Ihr ebenmäßiges Gesicht wurde von mittelbraunem, leicht gewelltem Haar gerahmt, das sie zu einer einfachen Frisur hochgesteckt hatte. Zumindest auf den zweiten Blick war sie recht hübsch, aber alles andere als eine auffällige Erscheinung. Kurz und gut: Sie entsprach in keinster Weise meiner Vorstellung von einer Zauberin. Ich hatte eher ein verhutzeltes altes Weib oder eine üppige schwarzhaarige Ägypterin erwartet.

Einige Minuten lang beobachtete ich die Händlerin aus der Ferne. Sie redete gerade mit einer verhärmt aussehenden, nicht mehr ganz jungen Frau, deren einfache Kleidung mit versilberten Spangen zusammengehalten wurde und die sich nicht für Lampen zu interessieren schien. Ihrer Kleidung und Haartracht nach zu schließen, war sie verheiratet.

Falls die Händlerin tatsächlich Medea sein sollte, konnte ich mir denken, was für eine Art Geschäft gerade abgeschlossen wurde: Die Magierin behauptete, die übernatürlichen Mächte durch besondere Rituale zu beherrschen. Dazu würde sie Liebeszauber oder Verfluchungen in einen Bleistreifen einritzen und diesen dann um einen Hühnerknochen wickeln. Ich hatte mittlerweile erfahren, dass Isis eine Vorliebe für Hühner besaß.

Ich sah meine Vermutung dadurch bestätigt, dass die beiden Frauen handelseinig wurden, ohne dass eine Öllampe ihren Besitzer wechselte. Ehe die nächste Liebeskranke die Gelegenheit hatte, mir die Zeit zu stehlen eilte ich zu Medeas Stand.

„Ich suche Medea", erklärte ich ohne Umschweife.

„Du hast sie gefunden", entgegnete die junge Frau mit einem gönnerhaften, geradezu herablassenden Lächeln, „womit kann ich dienen?"

Ihre hochnäsige Art provozierte mich derart, dass ich beschloss sie aus der Reserve zu locken.

„Das kann ich erst sagen, wenn ich weiß, was genau dein Geschäft ist, außer Lampen zu verkaufen und die Nachbarn deiner Kunden zu verfluchen."

Mein Versuch misslang gründlich, denn Medeas Gesicht nahm einen leicht belustigten Ausdruck an. Im gleichen Augenblick hörte ich von jenseits des Rheins ein dunkles Grollen und ich beneidete Respectus, der es bestimmt trockenen Fußes nach Hause schaffen würde.

„Zauberei ist verboten", erklärte Medea mit scheinheiliger Miene. „Wie du siehst, verkaufe ich Öllampen. Außerdem kenne ich mich etwas in der Kräuter-Heilkunde aus."

Was im Klartext hieß, dass sie eine Giftmischerin war. Dieses einträgliche Nebengewerbe betrieben Gerüchten zufolge die meisten Magierinnen. Medea hatte sich wohl nicht von ungefähr nach der griechischen Zauberin genannt, die ihre eigenen Kinder umgebracht hatte.

Ich entgegnete nichts, sondern schnitt ein finsteres Gesicht und musterte die junge Frau demonstrativ von Kopf bis Fuß. Sollte sie mich ruhig für einen Beamten halten.

„Meiner vorigen Kundin habe ich in einer juristische Angelegenheit beigestanden!", erklärte sie ungebeten, was mich endgültig davon überzeugte, dass sie etwas Verbotenes getan hatte.

„Es sah aber eher nach einem Liebeszauber aus", widersprach ich und hob so blasiert ich vermochte die Augenbrauen hoch. „Außerdem erstaunt mich doch sehr, wie vielseitig du bist: Lampenhändlerin, Kräuterfrau und jetzt auch noch Juristin."

Medea zog laut hörbar die Luft ein und blickte mich dann erbost an. „Bei den Geistern der Unterwelt, dem Nilschlamm und den ägyptischen Mysterien, was nimmst du dir da eigentlich heraus? Wenn du mich beleidigst, rufe ich die Priester der Isis! Schließlich bist du nur Gast in ihrem Heiligtum!"

Ich bedachte Medea mit einem angedeuteten Lächeln, um sie wieder etwas gnädiger zu stimmen.

„Es interessiert mich nicht im Mindesten, ob du den Mann verfluchst, der deine Kundin verlassen hat", erklärte ich beschwichtigend, aber ich hoffte trotzdem, dass meine Worte als unterschwellige Drohung verstanden werden würden. „Leider benötige ich auch zurzeit keine Kräuter". Ich beherrschte mich mühsam, um nicht zu sagen: keine Gifte. „Aber ich brauche dringend eine Auskunft. Kennst du zufällig eine junge blonde Sklavin, die Cornelia heißt?"

Medea schüttelte energisch den Kopf

„Ich frage meine Kunden nicht nach ihrem Namen", verkündete sie – genau wie zuvor der Schreiber. In ihrem Fall war dies auch nur allzu verständlich. Magier und ihre Kunden waren gut beraten, ihre illegalen Handlungen unter dem Deckmäntelchen der Anonymität zu begehen.

„Cornelia hat meist im Gefolge der Drusilla Terentia den Tempel besucht", erläuterte ich und um Medeas Gedächtnis aufzufrischen, griff ich nach der größten Lampe auf ihrem Stand, die ich mit Kennerblick betrachtete.

„Sie ist hübsch?", fragte die junge Frau in einem kritischen Tonfall, als ob dies ein juristischer Tatbestand wäre.

Ich nickte und sie schloss einen Moment lang mit nachdenklicher Miene die Augen. Dann schüttelte sie so energisch den Kopf, dass sich eine Haarsträhne aus ihrer Frisur löste. Mit einer bedächtigen Bewegung strich sie sich das Haar wieder aus dem Gesicht.

„Nein ich glaube nicht, dass ich sie kenne."

Diese Auskunft freute mich für meinen Bruder, denn sie ließ hoffen, dass Cornelia nur an den offiziellen Kulthandlungen des Heiligtums teilgenommen hatte.

Plötzlich kam mir die Idee, die Händlerin könnte den verbrecherischen Wirt beliefert haben, der uns damals mit dem viel zu wirkungsvollen Wein „beglückt" hatte. Oft schon fragte ich mich, woher dieser sein Betäubungsmittel bezogen hatte. Schließlich konnte man dergleichen nicht auf dem Wochenmarkt kaufen.

„Wahrscheinlich brauche ich mindesten sechs Lampen, um meinen Weinkeller zu erleuchten", erklärte ich, während ich die Lampe zurückstellte und beschrieb dann den hässlichen Vogel.

Ohne nachzudenken bestritt Medea, dass sie ihn kannte, wenn auch nicht mit besonders großer Überzeugungskraft. Also hatte sie tatsächlich dem Wirt Betäubungsmittel verkauft!

„Da kann man wohl nichts machen", brummte ich in mich hinein, weil ich der Händlerin nicht auf den Kopf zusagen wollte, dass ich sie für eine Lügnerin hielt. „Vielleicht komme ich ein andermal wieder."

Ohne Medeas Antwort abzuwarten, wandte ich mich zum gehen, drehte mich aber einer plötzlichen Eingebung folgend wieder um.

„Und wie steht es mit einem arroganten, mittelgroßen Mann mit eckigem, wettergegerbten Gesicht und reichlich grauen Strähnen im Haar?", fragte ich und wunderte mich über meine eigenen Worte.

Ein Aufleuchten huschte über das Antlitz der angeblichen

Lampenverkäuferin. Dann verhärteten sich ihre Züge und auf ihrem Gesicht erschien ein reservierter Ausdruck. Hatte sie schlechte Erfahrungen mit meinem Patron gemacht?

„Sagt er ständig: So etwas gab es früher nicht?"

Bei diesen Worten wäre mir fast vor Überraschung der Geldbeutel aus der Hand gefallen, den ich aus Angst vor Dieben fest umklammerte.

„Ja, genau! Den meine ich!", rief ich lauter aus, als ich wollte, aber im allgemeinen Markttreiben nahm niemand von mir Notiz.

„Ich habe ihn hier schon gesehen, aber er gehört nicht zu meinen Kunden." Medeas Gesicht nahm einen misstrauischen Ausdruck an. „Ich habe mich immer darüber gewundert, dass ein so vornehmer Mann ein so heruntergekommenes Haus im Hafenviertel bewohnt."

„Keinesfalls! Da musst du etwas verwechseln. Er besitzt ein Landgut außerhalb der Stadt", entfuhr es mir verblüfft, denn diese Wendung des Gesprächs hatte ich wirklich nicht erwartet.

Medea warf mir einen geradezu mitleidigen Blick zu.

„Das bestreite ich gar nicht, aber er besitzt auch eine wenig repräsentative Bleibe in der Stadt."

„Woher weißt du das?"

Die Frage kam mir töricht vor, kaum dass ich sie gestellt hatte. Wahrscheinlich besaß Marcus Terentius diese Absteige, um dort ungestört Frauen wie Medea zu empfangen. Seine Gattin Drusilla war schon immer sehr eifersüchtig gewesen. Nicht grundlos, wie ich vermutete.

„Berufsgeheimnis."

Welchen Beruf mochte sie wohl meinen? Und warum ließ sie sich überhaupt zu derartigen Indiskretionen hinreißen, wo sie doch vorhin vorgegeben hatte, den Wirt nicht zu kennen? Hatte mein Patron sie schlecht behandelt?

„Kannst du mir vielleicht zufällig den Weg dorthin beschreiben?", fragte ich so arglos wie möglich. „Ich habe leider Marcus Terentius in letzter Zeit aus den Augen verloren." Als ob dies in einer überschaubaren Garnisonsstadt wie Mogontiacum möglich wäre! „Er freut sich sicher über meinen Besuch." So sehr, dass er mich an der Haustür abwimmeln lässt!

„Marcus Terentius heißt er also? Mir hat er einen völlig anderen Namen genannt."

Wen wundert es!

„Ja, so heißt er", bestätigte ich und beschrieb Medea aus reiner Bosheit den Weg zum Landgut. Sollte sie ruhig dort auftauchen und meinen Patron blamieren. „Und wie finde ich sein Haus in der Stadt?"

„Du kannst sein Quartier nicht verfehlen. Es ist ein vergammeltes Eckhaus nahe den Lagerhallen am Hafen. In seinem Erdgeschoss hat sich früher eine Schenke befunden, aber inzwischen steht sie leer."

Je mehr Details Medea erwähnte, desto klarer wurde mir, dass sie die Wirtschaft meinte, deren Wirt seine Gäste zu betäuben pflegte. Damit gab sie zu, dass sie dieses Prachtexemplar von Wirt gekannt haben musste, was sie vorhin noch abgestritten hatte.

„Willst du nun sechs Lampen kaufen oder nicht?", fragte Medea in einem süffisanten Tonfall und riss mich damit aus meinen Gedanken.

„Vielleicht ein andermal", erklärte ich ausweichend.

Aber die Inhaberin des Standes hatte sich bereits einem linkischen, kaum fünfzehnjährigen Mädchen zugewandt. Offenbar war es ein offenes Geheimnis, dass der Öllämpchenhandel nur der Kontaktanbahnung diente. Vielleicht hätte sich Medea sogar darüber geärgert, wenn ich ihr tatsächlich ein paar Lampen abgekauft hätte.

Die beiden Frauen steckten ihre Köpfe zusammen und tuschelten leise. Ich schnappte die Worte „Liebeszauber", „Knoten der Isis" und „binden" auf und verließ schleunigst das Heiligtum.

Ein gleißendheller Blitz fuhr über den Himmel und einige Sekunden später rollte ein Donner über das Land. Höchste Zeit zu verschwinden! Bald würde das Gewitter Mogontiacum erreichen.

Während ich mit langen Schritten nach Hause eilte, rekapitulierte ich mein Gespräch mit Medea, das nüchtern betrachtet nicht viel gebracht hatte, denn noch immer hatte ich keine Ahnung, wie ich mit Cornelia in Kontakt treten konnte. Was aber hatte es zu bedeuten, dass mein Patron ein Haus im Hafenviertel besaß? Offenbar führte er ein Doppelleben! Ich sagte mir, dass ich mich vor voreiligen Schlüssen hüten sollte: Vermutlich benutzte mein Patron die Bruchbude, um sich dort mit Frauen zu verabreden. Oder er war heimlich in den Handel eingestiegen, was dem römischen Adel strengstens untersagt war? Bei seinen desolaten Finanzen konnte ich ihm dies noch nicht einmal verdenken.

Außerdem hatte mein Bruder Recht gehabt: Dies war die Privatangelegenheit unseres Patrons, die mich nichts anging. Aber mein Verstand weigerte sich hartnäckig zu glauben, dass sich im Untergeschoss des Hauses, das Marcus Terentius gehörte, rein zufällig diese verfluchte Wirtschaft befunden hatte. Was hatte mein Patron mit diesem Halunken zu schaffen?

## 15. Das städtische Domizil

„Kommst du übermorgen mit ins Theater?", fragte mich Respectus am nächsten Vormittag ohne unsere Begegnung im Tempelbezirk mit einem Wort zu erwähnen.

„Ins Theater?", fragte ich zerstreut.

„Ein Magistrat lässt aus Anlass seiner Amtseinsetzung zu Ehren der Kapitolinischen Trias die „Elektra" aufführen."

„Das verspricht ja ein sehr unterhaltsamer Abend zu werden", erwiderte ich trocken, denn ich konnte Tragödien noch nie etwas abgewinnen. Ich hatte selbst genug Probleme. „Warum lässt er keine Spiele in der Arena veranstalten?"

„Sicherlich, weil dies viel teurer ist als eine Theateraufführung mit nur einem einzigen Schauspieler."

Mir wurde klar, dass es sich bei dieser „Elektra" nicht um die griechische Tragödie handelte, sondern um ihre Umarbeitung zur Pantomime. Eigentlich hätte ich mir das denken können, denn das griechische Theater war inzwischen ziemlich außer Mode und außerdem befanden wir uns in der Provinz.

„So ein Geizkragen!", brummte ich. „Aber egal! Für dergleichen habe ich momentan sowieso keine Zeit."

Eigentlich meinte ich „keinen Nerv". Es war schon bezeichnend, dass ich kaum noch mitbekam, was in der Stadt so los war. Ich wunderte mich, dass Respectus neuerdings Veranstaltungen besuchte, bei denen es nichts zu verdienen gab. Hatte ihn die allgemeine Vergnügungssucht gepackt?

„Ich im Grunde auch nicht", gab Respectus mit finsterer Miene zu, „aber meine Frau besteht darauf."

Immer schon hegte ich die Vermutung, dass er unter Sabinas Pantoffel stand. Doch ich zog ihn damit nicht auf.

„Aber Sabina kann doch gar nicht neben dir sitzen", wandte ich vorsichtig ein.

Die Sitzordnung im Theater war einer strikten Regelung unterworfen. Wie im Amphitheater mussten sich Frauen und Nichtbürger mit den oberen Rängen begnügen. Es erstaunte mich noch immer, wie es Marcus Terentius gelungen war, Cornelia einen besseren Platz zu verschaffen.

„Wem sagst du das! Aber sie will trotzdem, dass ich mitkomme."

Ich ließ die Sache auf sich beruhen, da mich noch eine andere, weit wichtigere Frage beschäftigte.

„Außerdem erstaunt mich doch sehr, dass man Theaterstücke aufführt, obwohl ein Feldzug unmittelbar bevorsteht", erklärte ich und fühlte mich bei meinen eigenen Worten an Cato den Älteren, den alten Menschenfeind erinnert.

„Meines Wissens werden noch weitere Truppen erwartet. Erst dann beginnt die Offensive", erläuterte Respectus.

Wahrscheinlich war ich der einzige, der nichts davon mitbekommen hatte.

„Kommt Aulus auch ins Theater?", fragte ich aus reiner Bosheit, denn offenbar hatte Respectus sich meinetwegen mit seinem Verwandten verkracht. Jedenfalls war von ihm seit einiger Zeit nicht mehr die Rede.

„Niemand wird sich die Aufführung entgehen lassen wollen", erwiderte mein Teilhaber diplomatisch.

Wirklich niemand? Mir wurde vor Aufregung ganz schwindlig, als ich die volle Tragweite dieser Worte erkannte. Vielleicht würde ich Cornelia treffen? Schließlich hatte sie auch die Spiele besucht.

„Da ist was dran", räumte ich ein. „Besser der Spatz in der Hand als die Taube auf dem Dach. Wenn es keine Spiele gibt, dann muss ich mich wohl mit der mordlüsternen „Elektra" begnügen."

Respectus erwiderte etwas, aber meine Gedanken waren

schon wieder woanders. Mich beschäftigte noch immer, dass Marcus Terentius ein Haus in der Stadt besaß. Schon am Morgen hatten mich meine Füße geradezu automatisch zu der Spelunke geführt, in der die ganze traurige Geschichte begonnen hatte. Aber ich hatte keine Veränderung feststellen können: Noch immer war das Untergeschoss unbewohnt und wenn man nicht bald die offen stehenden Fenster im Erdgeschoss vernagelte, würde bald das ganze Fachwerkhaus verrotten.

In der Mittagspause wollte ich mir den Bau von innen ansehen und bedeutete daher Cicero mir zu folgen. Ich hatte kein gutes Gefühl dabei, ihn vor der Spelunke Schmiere stehen zu lassen, aber ich kannte sonst niemanden, den ich mit dieser Aufgabe hätte betrauen können. Wieder einmal bedauerte ich, dass mein Bruder zur Armee gegangen war.

„Ich habe etwas Dringendes zu erledigen", rief ich im Gehen Respectus entschuldigend zu. Denn meist nahm ich mittags mit ihm zusammen in der Umgebung einen Imbiss zu mir.

„Wann kommst du zurück?"

Früher, als ich meinem Teilhaber noch nicht mit zunehmendem Misstrauen entgegen trat, hätte ich vermutet, dass er lediglich nachfragte, um das Handelskontor nicht unnötig lange geschlossen zu halten. Inzwischen war mein erster Gedanke: Was hat er während meiner Abwesenheit vor?

„Bald! Ich habe nur eine Kleinigkeit zu erledigen", rief ich zurück, um ihn nicht in Sicherheit zu wiegen.

Ehe Respectus etwas erwidern konnte, war ich durch die Haustür geeilt.

„Weißt du, was die wichtigste Regel für einen Sklaven ist, der irgendwann einmal frei gelassen werden will?", fragte ich Cicero unterwegs.

Der Junge zuckte zusammen. Dann schluckte er dreimal, bevor er endlich antwortete: „Keine Fluchtversuche zu unternehmen?"

Diese Antwort überraschte mich, denn ich hatte dem harmlos wirkenden Burschen keine derart subversiven Gedanken zugetraut.

„Das versteht sich von selbst!" Ich schaute ihm streng in die grauen Augen. „Keine Fragen stellen und nicht mit den Dienstboten anderer Haushalte schwatzen."

„Das mache ich niemals!"

Ich konnte mich des Verdachtes nicht erwehren, dass Cicero ein kleiner Heuchler war. Wahrscheinlich war er deshalb so begabt für den Kaufmannsberuf.

Bald hatten wir die verlassene Bruchbude erreicht und mein Leibsklave schaute mich mit großen Augen an. Er fragte sich sicherlich, welches Geschäft ich hier zu erledigen hatte. Aber ich sagte nichts, sondern sondierte aufmerksam die Lage.

Außer dem Kneipeneingang besaß das Haus noch eine zweite Tür, die sich in einer Seitengasse befand, in der sich Unrat stapelte. Sie war am Vormittag verschlossen gewesen und ich hatte wenig Grund zur Annahme, dass sie inzwischen geöffnet sein könnte. Aber ich überzeugte mich doch sicherheitshalber noch einmal davon. Dann kehrte ich zu den Fenstern der ehemaligen Taverne zurück.

Ein paar Hafenarbeiter kamen vorbei, die sich lautstark über den hohen Besuch und den bevorstehenden Feldzug unterhielten. Ungeduldig wartete ich, bis sie endlich am nächsten Häuserblock abgebogen waren.

„Du bleibst hier draußen auf der Straße stehen!", instruierte ich Cicero, dessen Blick den Störenfrieden gefolgt war. „Wenn jemand das Haus betreten will, so verwickle ihn in ein Gespräch! Und sprich dabei bitte so laut, dass ich es im Inneren des Hauses höre. Hast du das verstanden?"

Cicero nickte, doch in seinem Gesicht spiegelte sich deutlich sein Missfallen. Besonders gute Nerven schien er nicht zu haben. Außerdem musste ich ihm zeigen, wie man eine Diebesleiter machte. Oder stellte er sich nur dumm?

Ich schaffte es gerade so mich durch die Fensteröffnung hindurchzuzwängen, bevor der nächste Fußgänger vorbeikam. Drinnen roch es nach Moder und billigem Wein, aber wenigstens hatten sich noch keine Mäuse und Ratten eingenistet. Bevor ich es wagte, das Gebäude näher zu erkunden, ließ ich meinen Blick schweifen. Ich wollte ganz sicher sein, dass sich wirklich niemand außer mir im Schankraum befand. Dann schalt ich mich selbst einen Angsthasen. Schließlich gab es nicht mehr genug Möbel, um sich in der ehemaligen Taverne zu verstecken.

Ich fasste mir ein Herz und stapfte zur rückwärtigen Tür, die zum Treppenhaus führen musste. Erwartungsgemäß war die Tür abgeschlossen, aber da ihr Holz lange Zeit Wind und Wetter ausgesetzt gewesen war, war es so morsch, dass ich kaum Gewalt anwenden musste, um die Tür aufzubrechen. Im dahinter liegenden Treppenhaus atmete ich tief durch, denn der strenge Geruch im Schankraum hatte mir zugesetzt.

Dann stieg ich auf einer knarrenden Holztreppe zu den Gemächern des Obergeschosses hinauf, wobei ich aus Ungeduld zwei Stufen auf einmal nahm. Die Treppe endete in einer Diele, in der ich stehen blieb, um wieder zu Atem zu kommen. Von dort gelangte ich in eine große Kammer, die mit zwei niedrigen Schränken und einem mit Einlegearbeiten verzierten Schreibtisch ausgestattet war, der auf einem Leopardenfell stand. In der Mitte des Raums waren zehn

216

Stühle mit geflochtenen Sitzflächen um einen Tisch aus Ebenholz gruppiert. Eine so luxuriöse Ausstattung wirkte in dieser Umgebung reichlich fehl am Platz. Aber warum wunderte ich mich? Dies war das Refugium meines Patrons, der schon immer über seine Verhältnisse gelebt hatte.

Es gab noch zwei kleine Räume, die jedoch nicht möbliert waren. Ein Bett oder eine Liege suchte ich in allen Gemächern vergeblich. Offenbar war die Wohnung doch kein Liebesnest! Aber Marcus Terentius hatte leider nichts hinterlassen, was den Nutzungszweck des Hauses verriet.

Ich kehrte in den „Prunkraum" zurück und durchstöberte den ersten Schrank, der mit Kleidungsstücken vollgestopft war, darunter die purpurgesäumte Toga eines römischen Senators. Was hatte dies zu bedeuten? Wozu diente dieses zeremonielle Kleidungsstück in der Provinz? Die Senatorentoga konnte nur etwas mit dem Aufenthalt des kaiserlichen Hofstaats in der Stadt zu tun haben, aber ich konnte mir trotzdem keinen rechten Reim daraus machen.

Im zweiten Schrank befanden sich Kurzschwerter und Dolche. Bei ihrem Anblick wurde mir ganz mulmig zumute. Worauf hatte ich mich da schon wieder eingelassen? Einen Augenblick lang wollte ich panisch flüchten. Dann siegte meine Neugier über meine Vorsicht. Ich öffnete den Deckel des Schreibpults und fand darunter wachsbeschichtete Schreibtäfelchen, ein Tintenfass, Schreibgeräte und einige leere Papyrusrollen, aber kein Schriftdokument.

Schließlich schaute ich unter das Leopardenfell, wie es der Verwalter meines Patrons zu tun pflegte, um nachzuprüfen, ob richtig geputzt worden war. Zu meinem Erstaunen lag auf dem Boden ein Stück Papyrus, auf dem zehn Namen notiert waren. Zwei davon kannte ich: Es handelte sich um hohe Offiziere der in Mogontiacum stationierten Legionen.

Vier Namen waren unterstrichen, hinter den anderen standen hohe Geldbeträge. Ich wagte es einen Augenblick lang nicht, innerlich auszuformulieren, was dies zu bedeuten hatte. Dann ging die Phantasie mit mir durch. Hatte ich die Teilnehmerliste einer Circus-Wettgemeinschaft gefunden? Waren die Geldbeträge Schulden, die mein Patron bei den jeweiligen Männern hatte? Aber warum sollten Offiziere einem bankrotten Gutsbesitzer etwas leihen? Oder erpresste mein Patron diese Stützen der Gesellschaft, und wenn ja: womit? War Marcus Terentius etwa Mitglied einer Verbrecherbande, der vielleicht auch der ehemalige „Betäubungs"-Wirt angehörte? Wohl kaum, denn dann wäre er bestimmt besser bei Kasse!

Die Vorsicht gebot, diese seltsame Liste an der Fundstelle zu lassen, denn mein Patron würde ihr Verschwinden sofort bemerken. Aber ich versuchte mir die zehn Namen zu merken und welche davon unterstrichen waren.

Dann machte ich mich schleunigst wieder auf den Rückweg. Ich empfand geradezu körperliches Unbehagen, wenn ich daran dachte, wie mein Patron auf das Eindringen in sein Haus und seine Privatsphäre reagieren würde, wenn er davon erführe. Es kostete mich einige Mühe, die Tür, die ich aufgebrochen hatte, wieder so in die Angeln zu hängen, dass zumindest ein flüchtiger Beobachter die Gewaltanwendung nicht bemerken würde. Dann schleifte ich einen Stuhl vor das Fenster, der so morsch war, dass der Wirt ihn nicht mitgenommen hatte. Als ich einen Fuß auf seine Sitzfläche stellte, ächzte er, doch er krachte nicht zusammen. Vorsichtig stieg ich auf die Fensterbank und sprang von dort auf die Straße.

Cicero, der mich unten erwartete, war so blass wie eine frisch getünchte Wand. Der Angstschweiß schimmerte auf seiner Stirn, aber wenigstens war er nicht ausgerissen. Ich nickte ihm aufmunternd zu.

Während ich den Staub von meiner Tunika klopfte, bemerkte ich Respectus, der mir von der anderen Straßenseite aus zuwinkte. Ob er mitbekommen hatte, woher ich gerade gekommen war?

„Erinnerst du dich an meinen Ring, den ich seinerzeit in unserem Kontor gesucht habe? Ich dachte, ich könnte ihn in dieser Taverne wiederfinden! Denn ganz plötzlich ist es mir eingefallen, dass ich an dem Tag, als ich ihn verloren habe, hier zu Gast war", erklärte ich geflissentlich, nachdem ich die Straße überquert hatte. „Warst du schon mal in diesem Lokal?"

Ich deutete auf die ehemalige Spelunke und sah einen Mann aus dem Dunkel der Gasse kommen, der vor dem Haupteingang der Bruchbude stehen blieb. Als er sich an der Tür zu schaffen machte, erschrak ich fast zu Tode. Wie konnte ich nur so leichtsinnig sein, in das Haus meines Patrons einzubrechen? Das war gerade noch einmal gut gegangen!

„Natürlich nicht", erwiderte Respectus befremdet, „aber ich glaube, dein Bruder ist hier früher ein- und ausgegangen."

War dies ein Vorwurf? Nicht darüber nachdenken, dachte ich mir. Noch immer blickte Respectus mich an, als ob etwas nicht stimmte. Aus dem Augenwinkel beobachtete ich, wie der Fremde die Haustür aufschloss. Er war mittelgroß, etwas behäbig und machte einen harmlosen Eindruck. Jedenfalls wirkte er nicht wie das Mitglied einer Räuberbande, die Gasthausbesucher vergiftet.

„Ich habe diese Taverne nur einmal besucht, und zwar an dem Tag, an dem Jucundus gestorben ist. Er war es, der das Lokal vorgeschlagen hatte", beteuerte ich und sagte mir im gleichen Augenblick, dass ich zuviel redete. Erstens ging dies meinen Teilhaber nichts an und zweitens machte mich der Redefluss nur noch verdächtiger. Außerdem sollte ich schleunigst verschwinden, bevor der Fremde bemerkte, dass im Inneren der Bruchbude eine Tür aufgebrochen worden war.

„Lucius ist vorbeigekommen. Er wartet im Kontor auf dich", erklärte Respectus, als ich verstummte.

„Warum hast du das nicht gleich gesagt?", protestierte ich, denn ich war ganz begierig darauf, mit meinem Bruder zu reden.

Mein Teilhaber schnaubte verächtlich: „Weil du mich nicht hast zu Worte kommen lassen."

Ich eilte so schnell ins Kontor zurück, dass Cicero nicht Schritt halten konnte. Denn ich wollte meinen Bruder auf keinen Fall verpassen. Zum Glück kam ich noch rechtzeitig an: Lucius lümmelte auf einem kleinen Fass in der Halle.

„Dich schicken die Grazien", erklärte ich und wäre ihm am liebsten um den Hals gefallen. Schon wollte ich ihm schildern, was ich soeben herausgefunden hatte, als mir seine sorgenvolle Miene verriet, dass auch er etwas auf dem Herzen hatte.

„Was ist los?", fragte ich und unwillkürlich stieg das Bild von Jucundus in mir auf, der erstochen am Rheinufer lag. Dabei hatte ich dies gar nicht mit eigenen Augen gesehen, aber ich hatte es mir so oft vorgestellt, dass ich fast glaubte, dabei gewesen zu sein.

„Ich habe etwas Interessantes gehört. Stell dir vor: Marcus Terentius hat in der Stadt Quartier genommen! Er wohnt bei der Familie eines Offiziers. Nur deshalb habe ich es überhaupt mitbekommen."

Das war eine seltsame Nachricht! Warum nahm mein Patron die Gastfreundschaft anderer in Anspruch, wo er doch ein Haus in Mogontiacum besaß?

„Das finde ich ziemlich seltsam", entfuhr es mir völlig verblüfft.

„Dies ist ein untrügliches Zeichen dafür, dass der Feldzug bald beginnt", meinte Respectus, der gerade durch den Eingang kam. Cicero stapfte ihm nach. Noch immer war er außer Atem und schrecklich bleich.

„Ich dachte, vielleicht hat unser Patron Cornelia mitgenommen", fügte Lucius hinzu, den Einwurf meines Teilhabers nicht weiter kommentierend.

„Und wenn nicht, so können wir seinem Landhaus einen Besuch abstatten. In seiner Abwesenheit dürfte es leichter sein, mit Cornelia zu reden."

Das sagte ich eigentlich nur um Zeit zu schinden, denn ich wartete sehnsüchtig darauf, dass Respectus endlich in seine Schreibstube verschwand. Als sich die Zimmertür hinter ihm geschlossen hatte, erzählte ich Lucius mit gedämpfter Stimme von dem Geheimversteck.

„Mir soll es nur recht sein, wenn Marcus Terentius in kriminellen Kreisen verkehrt", erklärte Lucius ungerührt. „Wenn wir ihm das Handwerk legen, können wir ganz nebenbei auch Cornelia befreien!"

„Bitte bemäßige dich einer anderen Sprache!", ermahnte ich ihn und schaute mich möglichst unauffällig nach Cicero um, aber dieser war wohl im Arbeitsraum meines Teilhabers. Überhaupt folgte er Respectus den ganzen Tag wie ein Schatten, sodass jeder glauben musste, er wäre dessen und nicht mein Leibsklave.

„Schließlich sprichst du von unserem verehrten Patron", ergänzte mein Bruder grinsend.

Ich blickte todernst zurück, was mich einige Mühe kostete.

„Du magst Marcus Terentius nicht?", wollte ich wissen, obwohl die Frage eigentlich überflüssig war.

„Er ist mir zutiefst verhasst!"

„So wie Respectus?", fragte ich mit gedämpfter Stimme.

Lucius machte eine wegwerfende Handbewegung.

„Das ist etwas anderes, der geht mir nur mit seiner Arbeitswut auf die Nerven."

„Jetzt kann mein Teilhaber wieder ruhig schlafen." Automatisch schaute ich auf die Tür, hinter der er arbeitete. „Erinnerst du dich, dass wir neulich in einem der Räume über der Spelunke Licht gesehen haben?"

Ich drückte mich absichtlich vage aus, weil Respectus jeden Augenblick in die Lagerhalle geschossen kommen konnte. Daher wollte ich ihn nicht daran erinnern, dass es der Abend war, an dem er uns beim Herumschnüffeln auf dem Speicher erwischt hatte.

„Wie könnte ich das vergessen!", erwiderte Lucius enthusiastisch, „aber ich hätte nie im Leben vermutet, dass ausgerechnet Marcus Terentius dort oben war!"

„Meinst du ich?"

Wenn ich ehrlich war, so hatte ich damals eher angenommen, dass sich ein Landstreicher in dem verlassenen Haus eingenistet hatte.

„Schade, dass ich heute Abend keine Zeit habe. Sonst würde ich mich gern in dieser Bruchbude verstecken um abzuwarten, ob unser lieber Patron in seinem Zweitpalast hochwohlgeborene Gäste empfängt. Schließlich ist er gerade in der Stadt."

Bei der bloßen Vorstellung wurde mir ganz schlecht!

„Viel zu gefährlich!", erklärte ich unmissverständlich.

„Spielverderber", entgegnete Lucius, „aber es gibt noch etwas, was ich dir erzählen wollte: Du hast dich doch in deinem Brief nach dem Vorkoster erkundigt?"

Ich nickte, obwohl ich die schiere Existenz dieses Zosimus in der Zwischenzeit fast vergessen hatte.

„Ich habe einiges über ihn in Erfahrung gebracht", begann Lucius mit hörbarem Stolz. „Zosimus hat sich für Wasserleitungen interessiert. Ich weiß nicht, ob er die Befürchtung hatte, man könne den Kaiser mit Trinkwasser vergiften. Aber er hat in jeder fremden Stadt immer zuerst die Einrichtungen zur Wasserversorgung inspiziert. An seinem Todestag hat es daher niemanden verwundert, als er nach dem Mittagessen das Legionslager verlassen hat, um die Baustelle unseres neuen Aquädukts zu besichtigen. Als er eine Stunde vor dem Abendessen nicht ins Lager zurückgekehrt war, hat man an der Wasserleitung nach ihm gesucht und ihn schließlich tot kurz hinter der rückwärtigen Lagervorstadt gefunden."

„Die Arbeiter, die mit dem Bau beschäftigt sind, haben ihn einfach so liegen lassen?", unterbrach ich, denn mir erschien diese Geschichte recht merkwürdig. Bisher war ich davon ausgegangen, dass der Vorkoster im Lager gestorben war.

„Er hat hinter einem Busch gelegen. Deshalb behaupten die Arbeiter, dass sie die Leiche nicht bemerkt haben." Mein Bruder schaute mich beifallheischend an, um seinen Worten ein größeres Gewicht zu verleihen. „Was die Todesursache betrifft hat sich nichts Neues ergeben: Der Arzt hat keine Spur von Gewaltanwendung feststellen können. Deshalb glaubt er, dass der übergewichtige Vorkoster einem Herzschlag erlegen ist. Er hätte während der mittäglichen Hitze jede körperliche Anstrengung vermeiden sollen." Lucius verzog nachdenklich die Miene. „Ich glaube immer noch, dass Zosimus ermordet worden ist."

Die Geschichte stank tatsächlich zum Himmel. Umso mehr ärgerte mich, dass Lucius mir die Ereignisse nicht gleich geschildert hatte.

„Warum rückst du eigentlich jetzt erst damit raus, wo du schon wieder auf dem Sprung bist?"

„Ich wollte die Sache nicht vor Respectus erörtern und dann haben wir uns die ganze Zeit über Marcus Terentius unterhalten." Lucius erhob sich, blieb aber noch einen Augenblick lang im Raum stehen. „Was ich fast vergessen hätte: Ich habe mich auch nach der Familie des Vorkosters erkundigt! Er hatte Frau und Kinder, die er aber in Italien zurückgelassen hat. In welchen Kreisen er verkehrt hat, kann ich dir leider nicht sagen, denn ich bin ihm zu Lebzeiten niemals begegnet." Also wird er in guten Kreisen verkehrt haben, dachte ich sarkastisch. „Außerdem hat sich Zosimus nur kurze Zeit in Mogontiacum aufgehalten. Niemand weiß hier viel über ihn."

Lucius schaute mich entschuldigend an.

„Also ich muss jetzt wirklich verschwinden!"

„Ich will dich nicht aufhalten", erwiderte ich resigniert und begleitete meinen Bruder zur Tür.

„Kommst du morgen ins Theater?"

Dazu habe ich nicht die geringste Lust, hätte ich fast spontan entgegnet. Langsam wuchs mir die Sache über den Kopf! Aber dann fiel mir ein, dass ich bereits Respectus mehr oder weniger zugesagt hatte.

„Von mir aus", erwiderte ich daher mit einem matten Lächeln. „Weil du es bist."

„Dann sehen wir uns dort!"

Lucius hastete hinaus.

„Hat der es aber eilig", meinte Respectus und ich schrak zusammen, denn ich hatte ihn nicht näher kommen hören.

„Wahrscheinlich hätte er sich überhaupt nicht so lange vom Legionslager entfernen dürfen."

„Er ändert sich auch nicht mehr."

Zwar fand ich, dass Lucius durch das Soldatenleben etwas ernsthafter geworden war. Aber diese Ansicht behielt ich für mich, da ich es nicht mochte, wenn sich mein Teilhaber in unsere familiären Angelegenheiten einmischte.

Den Nachmittag verbrachte ich in unfruchtbarem Brüten über das heruntergekommene Haus und über den vorzeitigen Tod des Vorkosters. Da im Laden zum Glück nicht viel los war, machte ich mich früh aus dem Staub, denn ich wollte die Baustelle des Aquädukts in Augenschein nehmen. Zwar wusste ich selbst nicht genau, was ich dort suchte, aber der Bericht meines Bruders hatte mich doch neugierig gemacht.


## 16. Die Wasserleitung

Die Sonne brannte mir gnadenlos auf den Nacken und die Luft war so heiß, dass sie flimmerte. Das Gewitter vom Vortag hatte überhaupt keine Abkühlung gebracht. Während ich missmutig über den gestampften Kies der stadtauswärts führenden Straße stapfte, erschien es mir gar nicht mehr so undenkbar, dass der dicke Vorkoster doch eines natürlichen Todes gestorben war.

Andererseits hatte ich im Gegensatz zu Zosimus wenig Gelegenheit, mir eine Körperfülle anzufressen, die meine Gesundheit gefährdet hätte. Ich absolvierte in letzter Zeit fast jeden Tag längere Fußmärsche, die mich einigermaßen schlank erhielten. Und überdies litt ich seit dem Tod des Jucundus unter chronischer Appetitlosigkeit, auch dann, wenn man mir keinen geräucherten Schweinsfuß vorsetzte.

Ich hatte die städtische Siedlung bereits deutlich hinter mir gelassen und folgte nun einem staubigen Weg. Mittlerweile lief mir der Schweiß von der Stirn über die Augenbrauen. Wenigstens hatte man den Vorkoster kurz hinter der Vorstadt tot aufgefunden. Unvorstellbar, bei dieser Hitze bis zu der Quelle weiterzuwandern, denn sie war über sechs Meilen vom Stadtzentrum entfernt.

Dann erreichte ich einen Bautrupp, der mit lautem Rufen die Ruhe eines idyllischen Tals störte, in dessen Senke ein Bächlein plätscherte. Es war eine Abteilung von Soldaten, die hier arbeitete. Die Armee betrieb eigene Steinbrüche, aus denen sie das Baumaterial holte und in den Legionen dienten viele Handwerker, darunter sogar Baumeister und Ingenieure. Sie hatten in Obergermanien Straßen, Theater und Amphitheater gebaut, technische und architektonische Errungenschaften, die wie die neue Wasserleitung auch der Zivilbevölkerung zugute kamen.

Die Bauarbeiter waren gerade damit beschäftigt, das aus Beton und Geröll bestehende Gussmauerwerk zwischen Holzverschalungen zu gießen. So entstanden die Kerne der Pfeiler, die einmal die Wasserleitung tragen sollten. Als nächsten Arbeitsschritt würde man ein Lehrgerüst für die Bögen errichten, auf das zuerst eine Reihe Ziegel aufgemauert werden würde, um das Gewicht des Zements zu reduzieren. Erst dann konnte man die Bögen vollenden. Zum Abschluss würde der ganze Bau mit Steinen verkleidet werden. Diese moderne Steinkonstruktion sollte einen älteren Vorgänger ersetzen.

Zu beiden Seiten des Rohbaus ragten Pappeln in den

Himmel. Dichtes Buschwerk füllte die Zwischenräume zwischen ihren Stämmen. Hinter welchem Gebüsch mochte man wohl die Leiche des Vorkosters gefunden haben? Angesichts der üppigen Vegetation erschien mir die Suche nach dem Unglücksort wie die Suche eines einzelnen Sandkorns in der Wüste.

Ohne großen Optimismus schlängelte ich mich zwischen zwei hohen Holunderbüschen hindurch, die auf der rechten Seite des ersten Pfeilerstumpfs wuchsen. Ihre Beeren begannen sich schon schwarz zu färben und im Vorbeigehen muss ich wohl einige von ihnen zerquetscht haben. Jedenfalls besudelte ich meine Kleidung.

Hinter dem Gestrüpp befand sich ein von Unkraut überwuchertes Brachland, wo Bienen und Kohlweißlinge herumschwirrten. Auf dem Boden lag trockenes Laub vom Vorjahr und es roch nach modriger Erde. Aber wenigstens war es im Schatten der Bäume angenehm kühl.

Hatte man tatsächlich die Leiche des Vorkosters in dieser Einöde entdeckt? Was hatte er hier nur zu schaffen gehabt?

Ich hockte mich auf meine Fersen und begutachtete den Boden, aber ich konnte beim besten Willen nichts Ungewöhnliches feststellen: Kein Blut, keine Tatwaffe, noch nicht einmal abgebrochene Zweige, nur ein Sperling, der laut tschilpend vor mir flüchtete.

Auch die nächsten Büsche waren nicht ergiebiger und ich rief mir ins Gedächtnis, dass ich mich nicht zu weit vom Anfang der Baustelle entfernen sollte. Also kehrte ich zur Schneise zurück, in der die Arbeiter schufteten. Denn ich wollte nun der Vegetation auf der anderen Seite der Baustelle meine Aufmerksamkeit widmen.

„Was hast du hier eigentlich zu suchen?", fuhr mich eine barsche Stimme von hinten an. „Das ist nicht der richtige

Ort, um spazieren zu gehen! Schließlich können jederzeit Steine von unseren Gerüsten herunterfallen."

Ich fuhr herum und blickte in das argwöhnische Gesicht eines Mannes von Mitte dreißig, der mich mit vor der Brust verschränkten Armen fixierte. Sein befehlsgewohnter Tonfall ließ keinen Zweifel daran, dass es sich um einen Offizier handelte. Ansonsten war er alles andere als eine militärische Erscheinung. Er war von mittlerer Statur. Sein strähniges braunes Haar hing ihm in die hohe, verschwitzte Stirn. Das Gesicht wurde von einer langen Nase dominiert, auf der sich die von der Sonne verbrannte Haut schälte. Mit seinen tiefliegenden braunen Augen und den ausgeprägten Tränensäcken wirkte er etwas verschlafen.

Einen Augenblick lang überlegte ich, welche Geschichte ich ihm auftischen sollte. Aber es brachte vermutlich nicht viel, sich dumm zu stellen. Schließlich konnte ich jetzt die Gegend ohnehin nicht mehr unauffällig observieren.

„Zosimus hast du es aber nicht verboten!", erklärte ich, wobei ich mich wunderte, wie der Vorkoster an diesem Zerberus vorbeigekommen sein sollte.

„Wem?"

Der Offizier hob die Augenbrauen.

„Dem Vorsteher der Vorkoster des Kaisers. Er war ein dicker Mann …"

„Der mich einen halben Tag lang von der Arbeit abgehalten hat, indem er mir Löcher in den Bauch gefragt hat?"

Ich nickte und wunderte mich, dass mein Gegenüber mit keiner Silbe erwähnte, dass der Vorkoster hier gestorben war.

„Genau der! Du hast also mit ihm geredet?"

Ein heißer Wind kam auf und trug die Gerüche von Mörtel und Kies durch das Tal.

„Ich habe ihm einige Auskünfte über die geplante Wasserleitung erteilt. Er wirkte auf mich wie jemand, der die Aufgabe hat, unsere Arbeit zu kontrollieren!"

Seine dunklen Augen leuchteten bei der Erinnerung an diese Fehleinschätzung auf.

„Nein, die Wassertechnik war nur eine Liebhaberei des Vorkosters", präzisierte ich.

Endlich schien es dem Polier – oder was auch immer seine korrekte Berufsbezeichnung sein mochte – bewusst zu werden, dass er von einem Toten sprach.

„Das ist eine schreckliche Geschichte! Ich war ziemlich erstaunt, als am Abend sein Stellvertreter nach ihm gefragt hat. Meine Leute haben natürlich bei der Suche nach dem Vermissten geholfen. Aber wenn dieser andere Vorkoster nicht zufällig einen Hund dabeigehabt hätte, hätten wir seine Leiche bestimmt nicht so schnell gefunden."

War es Zufall oder wusste er, dass ich nach einem Toten suchte? So ging es mir durch den Kopf.

Ich setzte für meine nächste Frage eine betretene Miene auf.

„Ich bin ein Freund von Zosimus. Ist es hier, wo er gestorben ist?"

Aufs Geradewohl deutete ich auf den Holunderbusch, dem ich die hässlichen blauen Flecken auf meiner Tunika zu verdanken hatte.

„Nein! Man hat ihn hinter diesem Busch gefunden." Der Aufseher der Bauarbeiter machte eine vage Handbewegung in Richtung einiger Brombeerhecken. „Ich nehme an, er hat dort Beeren gepflückt."

Durch die Beeren war er bestimmt nicht ums Leben gekommen. Man konnte ja nicht aufs Geratewohl alle Beeren vergiften. Wahrscheinlicher war es, dass der Mörder sein

Opfer mit einer Schusterahle verletzt hatte oder dass er ihm eine vergiftete Speise angeboten hatte. Dennoch hielt ich mich zurück, von den Beeren zu essen, obwohl sie verführerisch aussahen.

Der Offizier machte Anstalten, wieder zu seinen Leuten zurückzugehen. Dies riss mich aus meiner Grübelei.

„Hinter dieser Hecke?", präzisierte ich, auf eines der infragekommenden Gebüsche zeigend.

„Ja!"

Seine kurz angebundene Art signalisierte, dass der Offizier am Ende seiner Geduld angelangt war.

„Ist der Vorkoster wirklich ganz allein hier spazieren gegangen?", fragte ich ihn, bevor er mir entwischte.

Der Polier strich sich über eine fast verheilte Wunde am Kinn, die er sich wohl bei der Rasur zugezogen hatte.

„Ein Legionär hat ihn hierher begleitet, aber er ist sofort wieder ins Lager zurückgekehrt! Der Vorkoster hat sich an mich gehalten. Verständlich! So gut wie ich kennt sich weit und breit niemand in der Baukunst aus!" Der Mann schien wirklich kein Freund übertriebener Bescheidenheit zu sein. „Leider konnte ich aber meine Arbeit nicht völlig vernachlässigen. Also hat der Vorkoster anschließend allein seine Besichtigung fortgesetzt. Irgendwann habe ich Schritte gehört und zuerst vermutet, dies sei mein Besucher. Aber es war nur ein Soldat, den ich nicht kannte. Zosimus habe ich nicht mehr lebend gesehen."

„Hast du das den Behörden mitgeteilt?"

„Mich hat niemand gefragt!"

Offenbar hatte genau dies seinen Stolz verletzt. Jetzt wusste ich endlich, warum der Mann plötzlich so gesprächig war.

„Kannst du mir diesen Soldaten etwas näher beschreiben?"

Der Polier zuckte mit den Schultern.

„Ich habe ihm keine Bedeutung beigemessen. Außerdem musste ich meine Arbeiter beaufsichtigen. Ohne mich faulenzen sie nur."

Das war leider ein Stichwort, auf das mein Gesprächspartner sofort reagierte: Ruckartig blickte er sich nach der Baustelle um, wo tatsächlich verräterische Ruhe herrschte.

„Du wirst mich entschuldigen, die Pflicht ruft", erklärte er und warf seinem Bautrupp strafende Blicke zu.

Ich unternahm keinen Versuch, ihn aufzuhalten.

Ich fragte mich, warum heutzutage alle Welt in Eile war: Respectus, der Bauaufseher und selbst meinen faulen Bruder traf man nur noch in hektischer Betriebsamkeit.

Neugierig ging ich mit langen Schritten zur Unglücksstelle. Als ich die Zweige der Brombeerhecke zurückbog, gab ich mir Mühe meine mit Holunderbeerenflecken besudelte Tunika nicht auch noch an den Dornen des Strauchs zu zerreißen.

Hinter dem Busch war die Vegetation völlig niedergetreten. Wie viele Personen mochten wohl darüber hinweggetrampelt sein? Ich rief mir ins Gedächtnis, dass Zosimus sehr schwer war. Wo er Beeren gesucht hatte, wuchs sicherlich buchstäblich kein Gras mehr. Aber auch hinter der Kuhle, in der der Vorkoster gelegen hatte, waren Gras und Unterholz geknickt. Leider verstehe ich nichts vom Fährtenlesen, aber für meinen Laiengeschmack erweckte der Zustand des Bodens den Eindruck, als sei etwas sehr Schweres hinter die Brombeerhecke geschleppt worden. Etwas oder jemand? War Zosimus vielleicht woanders gestorben und man hatte den Toten dann hierher geschleift? Vielleicht weil der Eindruck erweckt werden sollte, dass er Brombeeren gepflückt hatte?

Ich war mir nun ganz sicher, dass Zosimus umgebracht worden war. Aber ich hatte keine Ahnung von wem, geschweige denn aus welchem Grund.

Tief in mir befahl mir eine Stimme, meine Beobachtungen und die Auskunft, die der Aufseher der Bauarbeiter mir gegeben hatte, nicht für mich zu behalten. Schweren Herzens rang ich mich durch, nach der Theateraufführung im Legionslager vorzusprechen. Aber mir war nicht wohl dabei. Um mir selbst Mut zuzusprechen, sagte ich mir, dass vom Mord in diesem beschaulichen Tal keine Spur zum vorzeitigen Tod des Jucundus führte.

Mühsam widerstand ich der Versuchung, die nächste Schankwirtschaft aufzusuchen und eilte auf dem kürzesten Weg nach Hause.

## 17. Die Besucherin

„Ein Gast erwartet dich im Atrium", begrüßte mich Petrina, kaum dass ich die Haustür geöffnet hatte und ihr skeptischer Blick ließ erkennen, dass ich so schrecklich aussah, wie ich mich fühlte.

Wer mochte es wohl sein? Respectus? Doch wohl eher Lucius! Schließlich war die übliche Besuchszeit längst verstrichen. Nur Familienmitglieder konnten sich über solche Umgangsformen und Regeln hinwegsetzen.

Neugierig hastete ich in den Innenhof, wo eine Frau in steifer Pose auf einem Klappstuhl saß, den Petrina ihr wohl ins Freie gestellt hatte. Sie wandte mir den Rücken zu und betrachtete Catullus, der in seinem Käfig unruhig herumflatterte. Obwohl sie nur ein einfaches Wollgewand trug, wirkte sie wie eine Dame.

Als sie mich herannahen hörte, drehte meine Besucherin den Kopf zur Tür, aber ich konnte sie noch immer nicht identifizieren, denn ihr Gesicht war von einem dünnen Schleier verhüllt.

„Guten Abend", begrüßte ich das weibliche Wesen, bei dem es sich nach menschlichem Ermessen nur um Cornelia handeln konnte, auch wenn ich etwas irritiert darüber war, dass sie sich noch immer nicht zu erkennen gab.

Endlich lüftete die Besucherin mit einer langsamen, fließenden Bewegung ihren Schleier und ich schaute in Cornelias blasses Gesicht.

„Guten Abend, Marcus", grüßte sie mich mit ernster Miene zurück. „Ich hoffe, ich komme nicht ungelegen."

„Nein, ganz im Gegenteil!"

Dies war eine starke Untertreibung, denn eine namenlose Erleichterung durchflutete mich bei Cornelias Anblick. Sie war noch am Leben und Marcus Terentius hielt sie nicht gefangen! Ich hatte schon befürchtet, dass sie angekettet im Keller verschmachtete. Oder schlimmer noch, dass er ihr etwas angetan haben könnte.

„Mein Herr ist heute Abend außer Haus. Daher konnte ich mich heimlich davonmachen. Wir wohnen nämlich derzeit in Mogontiacum", begann sie und verstummte gleich wieder. Ihr Blick blieb auf den bläulichen Flecken auf meiner Tunika haften.

„Das hättest du nicht tun dürfen. Hoffentlich bekommst du bei deiner Rückkehr keinen Ärger!", erklärte ich, ihre unausgesprochene Frage nach meiner verschmutzten Kleidung ignorierend.

Meine Worte waren eigentlich an Cicero gerichtet, der mir mit einem Stuhl gefolgt war, den er neben Cornelias Klappstuhl platzierte. Es gefiel mir gar nicht, dass der Bursche den Eindruck gewinnen musste, ich würde in meinem Haus entlaufene Sklavinnen empfangen. Wenigstens wollte ich klarstellen, dass ich ein derartiges Verhalten nicht billigte.

Marcus Terentius ist außer Haus, durchfuhr es mich, als ich mich auf den Stuhl fallen ließ. Vielleicht hätte ich mich doch mit Lucius in der Bruchbude, dem Haus mit der verlassenen Schenke, einschleichen sollen!

„Hat dich dein Herr dafür bestraft, dass du mir das Stück Papyrus zugesteckt hast?", fragte ich leise.

Cornelia schüttelte den Kopf. Ihre Füße waren auf dem Boden nebeneinandergestellt, ihre Augenlider züchtig gesenkt, während ich mich auf meinem Stuhl zu ihr vorgebeugt hatte.

„Nein, er hat das nicht mitgekommen", beruhigte mich Cornelia. „Sonst hätte er mich sicherlich zur Rede gestellt."

So erleichtert ich über diese Auskunft war, sie wollte nicht zum Verhalten meines Patrons passen.

„Warum hat man mich dann an der Tür abgewimmelt? Als ich dich besuchen wollte, hat der Pförtner behauptet, du seist krank!"

Ich glaube nicht, dass ich übertrieben nachtragend bin, aber die schiere Erinnerung an diese demütigende Behandlung brachte mich noch Wochen später in Harnisch.

„Marcus Terentius hat es ihm befohlen, weil es ihn gestört hat, dass ihr beide so häufig auf seinem Landgut erschienen seid und mich von der Arbeit abgehalten habt."

Cornelia sprach mit größter Selbstverständlichkeit, so wie man sich über das Wetter unterhält und ich hatte große Mühe, mir einen boshaften Kommentar zu verkneifen, der mir bereits auf der Zunge lag.

Einige Sekunden lang herrschte Schweigen. Ich schaute

Cornelia fragend an. Aber sie sah mich nicht an, sondern beobachtete stattdessen weiterhin unseren zahmen Sperling. Musste man ihr denn alles einzeln aus der Nase ziehen? Warum erzählte sie nicht endlich, warum sie mich dringend sprechen wollte?

„Du hast mich neulich im Amphitheater ganz schön erschreckt! Warum hast du in deiner Nachricht nicht geschrieben, was los ist?", fragte ich in der Hoffnung, dass sie endlich zur Sache kam.

Aber Cornelia ließ sich nicht drängen. Ohne ein Wort zu sagen kramte sie in ihrem Beutel herum und förderte endlich eine ziemlich unbeholfene Terrakottafigur zutage, die sie mir mit einem entschuldigenden Lächeln überreichte. Diese etwa eine Handspanne große Figur besaß einen flaschenförmigen Körper mit nur grob angedeuteten Brüsten und ein hässliches Gesicht mit eulenartig runden Augen, einer langen schnabelförmigen Nase und einem Schlitz als Mund. Weder Gliedmaßen, noch Haare hatte der Töpfer detailliert ausgeführt.

„Diese Figur hat Jucundus mir gegeben. Ich sollte sie dir überreichen, falls ihm etwas zustoßen sollte."

„Und was soll ich damit?", fragte ich verblüfft zurück.

Falls Jucundus auch Keramik hergestellt haben sollte, so hatte er dafür nicht das geringste Talent besessen.

„Das hat er mir leider auch nicht gesagt."

Einen Moment lang war ich ratlos. Dann stieg Wut in mir auf.

„Das hätte dir auch früher einfallen können!", fuhr ich Cornelia an, die noch immer so unbeweglich wie eine Statue mir gegenüber saß. „Hättest du mir diese komische Figur nicht schon bei der Totenfeier geben können? Oder bei meinem letzten Besuch im Landhaus? Wenn du wüsstest, wie viele Gedanken und welche Sorgen mein Bruder sich wegen dieser dramatischen Nachricht gemacht hat, dann würdest du dich schämen!"

„Das wollte ich nicht", entgegnete Cornelia und ich befürchtete, dass sie in Tränen ausbrechen würde, aber sie schniefte nur.

„Hol uns bitte eine Kanne Wein aus der Küche", rief ich Cicero zu, denn ich hoffte, der Rebensaft würde meine Besucherin wieder etwas aufmuntern.

„Ich darf bei meiner Rückkehr keine Weinfahne haben!", protestierte Cornelia mit einem panischen Unterton in der Stimme. „Begnügen wir uns doch lieber mit Wasser!"

„Wenn es denn sein muss!", entgegnete ich missmutig.

Ich musste aber widerwillig zugeben, dass sie Recht hatte. Wahrscheinlich würden sich die anderen Sklaven ohnehin schon fragen, wo sich Cornelia so lange herumtrieb. Wenn sie nach Wein roch, konnte sie kaum behaupten, nur den Isis-Tempel besucht zu haben.

„Also: Warum hast du mir die Figur nicht längst gegeben?", fragte ich, als Cicero verschwunden war, etwas freundlicher als das letzte Mal nach. „Dann hättest du mir auch keine Geheimbotschaften zustecken müssen!"

Cornelia rutschte nervös auf ihrem Klappstuhl hin und her, der dabei bedenklich ins Schwanken geriet. Petrina hätte besser einen richtigen Stuhl ins Atrium stellen sollte! Ob sie es unterlassen hatte, damit das Mädchen sich bei uns nicht allzu wohl fühlte? Das Gesicht, das meine Haushälterin bei meiner Rückkehr gezogen hatte, schien diese Vermutung jedenfalls zuzulassen.

„Nach dem Tod meines Verlobten ist es mir schwer gefallen, mich von irgendetwas zu trennen, das ihm gehört hat", begann Cornelia schließlich mit leicht bebender Stimme.

„Später habe ich dann ein schlechtes Gewissen bekommen, dass ich mich über seinen ausdrücklichen Wunsch hinweggesetzt habe. Ich wusste aber nicht, wie ich es dir mitteilen sollte, denn leider kann ich nicht schreiben." Sie schaute verlegen in die Ecke. Dann fuhr sie mit einer verständnisheischenden Geste fort: „Ich wollte auch keinen im Haushalt ins Vertrauen ziehen, denn Jucundus hat immer Andeutungen gemacht, dass sie alle unter einer Decke stecken. Aber ich habe keine Ahnung, was er damit meinte."

Gut, dass Cicero noch nicht zurückgekehrt war, denn so brauchte ich kein Blatt vor den Mund zu nehmen.

„Er meinte, dass die Sklaven des Marcus Terentius nicht zusammenhalten, sondern einander bei ihrem Herrn denunzieren."

Cornelia schaute mich verblüfft an. Dann schüttelte sie den Kopf.

„Das habe ich nicht gemeint! Jucundus hat sich in den letzten Wochen seines Lebens vor irgendetwas gefürchtet. Ich habe ihn mehrfach darauf angesprochen, aber er hat jedes Mal behauptet, dass ich mir dies nur einbilde."

„Und dann hast du aus Verzweiflung deine Herrin in den Isistempel begleitet, um den Beistand der Göttin zu erflehen?"

„Woher weißt du das?"

„Berufsgeheimnis!"

Diese Antwort Medeas hatte mich beeindruckt, aber in meinem Fall machte sie wenig Sinn. Trotzdem blickte Cornelia bewundernd zu mir hoch.

„Wie geht es deinem Bruder?"

Musste sie diese Frage ausgerechnet in diesem Augenblick stellen? Es war, als ob ein kalter Windzug durch das Atrium wehte.

„Den Umständen entsprechend." Cornelia sollte ruhig heute Nacht über meine Bemerkung nachdenken. „Er spricht oft von dir."

„Bitte grüße ihn von mir."

In diesem Augenblick kam Cicero mit dem Wasserkrug und zwei Bechern herein, die er auf einem Tablett balancierte. Er schenkte uns ein und das Geräusch des fließenden Wassers brachte mir erst ins Bewusstsein, wie durstig ich nach dem Fußmarsch in der Sonne war.

Gierig schlürfte ich einen großen Schluck in mich hinein und schloss dabei genüsslich die Augen. Selten hatte mir reines Wasser so gut geschmeckt wie in diesem Moment!

„Vielleicht kannst du deinen Gruß Lucius morgen persönlich ausrichten", schlug ich vor, nachdem ich mir den Mund mit dem Handrücken abgewischt hatte. „Wir haben uns vor dem Theater verabredet. Mein Bruder wird Zivilkleider tragen, damit er sich zu mir gesellen kann."

Im Theater gab es eine strenge Trennung zwischen Militär und Zivil, was leider die Konsequenz hatte, dass ich eigentlich nicht im gleichen Platzsegment wie Lucius hätte sitzen dürfen.

„Diesmal nimmt mein Patron mich nicht mit", erklärte Cornelia und ich meinte mehr als ein leichtes Bedauern in ihrer Stimme mitschwingen zu hören. „Ich glaube er hat mich die Spiele nur deshalb besuchen lassen, weil man im Vorprogramm Verbrecher öffentlich hingerichtet hat. Darunter waren auch einige entlaufene Sklaven."

Diesmal musste ich Cicero nicht demonstrativ anschauen, damit er erschrak. Auch Cornelia begann wieder auf ihrem Sitz herumzurutschen.

„Ich glaube, ich sollte jetzt endlich aufbrechen. Man vermisst mich bestimmt bereits."

Ich war beunruhigt, denn sie hörte sich ängstlich an. Auch hatte sie ihren Becher noch nicht angerührt.

„Behandelt Marcus Terentius dich schlecht?", fragte ich und studierte dabei aufmerksam ihr blasses Gesicht.

„Das wäre übertrieben! Aber er ist in letzter Zeit mir gegenüber schrecklich reserviert", antwortete Cornelia nach einem kurzen Zögern. „Vor kurzem wollte er mich noch nach Rom mitnehmen und jetzt ..."

„Nach Rom?", fragte ich erstaunt nach, denn ich meinte, mich verhört zu haben. Der alte Pförtner hatte etwas von Oberitalien gefaselt und selbst dies war mir unwahrscheinlich erschienen.

Erschrocken schlug Cornelia sich mit der Hand auf den Mund. „Oh! Das hätte ich nicht verraten dürfen! Mein Herr betonte, dies sei ein Geheimnis!" Sie errötete heftig und ihr Blick senkte sich zu Boden.

„Aber jetzt ist es geschehen!" Ich fasste Cornelia am Kinn und zwang sie, mir in die Augen zu schauen. „Was hat Marcus Terentius in Rom vor und wie will er seinen Umzug dorthin finanzieren?"

Außerdem hätte ich natürlich gern gewusst, in welcher Funktion Cornelia ihn begleiten sollte. Konnte sie wirklich so naiv sein, sich diese Frage nicht zu stellen?

„Das weiß ich leider auch nicht. Er hat nur gesagt, dass wir vielleicht ziemlich plötzlich nach Rom aufbrechen werden", erwiderte Cornelia mit immer leiser werdender Stimme. Dann biss sie sich nervös auf die Unterlippe. „Meinst du, Marcus Terentius bespricht dergleichen Dinge mit mir? Ich weiß nur, dass er sein Glück in der ewigen Stadt suchen will. Aber ich habe Angst, dass das alles bös enden wird."

Das ginge mir genauso! Vor allem seit ich die Absteige gesehen hatte, die sich über der Schankwirtschaft befand.

Wozu benötigte mein Patron diese Wohnung und warum verheimlichte er vor aller Welt deren Existenz?

„Vielleicht bekümmert ihn nur, dass er von seiner Familie getrennt ist", behauptete ich trotzdem, um Cornelia zu beruhigen, aber der Gedanke an das Geheimversteck ließ mir selbst keine Ruhe.

Ich hielt Cicero meinen Becher hin, damit er mir nachfüllen konnte. Während ich ihm dabei zusah formulierte ich eine Frage. Dann stürzte ich den Inhalt des Bechers herunter, um mir für meine nächste Bemerkung Mut anzutrinken. Aber ich hatte vergessen, dass er nur Wasser enthielt.

„Jemand hat neulich behauptet, dass Marcus Terentius ein Haus im Hafenviertel besitzt", begann ich vorsichtig.

„Wer?"

Warum dieser scharfe Tonfall? Wusste Cornelia Bescheid?

„Du wirst sie nicht kennen", behauptete ich, obwohl ich vom Gegenteil überzeugt war.

„Sie?"

War Cornelia erleichtert oder bildete ich mir dies nur ein?

„Ja, es war eine Frau, aber das trägt eigentlich nichts zur Sache bei. Stimmt es, was sie gesagt hat? Besitzt Marcus Terentius ein Haus in der Stadt?"

Cornelia schüttelte mit befremdeter Miene den Kopf.

„Das kann ich mir gar nicht vorstellen! Er hat jedenfalls niemals ein Stadthaus erwähnt. Außerdem wohnt er gerade bei einem Bekannten, dem er sicherlich nicht zur Last fallen würde, wenn er ein eigenes Haus besäße."

Wenn an Cornelia nicht eine begnadete Schauspielerin verloren gegangen sein sollte, so war dies ihre ehrliche Meinung.

„Sollte man meinen", entgegnete ich und wechselte das Thema.

„Du hattest doch nach unserer Begegnung im Amphitheater hinreichend Zeit um diese Figur im Handelskontor abzugeben!", tadelte ich Cornelia. „Wir haben uns wirklich in der Zwischenzeit große Sorgen gemacht."

„Das wollte ich nicht", wiederholte sie und starrte in Leere.

Ich hatte den Eindruck, dass das Gespräch an einem toten Punkt angelangt war. Außerdem wollte ich mir endlich einen verdünnten Wein genehmigen und da es sich nicht gehörte, seinen Gästen etwas vorzutrinken, komplimentierte ich Cornelia hinaus.

„Du solltest jetzt wirklich besser aufbrechen! Sonst wird man noch Verdacht schöpfen!", erklärte ich.

„Du hast Recht!" Cornelia erhob sich von ihrem Stuhl. „Zumal ich hier ziemlich lange auf dich gewartet habe."

Ich bekam ein schlechtes Gewissen, dass mir diese Tatsache noch nicht einmal in den Sinn gekommen war.

„Das tut mir leid!", beteuerte ich, „aber ich konnte ja nicht wissen, dass du vorbeischauen würdest."

„Wenigstens habe ich dich noch angetroffen", entgegnete Cornelia etwas mechanisch.

„Willst du nicht vorher dein Wasser trinken?", fragte ich mehr um irgendetwas zu sagen und deutete dabei anklagend auf ihren vollen Becher. „Bei dieser Hitze muss man viel trinken."

„Danke, mir ist der Appetit vergangen", erklärte Cornelia, während sie aufstand und sich wieder verschleierte.

Dann begleitete ich sie noch bis zum Ende der Straße. Von dort hatte sie es nicht mehr weit bis zum Haus, in dem Marcus Terentius als Gast logierte, falls er sich nicht gerade in der Bruchbude am Hafen herumtrieb.

## 18. Der Theaterbesuch

Der folgende Morgen war angenehm kühl und es versprach genau das richtige Wetter für eine Veranstaltung zu werden, die im Freien abgehalten wurde. Nach dem Frühstück schickte ich Cicero ins Weinkontor, obwohl ich mir eigentlich nicht vorstellen konnte, dass an diesem Tag ein Kunde seinen Weg dorthin finden würde. Respectus hatte sicherlich Recht mit seiner Einschätzung, dass sich niemand den Theaterbesuch entgehen lassen würde. Bevor auch ich von zu Hause aufbrach, verstaute ich die hässliche Terrakottafigur, die mir Jucundus vermachte hatte, in einem Beutel. Ich wollte sie Lucius zeigen. Vielleicht konnte er etwas damit anfangen, was ich aber bezweifelte.

Das Bühnentheater befand sich östlich des Legionslagers, war also für mich schlechter zu erreichen als das Amphitheater, ein weiterer Grund dafür, dass ich es üblicherweise mied, obwohl es damals schon das größte Theater weit und breit war, das zehntausend Zuschauer fasste. Die riesigen Ausmaße waren vor allem den jährlich stattfindenden, kultischen Feierlichkeiten zum Gedenken an Drusus zu verdanken. Der bei seinen Soldaten beliebte Feldherr hatte große Teile Germaniens erobert, als er vom Pferd gestürzt und im Alter von nur neunundzwanzig Jahren seinen Verletzungen erlegen war. Man gedachte seiner in großer Ehrfurcht seit seinem jetzt schon mehr als einem Menschenalter zurückliegenden Tod durch einen Sturz vom Pferd. Seitdem finden an dem Ehrengrabmal, das die Armee ihm in Mogontiacum auf der Anhöhe gegenüber der Mainmündung errichtet hatte, die Gedenkfeiern statt. Das nahe gelegene Bühnentheater dient hierbei als Versammlungsort.

Schon aus der Ferne sah ich meinen Bruder, der mich unruhig auf und abgehend vor dem imposanten Bau erwartete.

„Wollen wir nicht lieber erst hineingehen", unterbrach er mich, als ich ihm vom gestrigen Abend erzählen wollte, „sicher sind die besten Plätze schon längst vergeben."

„Da hast du wohl Recht", stimmte ich ihm zu, obwohl ich fast vor Mitteilungsfreude platzte.

Wir ließen uns Tesserae genannte runde Eintrittsmarken geben, die auf einer Seite ein Bild zeigten, das sich auf das dargebotene Theaterstück bezog. Auf der anderen befand sich eine Inschrift mit der Angabe des Sitzplatzes. Aufsichtspersonen kontrollierten im Zuschauerraum die korrekte Inanspruchnahme der Sitzplätze, zumindest taten sie ihr Bestes, aber wir hatten Glück: Trotz seines militärisch kurzen Haarschnitts identifizierte niemand meinen Bruder als Soldaten.

Wie im Amphitheater erreichten die Besucher ihre Plätze durch ein kompliziertes System von überwölbten Korridoren, Aufgängen und Treppen. Hinter der eigentlichen Bühne erhob sich das Bühnenhaus, dessen mittlere Nische eine Kaiserstatue schmückte. Außerdem war es mit großformatigen Gemälden dekoriert, die das alte Griechenland zum Thema hatten. Den oberen Abschluss bildeten tönerne Theatermasken, Sinnbilder der literarischen Gattungen Tragödie und Komödie.

Der Zuschauerraum bestand aus halbkreisförmig angelegten, ansteigenden Sitzreihen; es erschien mir wie ein halbiertes Amphitheater. Leider machte mir der Besuch hier auch nur halb so viel Spaß. Die wahre Theaterleidenschaft, die einfache Leute wie auch Honoratioren, Männer und Frauen gleichermaßen ergriffen hatte, war damals noch nicht auf mich übergesprungen.

Wir ergatterten gute Plätze im unteren Drittel der Sitzreihen. Diesmal setzte ich mich an den Rand des Zuschauerblocks, sodass ich im Zweifelsfall das Theater verlassen konnte, ohne mich bei meinen Platznachbarn entschuldigen zu müssen. Jedoch bemerkte ich erst zu spät, dass mindestens jeder zweite, der den Zugang hinaufstieg mich an der Schulter anrempelte.

Als ich meinen Bruder ansprechen wollte, zeigte dieser wortlos nach unten, wo Männer in langen Gewändern die Bühne durch drei Türen in der rückwärtigen Wand betraten. Das waren die Mitglieder des Chores und ihnen folgten Musiker, die im Hintergrund Platz nahmen. Moderne Tragödien wurden nämlich von einem richtigen Orchester begleitet. Flöten- und Kitharaspieler spielten die Melodie, während die Scabella genannten zweiteiligen Klappern an den Füßen der Musiker den Takt vorgaben. Was für ein Unterschied zu der mageren Begleitung der griechischen Stücke durch Flöten!

Mein Patron war ein großer Theaterfreund. Außerdem hatte er eine schrecklich belehrende Art gehabt, der ich immerhin einige Kenntnisse über die Aufführungspraxis verdankte: Die wichtigste Neuerung der modernen Tragödie war die Trennung des Vortrags von der Bewegung. Der Text wurde vom Chor rezitiert, während alle Rollen von einem einzigen, jeweils neu maskierten Schauspieler übernommen wurden. Dabei sprach er kein Wort, sondern interpretierte die unterschiedlichen Charaktere ausschließlich durch Gestik und Tanz. Natürlich mussten die Theaterstücke dazu radikal umgearbeitet werden, zumal den Dialogen kein Raum mehr gegeben wurde. Die ursprünglich langen Texte wurden zusammengekürzt, so dass eine Aneinanderreihung von Bildern übrig blieb, die vor Spannung und Gefühl nur so strotzten. Weil diese Arbeit sehr gut bezahlt wurde, schreckten selbst namhafte Autoren nicht davor zurück, sich an den Werken der griechischen Klassiker zu vergreifen.

Ich ließ meinen Blick über die Sitzreihen schweifen und er blieb an einer der beiden erhöhten Logen im Bühnenhalbrund haften. Dort thronte ein Mann im Purpurmantel, der von aufgeblasenen Höflingen umringt war.

„Sieh mal, der Kaiser!", entfuhr es mir, als ich realisierte, dass es sich um niemand anderen handelte. Ich war aufgeregt wie ein Kind.

Zwar wusste ich seit dem spektakulären Einzug in die Stadt von seiner Anwesenheit, aber selbst im Traum hätte ich nicht erwartet, Kaiser Domitian mit eigenen Augen zu sehen. Nur schade, dass ich seine Gesichtszüge aus dieser Distanz nicht erkennen konnte! Der Kaiser war umgeben von seinen Leibwächtern, der Prätorianergarde. Ihre vergoldeten Rüstungen glänzten in der Sonne und ihre roten Mäntel flatterten im Wind. Die Prätorianer besaßen einen üblen Ruf, weil sie jedermann ohne Ansehen der Person verhaften und als Verschwörer hinrichten lassen durften. Bewaffnet waren sie wie gewöhnliche Legionäre, aber ihre Ausrüstung war – wie ich nun mit eigenen Augen sehen konnte – viel reicher verziert. Sie genossen daher auch das Privileg, während des Marsches ihre schweren Standarten auf Packtieren zu transportieren, anstatt sie wie die Legionäre auf dem Marsch voranzutragen. Außerdem erhielten sie dreifachen Sold und mussten nur sechzehn Jahre lang dienen.

Auf der Empore erblickte ich Liktoren, die ihre Faszien geschultert hatten. Ich wusste, dass sie seit etruskischer Zeit mit Dornen besetzte Gürtel trugen, aber aus der Ferne konnte ich diese Details natürlich nicht erkennen.

„Dass der Kaiser überhaupt noch ins Theater geht, finde ich erstaunlich", meinte Lucius belustigt. „Wenn man bedenkt, dass ihn vor kurzem seine Frau, Kaiserin Domitia Longina, mit einem Pantomimen betrogen hat!"

„Tatsächlich?"

„Ja, es war der berühmte Paris. Der Kaiser hat diesen daraufhin auf offener Straße ermorden lassen. Alle Anhänger des Künstlers, die Blumen am Ort seines Todes gestreut hatten, ließ er hinrichten, soweit er ihrer habhaft wurde. Selbst ein Schüler des Mimen wurde umgebracht, da er Paris ähnlich sah."

„Was für eine seltsame Geschichte!", bemerkte ich befremdet. „Anscheinend ist euer Armeebarbier noch viel phantasievoller als unser guter alter Tiberius. Du solltest mit dergleichen Tratsch vorsichtig sein! Wenn irgendetwas daran wahr ist, so bestimmt dies, dass der Kaiser nachtragend ist!"

„Das ist kein Tratsch, sondern die Soldaten aus Rom haben die Geschichte erzählt."

Eine Gruppe von jungen Burschen stieg den Mittelgang hoch und ich drehte ihnen vorsorglich den Rücken zu, damit sie nicht meine Schulter streiften, die mir nach zahllosen unsanften Berührungen bereits schmerzte. Als ich mich wieder richtig hinsetzte, bemerkte ich im Gefolge des Kaisers einen unscheinbaren Mann mittleren Alters, den ich schon einmal irgendwo gesehen hatte, aber ich konnte mich nicht mehr der Umstände entsinnen.

„Sicherlich sind es trotzdem nur Gerüchte", erklärte ich einen Augenblick später.

„Nein, ganz bestimmt nicht! Schließlich hat sogar Martial eine Grabinschrift zu Ehren des toten Pantomimen verfasst."

Eigentlich war mir dies momentan ziemlich gleichgültig, Hauptsache Lucius kam nicht auf die Idee, die Geschichte weiter zu verbreiten. „Sei trotzdem vorsichtig!", ermahnte ich ihn daher, während mein Blick unwillkürlich zur Empore wanderte.

Wieder fragte ich mich, woher ich den Mann im kaiserlichen Gefolge kannte.

„Siehst du den einfach gekleideten Mann hinter dem Kaiser?", fragte ich Lucius.

Mein Bruder sah mich fragend an.

„Ich werde einfach das Gefühl nicht los, dass ich ihn schon einmal gesehen habe."

„Wenn du ihn tatsächlich aus dieser Entfernung erkennen kannst, dann hast du Augen wie ein Falke. Ich glaube, du bildest dir das bloß ein." Lucius kniff die Augen zusammen und starrte angestrengt zur Loge runter. „Ich vermute, dass dies der neue Vorsteher der Vorkoster sein wird. Der Kaiser hat Angst vor Verschwörern und Meuchelmördern. Daher hat er immer einen Vorkoster dabei."

Irgendwie missfiel mir diese Neuigkeit, aber ich konnte mir selbst nicht erklären, warum.

Ein Raunen ging durch die Menge und ich schaute auf die Bühne, wo sich endlich der Hauptdarsteller Theseus dem Publikum präsentierte. Er hatte ein hübsches Gesicht, war von mittlerer Körpergröße und sehr schlank. Das waren unerlässliche Voraussetzungen seines Berufes, denn Pantomimen mussten alle Rollen übernehmen können und durften nicht durch ihren Körperbau festgelegt sein.

Der Name Theseus ließ vermuten, dass er – wie viele seiner Kollegen – ein Freigelassener aus Griechenland war. Trotz aller Theaterbegeisterung sahen die Römer im Grunde ihres Herzens auf Schauspieler herab. Erstens traten sie gegen Bezahlung auf und zweitens verstieß ihr Beruf gegen die altrömische Gravitas.

Theseus begrüßte den Kaiser mit wohlgesetzten Worten und gab dann eine kurze Einführung in das Werk. Ich hörte nur mit halbem Ohr zu, da ich nicht wegen des Stücks ins Theater gekommen war. Vor dem Künstler standen auf einem Tisch sechs bemalte Masken, die für die Rollen der Elektra, der Chrysothemis, der Klytaimnestra, des Orestes, des Pylades und des Aigisthos standen, die Theseus interpretieren würde. Es waren also drei Männer- und drei Frauenmasken, wobei letztere eine hellere Gesichtsfarbe besaßen. Ansonsten unterschieden sich die Theatermasken vor allem durch ihre Haarfarbe, die auch das Alter charakterisierte.

Der Chor begann zu deklamieren, aber ich ging davon aus, dass auch Lucius die sattsam bekannte Geschichte geläufig war. Während also berichtet wurde, wie sehr Elektra um ihren Vater Agamemnon trauerte, den ihre Mutter Klytaimnestra und ihr Liebhaber Aigistos ermordet hatten, zog ich endlich die hässliche Figur aus meiner Tasche und hielt sie meinem Bruder unter die Nase.

„Cornelia hat gestern bei mir vorbeigeschaut …"

„Wirklich?", unterbrach mich Lucius aufgeregt. „Wie geht es ihr?"

„Nicht so laut! Wir sind hier im Theater und nicht auf der Pferderennbahn", protestierte eine seltsam quäkende Stimme aus der Reihe hinter uns.

Ich tat dem Mann nicht den Gefallen, mich nach ihm umzudrehen.

„Anscheinend ganz gut", raunte ich Lucius zu. „Sie lässt dich übrigens grüßen. Außerdem hat sie mir diese Terrakottastatuette überreicht."

Lucius schaute mich wie vom Blitz getroffen an.

„Warum?"

Als ich ihm von Jucundus erzählte, verdüsterte sich sein

Gesicht. „Weißt du, was das ist?" Lucius deutete mit geradezu angewiderter Miene auf das Artefakt.

„So dilettantisch gemacht wie die Figur ist, dachte ich Jucundus könnte sie selbst getöpfert haben."

Lucius schüttelte zwischen Amüsement und Ärger hin und hergerissen den Kopf.

„Weißt du wirklich nicht, was das ist?"

Ich musste leider passen.

„Keine Ahnung!"

„Das ist eine dieser Zauberpuppen, mit denen im Isistempel Liebesmagie praktiziert wird. Man sticht der Puppe eine Nadel ins Herz und dann verliebt sich die Angebetete in dich."

„Glaubst du so etwas?"

„Dann hätte ich es schon längst selbst versucht", erklärte Lucius mit hörbarem Bedauern. „Sicher wollte Jucundus mit der Figur signalisieren, dass wir die Finger von Cornelia lassen sollen."

So hatte ich die Sache noch gar nicht gesehen. Leider aber klangen die Worte meines Bruders recht überzeugend.

Plötzlich fiel mir ein, dass ich Lucius noch nicht von meinem Besuch auf der Aquädukt-Baustelle erzählt hatte. Aber ich holte das Versäumte nicht nach, weil ich mir nicht mehr so sicher war, ob ich all das, was ich beobachtet und erfahren hatte, tatsächlich melden sollte. Ich blickte zur Bühne, wo der Pantomime sein erstes Solo als Elektra begann. Gerade die Interpretation von Frauenrollen war eine besondere Herausforderung für den Tänzer.

Tatsächlich gelang es Theseus zu einer gefühlvollen Melodie, die das Orchester spielte, nur mit den schmerzlichen Drehungen seines Körpers und den expressiven Gesten seiner Hände Elektras Forderung nach Rache äußerst suggestiv auszudrücken. Für einen Augenblick vergaß ich sogar, dass er ein Mann war. Die Melodie änderte sich und der Mime übernahm die Rolle der Mutter, die keine Reue empfindet, da ihrer Überzeugung nach Agamemnon, der ihre andere Tochter Iphigenie am Altar der Diana geopfert hatte, den Tod verdiente. Dazu wechselte Theseus äußerlich nur die Maske. Mir waren die räumlichen Verhältnisse nicht ganz klar, denn die Dekoration suggerierte den Innenraum eines Palastes, obwohl ich immer geglaubt hatte, dass Tragödien immer im Freien spielten.

„Ich glaube, dass er sich in der Rolle verirrt hat", flüsterte Lucius mir zu. „Warum ist Elektra plötzlich so behäbig?"

„Weil Theseus momentan nicht Elektra, sondern Klytaimnestra spielt", erklärte ich, „das sieht man doch auf den ersten Blick."

„Da bin ich mir nicht so sicher", brummte Lucius.

Dann schwiegen wir eine Weile vor uns hin. Mein Bruder hatte das rechte Bein über das linke gelegt, den Kopf leicht geneigt und machte einen geistesabwesenden Eindruck. Ich wollte lieber gar nicht wissen, was er gerade ausbrütete.

Noch bevor der Pantomime erneut seine Maske wechselte, hatten Helfer die bemalten Tafeln an der Bühnenwand ausgetauscht. Die neuen Bilder zeigten eine unwirtliche Wildnis, offenbar der Ort fern der Heimat, an den sich Orestes geflüchtet hatte, um einem ähnlichen Schicksal wie dem seines Vaters Agamemnon zu entfliehen. Wenn ich es nicht besser gewusst hätte, so hätte ich abgestritten, dass es derselbe Pantomime war, der nun in die Rolle des Agamemnon-Sohns geschlüpft war. Seine vorher noch so weichen Bewegungen wurden nun eckig und männlich. Auch sein prächtiges Gewand unterstützte die Interpretation.

„Eine beachtliche Interpretation, doch fände ich alles interessanter und spannender, wenn ich die Geschichte nicht bereits kennen würde", sagte ich dann zu meinem Bruder.

Dieser zuckte mit den Schultern.

Mit mäßigem Interesse bekam ich noch mit, wie ein Alter die Botschaft überbrachte, dass Orestes verunglückt sei und Elektra noch tiefer in ihrem Elend versinke. Dann forderten die Anstrengungen der letzten Zeit, die mich körperlich und geistig ermüdet hatten, ihren Tribut. Ohne, dass ich es richtig bemerkte, nickte ich ein.

Eine unsanfte Berührung an der Schulter ließ mich aus meinem Schlummer aufschrecken. Ich brauchte einen Augenblick, bis ich begriffen hatte, wo ich mich gerade befand.

„Kannst du nicht aufpassen, du Bauerntrampel!", fuhr ich den grobknochigen Mann an, der mich angerempelt hatte, als er die Treppe emporgestapft war.

„Stell dich nicht so an!", rief dieser zurück.

„Ruhe!", ertönte die unangenehme Stimme von hinten, die mich vorhin schon einmal ermahnt hatte.

Der Pantomime hatte einen Soloauftritt beendet und das Publikum jubelte, aber mich kümmerte es nicht. Während ich herumfuhr, um den Nörgler selbst zum Schweigen aufzufordern, rutschte die Terrakottafigur aus meiner Tasche. Mein Bruder griff geistesgegenwärtig nach dem fallenden Gegenstand, aber zu spät! Die Figur landete auf dem Boden und brach in der Mitte entzwei.

„Zum Orcus!", entfuhr es mir.

Ich sah meinen Bruder von der Seite an und hoffte, dass er mir das Missgeschick nicht übel nahm. Lucius sah sich um und bückte sich, um die Scherben aufzulesen.

„Schau mal, was ich in der Figur befunden hab", erklärte er verblüfft. Er hielt mir das Corpus Delicti unter die Nase.

Es war ein Brief. „Wahrscheinlich sollte die Figur zerbrechen, wenn man eine Nadel hineinsticht."

Auf so eine blödsinnige Idee konnte auch nur Jucundus kommen. Ich hätte in hundert Jahren keine Nadel in diese unbeholfene Figur gestochen.

Lucius hatte unmittelbar mit der Lektüre begonnen und erblasste beim Überfliegen des Schreibens.

„Was schreibt er denn?", fragte ich neugierig nach.

„Das musst du selbst lesen!"

Ich las den Text zweimal, ehe ich es fassen konnte. Er lautete:

*Lieber Marcus,*
*wenn du diese Zeilen liest, dann bin ich nicht mehr am Leben und wahrscheinlich bin ich eines gewaltsamen Todes gestorben. Leider habe ich mich in eine unangenehme Geschichte verwickeln lassen und nun fürchte ich um mein Leben. Marcus Terentius ist Mitglied einer Verschwörergruppe und weil ich mich ihm verpflichtet gefühlt habe, habe ich Botengänge für ihn erledigt. Im Frühjahr habe ich zufällig herausgefunden, dass man vorhat, den Kaiser bei seinem bevorstehenden Aufenthalt in Mogontiacum zu ermorden.*

Mein Blick wanderte geradezu automatisch zur Kaiser-Loge, wo aber alles beim Alten war.

*Marcus Terentius hat mir daraufhin einen Anteil an seiner Belohnung versprochen, dafür, dass ich ihn nicht verrate. Ich weiß, ich hätte mich nicht darauf einlassen sollen, aber ich brauchte das Geld dringend für die Renovierung meines Hauses, das bei der letzten Überschwemmung unter Wasser gestanden hat. Außerdem habe ich mich noch nie für Politik interessiert. Soweit ich dies mitbekommen habe, ist das Oberhaupt der Verschwö-rung ... "*

Jucundus nannte den Namen eines Truppenführers, der mir damals nichts sagte.

*Er hat vor, sich direkt nach dem Mord von seinen Soldaten zum Kaiser ausrufen zu lassen. Marcus Terentius hat er versprochen, seine Schulden zu bezahlen und ihm ein sorgenfreies Leben in Rom zu ermöglichen, wenn dieser ihm dabei behilflich ist, den Kaiser aus dem Weg zu schaffen. "*

Den Rest des Briefs überflog ich nur, denn er triefte nur so vor Selbstmitleid. Ich hatte das Gefühl, man habe mir den festen Boden unter den Füßen weggezogen. Marcus Terentius, ein Verschwörer und potentieller Mörder? Und Jucundus hatte mit ihm gemeinsame Sache gemacht! Deshalb war er umgebracht worden!

„Was machen wir damit?", unterbrach Lucius meine Grübelei.

„Ich glaube nicht, dass wir das für uns behalten können", erklärte ich spontan.

„Und Cornelia?"

„Sie hat damit nichts zu tun."

Mein Bruder schaute mich so unglücklich an, dass ich nach einem weiteren Grund dafür suchte, die Sache nicht auf sich beruhen zu lassen.

„Willst du vielleicht, dass sie mit unserem Patron nach Rom geht?"

„Was sagst du da?"

„Cornelia hat mir erzählt, dass Marcus Terentius sein Gut verkaufen, nach Rom umziehen und sie mitnehmen möchte."

Lucius starrte mich an.

„Das ist nicht wahr!"

„Er wird alle seine Sklaven mitnehmen ...", beschwichtigte ich ihn.

„Schau mal", unterbrach mich Lucius und deutete auf die Empore mit dem Kaiser.

Der Chor hatte wieder zu deklamieren begonnen, was meist die Aufmerksamkeit des Publikums sinken ließ, das überwiegend an den Soloauftritten des Pantomimen interessiert war. Ein Mann hatte die Situation ausgenützt und sich neben der Kaiser-Loge postiert. Selbst von meinem weit entfernten Sitzplatz aus erkannte ich ihn auf den ersten Blick: Marcus Terentius!

„Wir müssen augenblicklich handeln!", erklärte ich, packte die Bruchstücke der Figur in meinen Beutel und sprang auf.

Wie gut, dass ich direkt am Gang saß! So schnell ich konnte, eilte ich hinab und mein Bruder folgte mir auf dem Fuße. Wir bogen im untersten Quergang ab, der die verschiedenen Platzsegmente voneinander abtrennte.

Doch bevor wir der Loge auch nur nahe gekommen waren, bauten sich zwei Prätorianer vor uns auf, der eine gedrungen und halslos, der andere ziemlich schlaksig.

„Geht gefälligst zurück auf eure Plätze."

Mein Bruder kramte eine Art Erkennungsmarke, die jeder Legionär besitzt, aus einem Beutel heraus, der an seinem Gürtel hing. Als er sie dem Wachposten präsentierte, war ich unsäglich erleichtert, dass er daran gedacht hatte, diese mitzunehmen.

„Ich bin auch Soldat", erklärte er in einem triumphalen Tonfall.

Die Prätorianer begutachteten die Marke mit argwöhni-

254

scher Miene, während unten auf der Bühne Orestes, der sich verkleidet in die Heimat zurückbegeben hatte, gerade Anstalten machte, seine Mutter umzubringen. Ich hoffte inständig, dass sich eine ähnlich mörderische Szene nicht im nächsten Augenblick hier im Theater, dann jedoch im wirklichen Leben, ereignen würde. Es machte mich ganz krank, dass wir mit den Wachen verhandeln mussten.

„Du siehst aber nicht aus wie ein Soldat." Der Prätorianer wollte Lucius die Marke aus der Hand nehmen, aber mein Bruder war schneller. „Wo hast du das Ding gestohlen?"

„Ich bin Schreiber und kein Fußsoldat", erklärte mein Bruder mit provozierendem Gleichmut.

Hatte er nicht verstanden, dass wir unserem Patron unbedingt das Handwerk legen mussten?

Marcus Terentius war bereits in die Loge des Kaisers vorgelassen worden. Die Zeit eilte. Gewiss hatten seine Mitverschworenen ihn als örtlichen Großgrundbesitzer vorgestellt. Mit einer äußerst manierierten Geste präsentierte er dem Kaiser eine Dose, die Backwaren oder Süßigkeiten enthalten mochte.

„Man will den Kaiser vergiften", entfuhr es mir. Die Honoratioren, die nahe der Loge saßen, starrten mich entgeistert an. Die skeptischen Blicke der Prätorianer ließen keinen Zweifel daran, dass sie mich für einen Wahnsinnigen hielten. „Ich kann es beweisen! Es steht in diesem Brief!"

Ich hielt den Prätorianern anklagend das Corpus Delicti vor die Nase, aber die beiden Soldaten würdigten das Schreiben keines Blickes. Wahrscheinlich schämten sie sich, zuzugeben, dass sie Analphabeten waren.

„Willst du nicht endlich den befehlshabenden Offizier rufen?", fuhr mein Bruder, der wohl endlich den Ernst der Lage begriffen hatte, den jüngeren der beiden an. „Was glaubst du, was für einen Ärger du bekommst, wenn du das Attentat nicht vereitelst!"

Endlich gab der ältere Wachposten, der wie Lucius vermutete hatte, wohl tatsächlich der ranghöhere war, dem jüngeren ein Zeichen und dieser bewegte sich in Richtung Loge davon.

Neben dem Kaiser erhob sich in diesem Augenblick der neue Obervorkoster erstaunlich behände von seinem Sitz, während unten auf der Bühne Orestes seinen ersten Mord beging. Als der Vorkoster in die Dose griff, hätte ich fast gerufen: „Das Zeug ist vergiftet!", aber im gleichen Augenblick erinnerte ich mich endlich daran, wo ich ihm bereits zuvor begegnet war.

Der neue Vorsteher der Vorkoster war niemand anderes als jener Mann, der mich fast in flagranti erwischt hätte, als ich in die Bruchbude, das Haus des Terentius, eingebrochen war! Der Schrei erstarb mir in der Kehle. Der Vorkoster gehörte also zum Kreis der Verschwörer! Aber warum aß er das vergiftete Gebäck? Wenn er zu Schaden kam, würde der Kaiser nichts von den Leckerbissen zu sich nehmen. Vielleicht wirkte das Gift erst nach Stunden, aber dann hätte man sich nicht die Mühe machen müssen, den alten Vorkoster zu ermorden.

Als der Vorkoster den Bissen kaute, schien mir die Zeit still zu stehen. Er kaute seelenruhig und schluckte den Bissen herunter. Mit angehaltenem Atem sah ich ihn an. Aber es geschah gar nichts. Wie lange würde der Kaiser wohl warten, bis er selbst zugriff?

Endlich kam der Prätorianer mit einem hohen Offizier zurück, dessen Gesicht Intelligenz und Tatkraft verhieß. Ob dies einer der beiden Präfekten der Prätorianergarde war? Der zweite von ihnen würde doch sicherlich den Kaiser begleiten?

Hoffentlich ist das nicht der Drahtzieher, durchfuhr es mich einen Augenblick später. Es stimmte mich zuversichtlich, dass er die Prunkrüstung der Prätorianer trug, während Jucundus einen Legionskommandeur des Hochverrats beschuldigt hatte. Außerdem hatte ich keine andere Wahl als dem Offizier zu vertrauen.

„Es gibt in Mogontiacum ein Mordkomplott gegen den Kaiser", erklärte ich in einem drängenden Tonfall. Dann erst fiel mir ein, dass er sich mit „mein Herr und Gott" anreden ließ. „Ein Handlanger der Verschwörer beschuldigt in diesem Brief Marcus Terentius, den Kaiser ermorden zu wollen." Lucius zeigte zur Bestätigung meiner Aussage auf unseren Patron. „Der Mann mit der Dose will ihn vergiften, aber dahinter steckt ..."

Bevor ich auch nur dazukam, den Namen des putschenden Militärs zu nennen, der sich zum Kaiser aufschwingen wollte, war der Prätorianer-Offizier schon zur Loge zurückgeeilt. Meinen Bruder und mich ließ er einfach stehen und die Prätorianer verwehrten uns noch immer die Passage.

Der Offizier riss Marcus Terentius zurück. Unser Patron fuhr erschrocken zusammen.

Mit grimmiger Miene nahm ihm der Prätorianer die Dose aus der Hand, aber so sehr ich die Ohren auch spitzte, ich verstand nicht, was er sagte.

Und trotz der Distanz sah ich, wie Marcus Terentius erbleichte. Er entgegnete etwas, wirkte dabei aber ziemlich defensiv.

„Was ist los?", fuhr ich die beiden Prätorianer an.

„Keine Ahnung!"

Die beiden schauten sich an, stutzten zunächst, dann war glücklicherweise auch ihre Neugier endlich geweckt. Schwerter klirrten und lederne Rüstungsteile knarrten, als die Wachsoldaten sich zu ihrem Offizier gesellten. So unauffällig wie möglich, folgten wir ihnen. Es war mir nicht vergönnt, den Kaiser aus unmittelbarer Nähe zu sehen, denn man hatte Marcus Terentius mittlerweile aus der Loge herausgeschleift. Aber wenigstens konnte ich dem weiteren Verlauf der Ereignisse folgen.

„Wenn das Gebäck nicht vergiftet ist, warum weigerst du dich dann, etwas davon zu essen?", fragte der Offizier mit scharfer Stimme.

„Weil ich es nicht vertrage", behauptete unser Patron, „mir wird immer schlecht, wenn ich Backwaren esse."

Kein Wunder, wenn sie vergiftet sind, dachte ich bei mir.

„Iss!"

Der Tonfall ließ keinen Widerspruch zu.

Bleich und zitternd zögerte Marcus Terentius noch immer. In diesem Augenblick zogen einige junge Männer die Aufmerksamkeit der Prätorianer auf sich, die das Theater vorzeitig verließen – dem Anschein nach um nicht in das Gedränge zu gelangen, das nach dem Ende des Stücks herrschen würde. Im Vorbeigehen rempelte der kräftigste von ihnen unseren Patron fast an. Einer der Prätorianer wies die jungen Leute mit barschen Worten zurecht. Ihr Anführer zuckte entschuldigend mit den Schultern, die jüngeren verschwanden so schnell sie konnten. Als sich auch der ungeschickte Rüpel entfernt hatte, brach Marcus Terentius ganz langsam zusammen. Was war geschehen? Hatte ihn der Schlag getroffen?

Ein Prätorianer drehte den am Boden liegenden auf die Seite und schnitt seine Tunika auf. Ein junger Mann, der nahe am Geschehen saß, stieß einen unterdrückten Schrei aus und ich sah einen Blutfleck auf dem Rücken meines Patrons. Dieser Anblick schockierte mich zutiefst. Woher war das Messer geworfen worden und wie konnte es sein, dass mein Patron sofort tot war? Oder hatte einer der jungen Leute unbemerkt zugestochen?

„Marcus Terentius ist tot! Das war bestimmt ein gedungener Mörder", murmelte Lucius neben mir. „Bei der Armee lernt man dergleichen nicht."

„Es wird einer seiner Mitverschwörer gewesen sein, der verhindern wollte, dass Marcus Terentius die anderen verrät", vermutete ich, noch immer völlig erschüttert über das schreckliche Geschehen.

Ob der Mörder in der Nähe saß? Ich blickte mich um, konnte aber nichts Verdächtiges bemerken: Keine schreckensbleichen Gesichter! Niemand versuchte, unbemerkt zu verschwinden.

Dann wanderte mein Blick zum Kaiser, aber er saß nicht mehr auf seiner Empore. Seine Leibwache hatte ihn bereits aus dem Theater eskortiert. Die anderen Prätorianer befragten die Umstehenden und mir wurde ganz mulmig zumute, als ich das Wort Gift vernahm. Ein vergifteter Dolch, fuhr es mir augenblicklich durch den Kopf! Deshalb war Marcus Terentius so schnell zusammengebrochen!

„Komm, lass uns verschwinden", sagte ich zu Lucius, bevor mir bewusst wurde, dass man dies als Schuldeingeständnis missverstehen könnte.

„Ich will nicht die Aufmerksamkeit der Prätorianer erregen", entgegnete mein Bruder. „Der Mord wird die Verschwörer nicht retten, denn ihre Namen stehen auf der Liste, die du in der Bruchbude gesehen hast."

Hoffentlich waren es wirklich alle, dachte ich. „Du hättest sie mitnehmen sollen!"

„Ich bin froh, dass ich es nicht getan habe. Dann hätte ich nämlich zugeben müssen, dass ich in das Haus unseres Patrons eingebrochen bin. Außerdem hätte man mich zu Recht gefragt, warum ich meinen Fund nicht der Armeeverwaltung ausgehändigt habe."

„Was man auch macht, es ist falsch!"

Ein Teil des Publikums applaudierte, wenn auch nicht gerade frenetisch. Einen Augenblick lang hielt ich es für eine Reaktion auf die Vereitelung des Attentats. Aber außer den direkten Platznachbarn, die entsetzt auf die Leiche unseres Patrons starrten, hatte niemand das dramatische Geschehen mitbekommen. Die Beifallsbekundungen galten dem Interpreten des Orestes, der in der Zwischenzeit auch den Liebhaber seiner Mutter umgebracht hatte. Zum Abschluss seines Auftritts drehte sich der Schauspieler mit einer derartigen Geschwindigkeit um die eigene Achse, dass das Auge ihm kaum folgen konnte. Dabei bog er seinen Körper so weit nach hinten, dass der Kopf fast den Boden zu berühren schien.

## 19. Das Legionslager

Zwei Tage später sollte ich endlich auch das Innere des Legionslagers kennenlernen. Der Legat, der Kommandant des Legionslagers, hatte mich durch einen Boten zu sich rufen lassen, um mir seinen Dank für meine Mithilfe und den Einsatz bei der Vereitelung des Mordes an unserem Kaiser auszusprechen.

Speerträger bewachten die beiden überwölbten Zufahrten der Porta Praetoria, über denen sich ein Wehrgang mit Brüstung und Zinnen befand, auf dem Tag und Nacht Soldaten patrouillierten. Bis hierher war ich schon oft gekommen, aber nun würde ich endlich einen Blick hinter die Kulissen werfen dürfen.

Nachdem ich meinen Namen genannt hatte, traten die Wachen zur Seite und gaben den Weg für mich frei.

„Ich bringe dich zur Principia", erklärte ein junger, braungebrannter Sklave, den ich zuvor nicht bemerkt hatte, sicherlich ein persönlicher Diener des Lagerkommandanten, der mich bereits erwartet hatte. Die Principia ist das zentral gelegene Stabsgebäude mit dem Fahnenheiligtum und der Sitz des Kommandanten.

Ich wusste doch, es ist der Mühe nicht wert, dachte ich, während ich die monotonen Baracken passierte, die die beiden Via Praetoria und Via Principalis genannten Hauptwege flankierten.

Aber was hatte ich anderes erwartet? Das Vorbild der Kastellbauten war schließlich das Feldlager, das jeden Abend neu aufgeschlagen werden musste. Der Aufbau dieser Lager war standardisiert, damit alle Soldaten wussten, was zu tun war und sich jeder im Lager zurechtfand. Selbst in Ausnahmesituationen sollte der rasche Lageraufbau auf jedem Gelände gewährleistet sein. Die steinernen Kastelle strahlten den nüchternen Pragmatismus ihrer Erbauer aus.

Am Kreuzungspunkt der beiden Hauptstraßen befanden sich mehrere große Bauten, deren Funktion ich nicht kannte. Daher fragte ich den Sklaven danach, dem ich hierher gefolgt war.

„Das ist das Auguratorium, vor dem die offiziellen Opferhandlungen stattfinden! Hier das Tribunal für die Ansprachen des Kommandanten", erklärte der Sklave, nacheinander auf die weiß gestrichenen Gebäude deutend, auf deren Putz rote Fugenstriche aufgemalt waren. „Und hier ist das Stabsgebäude, das zu betreten du nun die Ehre haben wirst."

Das hatte ich mir schon gedacht, denn es war der mit Abstand größte Bau, eher sogar ein Baukomplex, im Zentrum des Lagers. Wir durchschritten den hohen Haupteingang und gelangten in einen Innenhof mit offenen Laubengängen und einem Wasserbecken in der Mitte. Dort lieferte mich der Sklave vor dem Portal eines Gebäudes ab, das die anderen an Höhe überragte.

Ich nickte dem Sklaven zum Dank zu und trat ein. Der Legat empfing mich, auf einem Klappstuhl sitzend, am Ende einer Halle, deren Dach von hohen Säulen getragen wurde. Vor der rückwärtigen Wand standen Statuen des Kaisers und seiner Familie in Nischen. Um dorthin zu gelangen musste ich an den Soldaten vorbeischreiten, die zu beiden Seiten vor den Säulen Spalier standen. Die Halle konnte es in Abmessung und Spannweite der Decke mit den großen kommunalen Bauten aufnehmen und ich revidierte meinen beim Betreten des Legionslagers gewonnenen Eindruck. Einen solch monumental wirkenden Saal hatte ich nicht erwartet.

Der Kommandant des Kastells von Mogontiacum trug einen prächtigen, mit Orden dekorierten Brustpanzer. Er war ein hagerer, drahtiger Mann unbestimmbaren Alters mit Hakennase, dessen Gesicht einen gebieterischen Ausdruck hatte, der ihn wie einen Beamten aussehen ließ. Wahrscheinlich hatte er diese Miene von Hause aus, denn Legaten waren ehemalige Konsuln, also reiche, mächtige und befehlsgewohnte Männer. Unwillkürlich musste ich an die purpurgesäumte Toga denken, die ich im Hauptquartier der Verschwörer gesehen hatte. Gut, dass auch ich heute ein derartiges Kleidungsstück – wenn auch ohne Purpurstreifen – über meiner besten Tunika trug.

Der Legat richtete einige formelhafte, dankende Worte an mich, die er zu jedem beliebigen Anlass hätte sagen können.

Ich hörte etwas von Pflichterfüllung und Dankbarkeit und musste an die magere Grabrede denken, die Marcus Terentius für Jucundus gehalten hatte. Dann drückte der Legat mir einen kleinen Sack mit Münzen in die Hand und überreichte mir einen goldenen Ring: „Mit den Empfehlungen des Kaisers", wie er betonte.

Warum hat der Kaiser mich nicht persönlich empfangen? Diese Frage beschäftigte mich schon seit dem Vortag. Der Legat machte Anstalten, mich wieder hinauszukomplimentieren, ohne dass ich auch nur ein einziges Wort zu ihm gesagt hatte! Dabei hoffte ich auf Neuigkeiten über die Aufklärung der Verschwörung. Ich beschloss, mit der dringendsten Frage zu beginnen.

„Es gibt noch eine Sache, die mich brennend interessiert", erklärte ich mit einer entschuldigenden Geste. „Wusste der Vorkoster, dass der Inhalt der Dose vergiftet war?"

Einen Augenblick herrschte Schweigen und ich fragte mich schon, ob es unter den Tatbestand der Majestätsbeleidigung fiel, einen Legat anzusprechen.

„Ja, das wusste er. Der neue Vorsteher der Vorkoster gehörte zu den Verschwörern", bestätigte der Lagerkommandant dann unwillig. „Er nahm über einen längeren Zeitraum mehrfach am Tag kleine Dosen des Giftes zu sich, um sich damit zu immunisieren."

„Dann ist Zosimus also ermordet worden?"

Der Legat warf mir einen bohrenden Blick zu.

„Ja, man hat ihn vergiftet! Aber diese Information verlässt nicht die Principia!" So wurde das Stabsgebäude offiziell genannt. „Der Kaiser möchte auf keinen Fall, dass sich die ganze Sache herumspricht!"

Da er überall Verschwörer wittert, bringt er seine Untertanen erst auf dumme Gedanken, dachte ich boshaft. Es ärgerte mich maßlos, dass man mich zum Schweigen über meine Heldentat verdammte.

Der Legat bedeutete mir mit einer ungeduldigen Handbewegung, dass die Audienz beendet sei und ich wagte es nicht, ihn mit weiteren Fragen zu belästigen.

Als ich aus der schattigen, großen Halle hinaus in den sonnenbeschienen Innenhof trat, lümmelte Lucius vor dem Portal, den wohl die Neugier hierher getrieben hatte. Als Armeemitglied war er schon am Vortag ausgezeichnet und belohnt worden.

„Wie war's?", fragte er, sobald er mich erblickte.

„Lass uns erstmal aus der Sonne gehen!", erklärte ich ultimativ, da mir kein besserer Vorwand einfiel, um das Gespräch an einen weniger öffentlichen Ort zu verlegen.

Lucius schien verstanden zu haben. Jedenfalls stellte er keine weiteren Fragen und wir suchten uns ein abseitiges Plätzchen unter einem der Laubengänge des Innenhofes.

„Warum hast du nicht die Bruchbude erwähnt, die Marcus Terentius am Hafen gemietet hat?", fragte mich Lucius empört, nachdem ich ihm den ernüchternden Empfang geschildert hatte. Da ich mich noch im Stabsgebäude befand, hatte ich damit auch nicht gegen die Weisungen des Lagerkommandanten verstoßen.

„Weil ich keinen Ärger bekommen möchte." Mir war mit einem Mal bewusst, dass diese Antwort mich ebenso kennzeichnete wie des nunmehr toten Terentius ständiger Ausspruch „So etwas gab es früher nicht".

„Vielleicht hättest du dann eine höhere Belohnung erhalten."

„Vielleicht hätte man mir aber auch unterstellt, ich sei ein Verschwörer, der kalte Füße bekommen hat. Oder man hätte mich bestraft, weil ich meine Beobachtungen nicht sofort

264

an die Behörden weitergeleitet habe." Ich warf Lucius einen grimmigen Blick zu. „Außerdem möchte ich, dass man uns nicht mit der ganzen Angelegenheit in Verbindung bringt."

Meinem Bruder war anzusehen, dass er kein Wort verstanden hatte.

„Ich meine die verhängnisvolle Nacht, als Jucundus gestorben ist", erklärte ich mit gedämpfter Stimme.

Mein Bruder verdrehte die Augen.

„Es war bestimmt schon Morgen."

Der exakte Zeitpunkt des Todes von Jucundus war nunmehr völlig ohne Bedeutung. Ich ließ mich daher nicht provozieren und verzichtete darauf, etwas auf diesen unqualifizierten Kommentar zu erwidern.

Aber es fiel mir ein, dass ich Lucius noch nicht alles berichtet hatte, was ich an diesem Tag erfahren hatte.

„Man glaubt mittlerweile auch zu wissen warum Caius Jucundus erstochen hat."

Ich machte eine Kunstpause.

„Warum hat mir das niemand erzählt? Deine Audienz mag kurz gewesen sein, aber zumindest weißt du nun mehr als zuvor", maulte Lucius. „Also mach es bitte nicht so spannend!"

„Meine Informationen stammen nicht von eurem Lagerkommandanten, sondern von Tiberius, dem Barbier. Ich habe mich nämlich heute Morgen zur Feier des Tages bei ihm rasieren lassen", begann ich und Lucius blickte mich belustigt an. „Diesmal glaube ich seine Geschichte", beteuerte ich, um einer lästerlichen Bemerkung zuvorzukommen. „Marcus Terentius wird Caius zu dem Mord angestiftet haben. Es kann ihm unmöglich verborgen geblieben sein, dass Jucundus Gewissensbisse hatte. Daher ist er zum Sicherheitsrisiko für die Verschwörer geworden. Unser Patron hat sicherlich vorgehabt, den Mord dem Wirt in die Schuhe zu schieben. Aber dass Caius aus Reue ins Wasser gegangen ist, wird ihm mehr als recht gewesen sein."

„Was für ein Heuchler! Erinnerst du dich an die Totenfeier, die er für Jucundus abgehalten hat? Und dann dieser teure Grabstein!"

„Mir war dieser Aufwand schon damals reichlich suspekt", stimmte ich zu. „Nur leider habe ich nicht weiter darüber nachgedacht."

„Weil du keinen Ärger haben wolltest."

„Weil ich vermeiden wollte, dass du Ärger bekommst", präzisierte ich.

„Marcus Terentius hat bestimmt auch die beiden Halunken angeheuert, die mich auf der Landstraße überfallen haben", erklärte Lucius. „Aber warum hat er das getan?"

Damit du dich nicht an Cornelia ranmachst, dachte ich, aber ich erzählte Lucius lieber nicht, dass unser Patron nach Rom umziehen wollte.

„Er hatte Angst, dass du ihm auf die Schliche kommst, wenn du ständig auf seinem Landgut herumhängst", behauptete ich.

„Wie mag unser Patron auf die schiefe Bahn geraten sein?", sinnierte mein Bruder. „Er hat sich doch früher nie übermäßig für Politik interessiert."

Blöde Frage, hätte ich fast geantwortet.

„Marcus Terentius verbrauchte mehr Geld als sein Gut erwirtschaftete und der Möchtegern-Kaiser war wohlhabend. Die beiden stammten übrigens aus demselben Ort. Also wird sich Marcus Terentius von ihm einen prestigevollen Posten versprochen haben. Du weißt doch, wie geltungssüchtig er war."

Dass die beiden sich seit ihrer Kindheit kannten, wusste ich ebenfalls von meinem Friseur. Hoffentlich hielt man mich nicht für den Urheber der zahllosen Geschichten, die Tiberius in Umlauf brachte!

„Und welche Rolle hat der Wirt gespielt?"

„Ich vermute, dass Marcus Terentius ihn beobachtet hat, als er sich bei Medea Gift besorgt hat. Dann wird er ihn dazu erpresst haben, auch euch Betäubungsmittel in den Wein zu schütten. Der Wirt war gut beraten, direkt nach der Tat zu fliehen!"

„Und die Verschwörer hätten besser daran getan, sich einen neuen Untermieter zu suchen", meinte Lucius mit einem schelmischen Lächeln. „Du siehst an uns beiden, dass verlassene Speicher die Neugier der Nachbarn erwecken."

Ich musste im Nachhinein darüber schmunzeln, dass wir den armen Respectus für einen Schmuggler gehalten hatten.

Lucius wurde ganz plötzlich wieder ernst.

„Und wer hat mich am Rheinufer niedergeschlagen?"

Ich schnaubte verärgert.

„Nicht schon wieder! Du hast dich verletzt, als du gefallen bist!"

Lucius blickte mich trotzig an.

„Hat man den Messerwerfer gefasst?", fragte ich ihn, um ihn abzulenken, denn derartige Dinge erfuhr man als Zivilist als letztes.

„Nein! Er ist in der Menge untergetaucht, die schon im Begriff war, das Theater zu verlassen. Du warst nicht der einzige, der die Aufführung langweilig fand."

„Ich kannte das Stück bereits. Außerdem finde ich, man hätte mehr aus der Bühnentechnik machen können. Schließlich besitzt das Theater eine sich drehende Plattform, Falltüren zum Verschwinden und Vorrichtungen für den Auftritt geflügelter Wesen. Deren Einsatz hätte die Sache sicher interessanter gemacht." Ich schwieg einen Augenblick lang nachdenklich. „Es war schon seltsam: Auf der Bühne wurde ein Herrscherpaar ermordet und fast hätte es zur gleichen Zeit einen echten Mord an einem Kaiser im Zuschauerraum gegeben."

„Nur, dass uns das Theaterstück zum Nachdenken und Mitfühlen bringen soll", begann Lucius etwas besserwisserisch. „War Klytaimnestra berechtigt, Agamemnon umzubringen, weil er ihre Tochter Iphigenie geopfert hat? Und war Elektra …"

„Wir sind hier nicht im Philosophie-Unterricht", unterbrach ich und wog abschätzend den kleinen Lederbeutel in meiner Hand. „Jetzt möchte ich doch endlich wissen, wie viel genau da drin ist!"

Ich öffnete den Beutel und gemeinsam zählten wir die darin enthaltenen Goldstücke. Wenigstens hatte der Kaiser sich nicht lumpen lassen, wenn er mich schon nicht persönlich empfangen hatte.

„Das ist noch nicht alles!", erklärte ich. „Du hast meinen neuen Ring noch gar nicht bewundert!"

Ich zog den Goldring ab und hielt ihn meinem Bruder auf der ausgestreckten Hand unter die Nase.

„Pass auf, dass du ihn nicht wieder verlierst", meinte Lucius todernst, „sonst müssen wir wieder in miesen Spelunken, auf staubigen Dachböden und in verlassenen Schuppen danach suchen."

Dies erinnerte mich an den Entschluss, zu dem ich mich in der vergangenen Nacht durchgerungen hatte.

„Ich werde übrigens ein eigenes Geschäft eröffnen", erklärte ich stolz. „Das hatte ich schon seit langem vor und nach dem Geldgeschenk, das ich soeben erhalten habe, brauche ich mir auch über die Finanzierung keine Gedanken zu machen.

„Und was sagt Respectus dazu?"

Da stand mir tatsächlich noch ein harter Brocken bevor.

„Ich habe es ihm noch nicht gesagt, aber vielleicht freut er sich sogar darüber, dass seine Verwandten dann nach Herzenslust im Handelskontor Kisten speichern können", gab ich mit einem Seufzer zu. „Ich werde mir daher morgen früh noch einmal die Bruchbude ansehen, in der sich früher die Schenke befunden hat. Vielleicht kann ich sie preiswert aus dem Nachlass von Marcus Terentius erwerben." Es war nämlich römischer Brauch, den gesamten Besitz von Staats- und Hochverrätern einzuziehen. „Hast du nicht Lust, mich zu begleiten?"

„Morgen werde ich leider nicht freibekommen", meinte Lucius mit verkniffener Miene. Zwei Soldaten durchquerten in diesem Augenblick den Innenhof. Das Löwenfell, das über Schulter und Rücken herunterhing, wies sie als Signiferi, Standartenträger, aus. Sie salutierten im Vorbeigehen dem Adler, der über dem Eingang des Hauptportals angebracht war. „Ich glaube, ich muss zum Dienst zurück."

Lucius klang geradezu panisch und ich versuchte ihn nicht aufzuhalten, denn ich wollte ihn keinesfalls zu illegalen Dingen verleiten.

„Grüß Cornelia von mir", sagte ich, bevor ich mich zum Gehen wandte.

Lucius betrachtete mich belustigt von der Seite.

„Das war keine Ausrede. Ich muss wirklich schleunigst zur Arbeit. Sonst bekomme ich Ärger!" Lucius zögerte einen Augenblick lang. „Willst du nicht einen Blick auf meine Schreibstube werfen?"

„Gern", erwiderte ich, verblüfft über dieses Angebot und

begleitete meinen Bruder zu seinem Arbeitsplatz, der sich in einem Flügel des Stabsgebäudes befand. Die Schreibstuben unterstanden einem Verwaltungsoffizier und ich hoffte, dass er nicht plötzlich hereinschneite. Glücklicherweise arbeitete Lucius im ersten Zimmer einer Raumflucht, sodass ich im Zweifelsfall sofort verschwinden konnte.

„Das ist mein Bruder Marcus", stellte mich Lucius seinem Platznachbarn vor, einem mageren jungen Mann mit abstehenden Ohren, der mir nicht ganz unbekannt vorkam.

„Aber ich kenne ihn doch bereits!", protestierte dieser und auch ich hatte den Schreiber schließlich sofort erkannt. „Ich habe neulich deinen Brief in seinem Handelskontor abgeliefert."

Ich nickte zustimmend und Lucius setzte sich an seinen Tisch, um wenigstens den Anschein zu erwecken, als ob er arbeitete.

Mein Blick wanderte über die rückwärtige Wand, die fast völlig von Schänken mit Schriftrollen verdeckt war.

„Sind das die Tagesberichte?", wollte ich wissen.

Lucius begann eine Feder mit dem Messer anzuspitzen.

„Unter anderem. Es gibt aber auch persönliche Dossiers zu jedem einzelnen Soldaten, in denen die Anzahl der Dienstjahre, seine Besoldung sowie die Beförderungen und Auszeichnungen notiert sind", erwiderte Lucius und spielte dabei nervös mit seiner Feder.

„Wer weiß, ob man wirklich alle Verschwörer gefasst hat, zumindest der Messerwerfer ist ja wohl entkommen", grübelte ich laut vor mich hin. „Vielleicht ist euer Archiv angefüllt mit den Unterlagen über …"

Ich sprach das Wort „Verschwörer" nicht aus, denn ein Vorgesetzter meines Bruders kam in diesem Augenblick durch die Tür.

„Es war sehr interessant, deine Schreibstube kennenzulernen, aber jetzt will ich dich nicht weiter von der Arbeit abhalten", sagte ich zu Lucius und nickte dem Neuankömmling zum Gruß zu.

Ich verließ das Stabsgebäude und schritt missmutig die Via Praetoria entlang. So heißt in jedem Legionslager die Straße, die Richtung Feindesland führt, fiel mir ein, als ich an das bevorstehende Gespräch mit meinem Noch-Teilhaber dachte. Auf in den Kampf.


## 20. Das Handelskontor

„Wie war es?", wollte Respectus wissen als ich das Handelskontor betrat, aber es klang nach einer reinen Gefälligkeitsfrage. Er schien in Gedanken meilenweit entfernt zu sein.

„Enttäuschend", gab ich zu. „Der Empfang hat nur wenige Minuten gedauert. Man hat mir zwar einige Aurii und einen goldenen Ring geschenkt, aber …"

„Dann brauchst du den anderen Ring ja nicht mehr auf unserem Dachboden zu suchen", unterbrach mich Respectus und griff nach einem vor ihm auf dem Tisch liegenden Dokument. Cicero, der neben ihm stand, blickte ihm dabei über die Schulter.

Offenbar hielt Respectus das Gespräch mit dieser Bemerkung für beendet. Respektus war schon immer etwas grantig gewesen, aber das überstieg das übliche Maß seiner Einsilbigkeit. Höchste Zeit, sich von ihm zu trennen! Eigentlich wollte ich meine Pläne für die Zukunft mit ihm besprechen, doch schien mir der Zeitpunkt nun doch nicht geeignet.

Ich ließ Respectus, der noch immer das Dokument anstarrte, in der Halle stehen und winkte Cicero zu mir. Damit er nicht vergaß, dass er mein Leibsklave war und nicht der meines Teilhabers, beschäftigte ich ihn bis zum Feierabend mit sinnlosen Schreibarbeiten und wandte mich selbst verschiedenen Arbeiten zu, die trotz des unermüdlichen Fleißes von Respectus schon viel zu lange liegen geblieben waren und jetzt dringend der Erledigung harrten. Auf dem Heimweg machte ich einen Abstecher zu der ehemaligen Schenke, der Bruchbude, aber ich betrat sie nicht, denn draußen war mir zuviel Betrieb.

Am nächsten Morgen brach ich daher sehr früh auf. Ich wollte endlich die von mir anvisierte neue Wirkungsstätte begutachten. Falls sie mir gefiel, konnte ich mich vielleicht schon vor Eröffnung des Weinkontors nach dem Nachlass des Marcus Terentius erkundigen und mich frühzeitig als Interessent in Spiel bringen.

Unterwegs teilte ich Cicero mit, dass er wieder Schmiere stehen musste. Ich hielt ihm zugute, dass er sich nicht beklagte, sondern mir nur wie ein verurteilter Verbrecher nachtrottete.

In der finsteren Seitengasse, an der sich der Haupteingang der Bruchbude befand, lungerten einige finstere Gesellen herum, aber ich schenkte ihnen keine weitere Beachtung. Sie waren bereits viel zu betrunken, um sich für uns zu interessieren.

„Sie sollten sich schämen", meinte Cicero, „so früh am Tag schon so viel zu trinken."

„Solange sie den Wein bei uns kaufen habe ich nichts dagegen", erwiderte ich, während ich mich dem Fenster näherte, durch das ich einzusteigen gedachte.

Wenigstens wusste Cicero noch, wie man eine Diebesleiter macht und so stand ich bald im Schankraum, wo ich meinen Blick kritisch schweifen ließ. Der Sommer war trocken und heiß gewesen. Die offenen Fenster hatten daher nicht zu weiteren Schäden an der Bausubstanz geführt. Vielleicht könnte ich hier unten wieder eine Gastwirtschaft aufmachen, in der ich meine Weine ausschenkte? Allerdings brauchte ich auch Platz für die Verkaufsräume und die Kunden stiegen nicht gern Treppen hinauf. Das musste ich mir noch gründlich durch den Kopf gehen lassen.

Vielleicht konnte ich sogar die teuer wirkenden Möbel des Marcus Terentius im Obergeschoss zu einem günstigen Preis erwerben. Sie ließen sich bestimmt gut zu repräsentativen Zwecken nutzen. Hoffentlich hatte sie niemand in der Zwischenzeit entwendet! Das beschloss ich augenblicklich zu überprüfen.

Die Tür, die zum Treppenhaus führte, fiel aus den Angeln, als ich sie kaum berührte hatte. Die Treppenstufen knarrten beim Hinaufsteigen laut unter meinen Füßen. Sie mussten dringend erneuert werden. Überhaupt fragte ich mich nach diesen Eindrücken ernsthaft, ob das Haus wirklich weitere Investitionen wert war. Es wäre sicher vernünftiger, es durch einen Neubau zu ersetzen. Hoffentlich hatten die Holzwürmer wenigstens die Möbel meines Patrons verschmäht! Oben lenkte ich meine Schritte zur großen Kammer und trat ein.

Ein unangenehmer Geruch schlug mir entgegen, aber wenigstens standen die Möbel noch da. Selbst das Leopardenfell lag noch auf dem Boden.

„Was hast du hier zu schaffen?", wurde ich von hinten angefahren, bevor ich auch nur die Geruchsquelle identifiziert hatte.

Erschrocken fuhr ich zusammen. Dann erkannte ich die Stimme von Respectus. Ich hätte eigentlich gleich sein schauderhaftes Parfum erkennen müssen! Mit einer beschwichtigenden Geste drehte ich mich um. Mein Teilhaber hatte mir hinter der Tür aufgelauert. Er hielt ein Kurzschwert in der Hand, das er sich wohl aus dem Waffenlager im Schrank beschafft hatte.

„Ich bin es nur: Marcus!", beteuerte ich, denn ich vermutete, dass er mich für einen Einbrecher gehalten und deshalb so heftig reagiert hatte.

„Das sehe ich! Aber ich dachte, du wolltest mir nicht mehr nachspionieren!"

Ich fragte mich, was in Respectus gefahren war. Eigentlich konnte es sich nur um ein Missverständnis handeln. Dennoch beunruhigte es mich, dass seine stattliche, breite Erscheinung mir den Zugang zur Treppe versperrte.

„Ich würde gern ein eigenes Kontor eröffnen, denn ich verfüge jetzt über ein kleines Vermögen", erklärte ich, in der Hoffnung, das dies ihn wieder beruhigen könnte, „und hatte daran gedacht, dieses Haus zu erwerben."

„Tatsächlich?"

Respectus lächelte, aber seine Augen blieben kalt.

„Lass uns darüber in Ruhe reden. Am besten in einer gemütlichen Taverne!", schlug ich vor und ärgerte mich darüber, wie unsicher meine Stimme klang. Später wunderte ich mich darüber, wie selbstverständlich und ohne alarmiert zu sein ich sein Herumstöbern in diesem Hause hinnahm, ohne nach dem Zweck zu fragen.

„Ich habe dir gesagt, dass du dich aus meinen Angelegenheiten heraushalten sollst", brummte mich Respectus an. Sein Lächeln verschwand und machte einem entschlossenen Gesichtsausdruck Platz. Seine Kiefer mahlten, während er mich feindselig anstarrte.

Die Erkenntnis traf mich wie ein Schlag in den Magen: Mein Teilhaber gehörte zu den Verschwörern! Ob er hierher gekommen war, um die Liste zu suchen, die ich zufällig unter dem Leopardenfell gefunden hatte? Dabei war sein Name gar nicht darauf verzeichnet. Dann fiel mir die Beule ein, die Lucius erst vorhin schon wieder angesprochen hatte. Warum hatte ich ihn nicht ernst genommen? Einen Augenblick lang erfüllte mich blinde Wut.

„Du hast Jucundus erstochen und dann meinem Bruder den Dolch in die Hand gedrückt", entfuhr es mir und ich machte instinktiv einen Schritt zurück. Im gleichen Augenblick wusste ich, dass ich einen Fehler gemacht hatte. Respectus zog mit dem Fuß die Tür zu. Dann folgte er mir nach, mich noch immer mit der Waffe bedrohend. Panik packte mich. Mein Partner hatte bereits mindestens einen Menschen umgebracht und es gab für ihn keine Umkehr mehr. Es blieb ihm gar nichts anderes übrig, als auch mich zu töten, wenn er ungeschoren davonkommen wollte.

„Nein, das habe ich nicht getan", erwiderte er aufgebracht, wie das Flackern seines Blicks verriet. Aber seine Stimme war ruhig. „Ich wollte euch beide aus der Sache heraushalten. Daher habe ich dem Sklaven die Waffe gegeben, aber er war offenbar schlau genug, sie weiterzureichen."

„Warum musste Jucundus sterben?"

Ich konnte es noch immer nicht fassen, dass Respectus ein Mörder war. Aber ich war wild entschlossen, mein Leben zu retten. Verzweifelt schaute ich mich nach einem schweren Gegenstand um, den man als Waffe gebrauchen könnte. Aus den Augenwinkeln sah ich eine bronzene Waschschüssel auf einer Kommode, die aber leider zu weit entfernt war, um nach ihr zu greifen.

„Er ist unangemeldet im Handelskontor aufgekreuzt. Dort hat er Marcus Terentius gesehen, der so leichtsinnig war, bei mir vorbeizuschauen, weil du nicht in der Stadt warst." Respectus stockte einen Augenblick. „Ich habe von Anfang an darauf bestanden, nicht mit den Verschwörern in Verbindung gebracht zu werden. Ich habe ihnen Waffen beschafft, das war alles!" Das sah diesem ängstlichen Hypochonder ähnlich! „Und ich werde es auch nicht zulassen, dass du mich anzeigst." Ein seltsames Glitzern lag in seinen Augen. Offenbar war Respectus völlig von Sinnen! „Ich lasse mir mein mühsam verdientes Vermögen von niemandem wegnehmen!"

Verzweifelt versuchte ich, das Gespräch in Gang zuhalten, um mich möglichst beiläufig nach hinten zu schieben.

„Mir war dieser Aulus nie geheuer!", erklärte ich, um Zeit zu gewinnen.

„Du tust ihm Unrecht! Er hat keine Ahnung, dass dieses Haus existiert!", entgegnete Respectus völlig verblüfft. Einen Augenblick schien er sogar zu vergessen, dass er mich umbringen wollte, aber dann verhärtete sich sein Gesicht.

Was könnte ich jetzt noch sagen?

„Und warum hatte Lucius diese Beule am Kopf, als er damals am Rheinufer aufwachte?"

Respectus blickte mich finster an.

„Dein versoffener Bruder ist so gut geeicht, dass bei ihm das Betäubungsmittel nicht richtig gewirkt hat. Er torkelte noch auf der Uferstraße herum, als die beiden anderen bereits umgekippt waren."

Ich versuchte Respectus bei seiner Eitelkeit zu packen, denn er war immer ganz begierig darauf gewesen, darzulegen, wie effizient er alles erledigt hatte.

„Hast du den Wirt dazu angestiftet, uns zu vergiften?", fragte ich daher, obwohl ich die Antwort schon zu kennen glaubte. Wieder wich ich beim Sprechen ein Stück nach hinten zurück.

„Sagen wir, ich habe ihm einen Tipp gegeben, wo etwas zu holen ist."

Mittlerweile hatte ich fast die Wand erreicht. Wie konnte ich nur meinen wahnsinnigen Teilhaber für einen Augenblick ablenken?

Plötzlich öffnete sich die rückwärtige Tür und Cicero schaute mit kreidebleichem Gesicht herein. Ob Respectus ihn auf seine Seite gebracht hatte? Nicht darüber nachdenken, dachte ich: Das ist die Chance, auf die du gewartet hast! Du musst handeln!

„Es wurde aber auch Zeit, dass du Verstärkung mitbringst!", rief ich Cicero mit lauter Stimme zu.

„Das ist doch nur eine Ausflucht! Für wie dumm hältst du mich eigentlich?", erklärte Respectus, aber in seiner Stimme schwang eine leichte Unsicherheit mit.

„Keinesfalls!", rief Cicero grimmig zurück.

Instinktiv schaute Respectus sich um. Ich machte einen Ausfallschritt zur Seite, ergriff die Schale und schlug sie Respectus über den Schädel. Er fiel um wie ein Stein, schien aber nur bewusstlos zu sein.

„Wie gut, dass er kein Soldat ist", murmelte ich vor mich hin, „sonst wäre ich nicht so leicht mit ihm fertig geworden!"

Erst jetzt bemerkte ich, dass Cicero einen Stein in der Hand hielt. Der Junge, mein guter und wie sich jetzt herausstellte treuer Cicero, war also tatsächlich zu meiner Rettung gekommen!

„Ich glaube, wir müssen uns doch nicht die Mühe machen, diese Bruchbude zu renovieren. Wie es aussieht, können wir unser altes Handelskontor weiterbetreiben", sagte ich zu meinem Leibsklaven, während ich meinem bewusstlosen Teilhaber die Arme mit meinem Gürtel auf dem Rücken fesselte. „Lauf bitte so schnell du kannst zum Lager und berichte, was vorgefallen ist."

„Ja, ich beeile mich!", erwiderte Cicero, der noch immer schrecklich blass war, und stürmte die Treppe herunter.

Wahrscheinlich war er heilfroh, diesen gefährlichen Ort verlassen zu dürfen.

Ich hob das Schwert vom Boden auf, nur für den Fall, dass Respectus vor Ciceros Rückkehr das Bewusstsein wiedererlangen sollte. Dann zog ich einen Stuhl heran und machte es mir darauf gemütlich.

Kurze Zeit später hörte ich aus dem Treppenhaus Geräusche, die mich beunruhigten. Die Stufen ächzten wie unter dem Tritt zahlreicher Füße.

Die restlichen Verschwörer, durchfuhr es mich und ich erwog durch das Fenster zu flüchten. Aus dem ersten Stock musste dies eigentlich möglich sein. Ich sprang also von meinem Stuhl auf, aber es war zu spät. Die Tür wurde aufgerissen und die drei Gesellen, die in der Gasse gelungert hatten, stürmten herein. Einer von ihnen hatte Cicero am Wickel. Ein Soldat mit langen Armen und einem breiten Hals, den seine Bewaffnung als Centurio auswies, folgte ihnen und ich begriff schlagartig die Situation: Die vermeintlichen Säufer waren Soldaten, die das Hauptquartier der Verschwörer beobachten sollten. Hoffentlich hielt man mich nicht für ein Mitglied der Bande!

„Ihr kommt gerade zur rechten Zeit!", erklärte ich, da Angriff die beste Verteidigung ist. „Mein Teilhaber Respectus wollte mich erschlagen, weil ich ihm auf die Schliche gekommen bin! Er ist es, der Jucundus erstochen hat!"

„Sei froh, dass dein Sklave behauptet hat, dass er den Lagerverwalter benachrichtigen soll", brummte der muskulöse Centurio, mich dabei von Kopf bis Fuß musternd. Mir wurde dabei ganz mulmig zumute. Centurionen waren alt-gediente Haudegen, mit vielen Schlachtenerlebnissen und langjährigen Erfahrungen in allen Lagen des Soldatenlebens. „Trotzdem frage ich mich, was du hier zu suchen hast!"

Das war eine gute Frage! Ich beschloss, so zu tun, als ob ich das obere Stockwerk des Gebäudes noch niemals zuvor betreten hatte. Glücklicherweise war Respectus noch immer bewusstlos und konnte mich daher nicht Lügen strafen.

„Ich bin auf der Suche nach einem geeigneten Haus, um darin ein Handelskontor zu errichten", begann ich. „Ich kenne den Bau noch aus der Zeit, als im Untergeschoss eine Schankwirtschaft war und er schien mir für meine Bedürf-nisse geeignet zu sein. Ehe ich mich nach seinem Besitzer erkundige, wollte ich mir den Schuppen aber erst einmal aus der Nähe betrachten."

Ich war froh, dass man mich hatte eine derart lange An-sprache halten lassen, aber der argwöhnische Blick, mit dem der Centurio mich musterte, gefiel mir gar nicht.

„Weißt du tatsächlich nicht, dass dieses Gebäude dem Verräter Marcus Terentius gehört hat?"

„Meinem Patron?", fragte ich mit geheucheltem Erstau-nen und nützte die Gelegenheit, mich dem Centurio vor-zustellen.

Er stutzte einen Augenblick und sein Blick wurde etwas milder.

„Den Name habe ich doch vor kurzem gehört?" Er stutzte einen Augenblick lang. „ Du warst es doch, der den Präfek-ten der Prätorianer vor dem geplanten Mord an unserem Kaiser gewarnt hat?"

Ich nickte.

„Der Legat hat mich gestern wegen meiner Verdienste empfangen. Dies habe ich zum Dank erhalten." Ich präsentierte meinen Ring und kam mir dabei ziemlich albern vor. „Respectus, der mich umbringen wollte, ist mein Teilhaber. Wir betreiben zusammen das Weinkontor um die Ecke. Bis vorhin hatte ich keine Ahnung davon, dass er mit Waffen handelt."

Als ob er ein Stichwort erhalten hätte, begann Respectus sich zu rühren. Er öffnete die Augen und rieb sich die schmerzende Stelle an seinem Kopf.

„Das muss der Lagerkommandant entscheiden!", erklärte der Centurio und dann befahl er, den Gefangenen abzuführen, der sich dies erstaunlicherweise ohne Gegenwehr gefallen ließ.

Da ich nicht riskieren wollte, ebenfalls verhaftet zu werden, folgte ich freiwillig dem Zug. Cicero folgte mir mit hängenden Schultern. Wahrscheinlich war er völlig am Boden zerstört, dass er sich so in Respectus getäuscht hatte. Jetzt würde er wohl oder übel mit mir vorliebnehmen müssen und ich fühlte mich verpflichtet, ihm tröstend den Arm auf die Schulter zu legen und mich für seine Hilfe zu bedanken.

„Hättest du gedacht, dass du heute das Legionslager besuchen würdest?", fragte ich ihn, um ihn etwas aufzumuntern, als wir die Porta Praetoria durchschritten.

Cicero verdrehte die Augen, was wohl bedeuten sollte, dass er auf diese Ehre gut verzichten konnte.

Respectus, der dumpf vor sich hinbrütend und mit gesenktem Kopf den Weg zum Kastell zurückgelegt hatte, wurde ins Gefängnis geschleift. Mich hingegen brachte man, jetzt zum zweiten Mal, zum Kommandantenbau. Wachen standen reglos vor seinem Eingang. Sie ließen den Centurio ohne Rückfrage passieren.

Ungeduldig mein Gewicht von einem Fuß auf den anderen verlagernd, erwartete ich die Rückkehr des Centurios. Seine Soldaten dagegen standen wie Statuen auf dem Platz und mir wurde bewusst, dass wohl ein Großteil ihres Dienstes aus Herumstehen bestand. Endlich öffnete sich die Tür und der Centurio kam heraus.

„Der Legat möchte dich sprechen!", erklärte er und geleitete mich in eine Art Vorraum, in dem der Lagerkommandant an einem großen Tisch saß, auf dem eine vergilbte Landkarte ausgebreitet war.

Der Raum war nicht groß, besaß aber farbig bemalte Wände und war mit einfachen, aber eleganten Möbeln ausgestattet. Geräusche klangen durch die hölzerne Tür vom Lager herüber: Gebrüllte Befehle, das Klappern von Ausrüstungsteilen und Waffen, das Trampeln nagelbeschuhter Legionäre auf steinigem Boden und wiehernde Pferde im Stall.

„So sieht man sich wieder!", erklärte der Legat und schaute von der Karte hoch. Ich zuckte entschuldigend mit den Achseln. „Das trifft sich gut, denn ich wollte dich sowieso noch einmal hierher bestellen. Aber zuerst möchte ich aus deinem Mund hören, was im Haus des Marcus Terentius vorgefallen ist."

Während ich versuchte dem Legat meine Sicht der Dinge zu vermitteln, fragte ich mich unablässig, weshalb er mich hatte sprechen wollen. Ob mich mein Umgang mit Jucundus und mit Marcus Terentius verdächtig gemacht hatte? Oder hatte mich ein anderer der Verschwörer beschuldigt?

„Das dürfte einige offene Fragen beantworten!", erklärte der Lagerkommandant, als ich geendet hatte.

Ich atmete erleichtert auf: Er schenkte meiner Geschichte offenbar Glauben! Ich nützte die Gelegenheit, um ihn zu fragen, was aus dem Nachlass des Marcus Terentius werden würde.

„Deshalb wollte ich mit dir sprechen." Der Legat machte eine Pause. „Der Kaiser geruhte heute morgen, dir das wegen Hochverrats eingezogene Landgut deines Patrons zu überschreiben", erklärte er dann mit herablassender Sachlichkeit.

Einen Augenblick lang traute ich meinen Ohren nicht, so unglaublich war diese Nachricht.

„Das Testament deines Patron enthält einen Passus, aus dem hervorgeht, dass er diese fünf Haussklaven freilassen wollte", fügte der Legat hinzu, bevor ich auch nur ein Wort herausbekommen hatte. Er überreichte mir ein Schreibtäfelchen auf dem die Namen von Cornelia, Lydus und drei weiteren alten Sklaven notiert waren.

„Selbstverständlich bin ich damit einverstanden", stammelte ich, „dies sind alles treue, langjährige Dienstboten."

Ich bedankte mich überschwänglich und eilte aus dem Kommandantenbau, bevor der Legat es sich anders überlegen konnte.

Ich fiel dem staunenden Cicero fast um den Hals, der draußen auf mich wartete.

„Komm mit! Wir gehen zur Schreibstube meines Bruders. Ich muss ihm wichtige Neuigkeiten mitteilen", rief ich.

Unterwegs beschloss ich, das Handelskontor aufzulösen und mich ein für alle Mal vom Weinhandel zu verabschieden.

IVCVNDVS
M·TERENTI·L·
PECVARIVS
PRAETERIENS·QVICVM
QVE·LEGIS·CONSISTE
VIATOR·ET·VIDE·QVAM·IN
DIGNE·RAPTVS·INANE
QVERAR·VIVERE·NON
POTVI·PLVRES·XXX·PER
ANNOS·NAM·ERVPVITS
RVOS·MIHI·VITAM·ET·IPSE
PRAECIPITEM·SESSE·DE[E]
CIT·NAM·NEM·ABSTVLI
HVIC·MOENVS·QVOD
DOMINO · ERIPVIT
F·PATRONVS·DE·VO·POSVIT

# Der Grabstein des Jucundus

Iucundus M. Terenti libertus pecuarius.
Praeteriens quicumque legis, consiste, viator et vide, quam
indigne raptus inane querar.
Vivere non potui plures XXX per annos, nam eripuit servos
mihi vitam et ipse praecipitem sesse deiecit in amnem.
Abstulit huic Moenus, quod domino eripuit.

Patronus de suo posuit.


Übersetzung:
Iucundus Marcus, Freigelassener des Terentius, Viehhirte.
Wanderer, der du vorbeikommst, halte inne, der du dies liest,
und siehe, wie unwürdig dahingerafft ich eitle Klage erhebe.
Leben konnte ich nicht länger als 30 Jahre.
Dann nahm mir ein Sklave das Leben
und er selbst stürzte sich kopfüber in den Strom.
Ihm raubte der Main, was er seinem Herren entrissen.

Der Patron ließ auf seine Kosten diesen Grabstein aufstellen.

# Glossar

**Anna Perenna:** eine Vegetationsgöttin, die im März mit einem Festmahl im Freien geehrt wurde. Der Aberglauben, für jeden an diesem Tag getrunkenen Becher Wein ein weiteres Lebensjahr zu gewinnen, ließ das Festmahl leicht in ein veritables Besäufnis umschlagen

**As:** römische Kupfermünze

**Bataveraufstand:** Revolte der germanischen Bataver gegen die römische Herrschaft in Obergermanien im Jahr 69 n. Chr., ein Aufstand, der auch das römische Mainz in Mitleidenschaft zog

**Beton:** römischer Beton bestehend aus gebranntem Kalk, Wasser und Sand, dem Mörtel und Ziegelmehl beigemischt wurde

**Castellum Mattiacorum:** lateinischer Name für Mainz-Kastel, damals der rechtsrheinische Brückenkopf von Mogontiacum

**Cena:** Abendessen, bei den Römern die Hauptmahlzeit

**Centurio:** Hundertschaftsführer: aus dem Mannschaftsstand aufgestiegener römischer Offizier, Befehlshaber einer Centurie. Die Hundertschaftsführer bildeten das Rückgrat der Legionen und waren für die Ordnung der Truppe verantwortlich

**Centurie:** Hundertschaft: kleinste Einheit der römischen Legion, meist aus 80 Mann bestehend; 60 Centurien bildeten eine Legion

**Chatten:** germanischer Volksstamm, der im heutigen Hessen siedelte

**Civitas Mattiacorum:** lateinischer Name für Wiesbaden

**Domitian** (eigentlich Titus Flavius Domitianus): römischer Kaiser von 81- 96 n. Chr., als Sohn des Vespasian und Bruder des Titus dritter und letzter Herrscher aus dem Haus der Flavier, führte Krieg gegen die im heutigen Hessen lebenden Chatten und weilte zu diesem Zweck im Jahre 83 n. Chr. in Mainz

**Gallia cisalpina** (deutsch Gallien diesseits der Alpen): Provinz, die das heutige Oberitalien umfasst

**Faszie:** Rutenbündel mit Beil, das als Amtssymbol den obersten römischen Beamten vorangetragen wurd

**Forum:** ein Platz, der in römischen Städten das politische und religiöse Zentrum bildete, aber meist auch Marktplatz war

**Garum:** aus Fisch gewonnenes Würzmittel, das „Maggi"-Gewürz der Römer

**Gravitas:** lateinisch für „Würde", wichtige altrömische Tugend

**Herkules:** lateinischer Name des für seine Stärke berühmten griechischen Heros Herakles

**Isis:** ägyptische Liebes- und Zaubergöttin, die auch in den anderen Provinzen des römischen Reiches verehrt wurde

**Jupiter:** oberster römischer Gott, der mit seiner Gemahlin Juno und der Weisheitsgöttin Minerva die Kapitolinische Trias bildete

**Kapitolinische Trias:** die drei römischen Staatsgötter Jupiter, Juno und Minerva

**Klageweiber:** Frauen, die gegen Honorar Totenklage ausübten

**Konsul:** das höchste Staatsamt der römischen Republik; in der Kaiserzeit ohne wirkliche Machtbefugnis, jedoch mit hohem Status und immer noch die höchste Stufe der Ämterlaufbahn

**Legat:** hoher römischer Offizier, der außerhalb Italiens eingesetzt wurde; seit Augustus als Vertreter des Kaisers Befehlshaber einer Legion; in Mainz stand das Legionslager unter dem Kommando eines Legaten

**Legion:** größte Einheit der römischen Armee; eine Legion bestand aus 60 Centurien

**Liktor:** Amtsdiener, der hohen römischen Beamten bei öffentlichen Auftritten voranschritt; als Zeichen der Macht trug er über der linken Schulter ein Rutenbündel (die Faszie)

**Magna Mater:** (deutsch „große Mutter") so nannten die Römer die orientalische Göttin Kybele, deren Kult 205 v. Chr. nach Rom kam; in Mainz wurde sie mit Isis in einem gemeinsamen Heiligtum verehrt

**mare nostrum:** (deutsch „unser Meer") lateinischer Name für das Mittelmeer

**Massilia:** lateinischer Name für Marseille

**Martial:** römischer Dichter (40-102/104), der fast ausschließlich Epigramme – kurze, häufig satirische Gedichte – schrieb, eine Gattung, die er in Rom erst salonfähig machte

**Mediolanum:** lateinischer Name für Mailand

**Mogon:** gallischer Sonnengott, im Namen der Stadt Mogontiacum enthalten

**Orcus:** einer der lateinischen Namen des griechischen Unterwelts-gottes Hades (die andere beiden sind Pluto und Dis Pater)

**Präfekten:** wurden vom Kaiser mit der Wahrnehmung einer be-stimmten Aufgabe in Verwaltung oder Militär betraut. Prätoria-ner-Präfekten entstammten in der Regel dem Ritterstand

**Saturnalien:** mehrtägiges Fest zu Ehren des Saturn, das im De-zember stattfand

**Scylla und Charybdis:** versinnbildlichten als zwei Ungeheuer die wegen ihrer gefährlichen Stromschnellen gefürchtete Meeresenge zwischen Sizilien und Kalabrien; bekannt aus der Odyssee

**Sesterz:** römische Münze im Wert von zweieinhalb As

**Signiferi:** Träger des Feldzeichens einer Centurie der römischen Armee

**Spartacus:** Gladiator, der den nach ihm benannten Sklavenaufstand von 73-71 v. Chr. leitete, niedergeschlagen von dem dama-ligen Konsul Crassus

**Tarpeischer Felsen:** Südspitze des Kapitolshügels, von dem aus To-desurteile durch Hinabstoßen vollstreckt wurden

**Treverer:** keltischer Volkstamm, der in Nordostgallien lebte; der Name der Stadt Trier leitet sich von diesem Namen ab

**Triclinium:** römischer Speisesaal, benannt nach den drei Liegen (Klinen), die zu seiner Ausstattung gehörten

**Vulkan:** römischer Schmiedegott

**Zement:** feingemahlener Kalk, der nach dem Anrühren mit Was-ser erhärtet

**Zerberus:** Höllenhund, der die Schatten daran hindert, die Unter-welt zu verlassen und die Lebenden sie zu betreten

# Literaturliste

*Bengston, Hermann:* Die Flavier, München 1979

*Fugmann, Joachim:* Römisches Theater in der Provinz, Eine Einführung in das Theaterwesen im Imperium Romanum, Schriften des Limesmuseums in Aalen, Nr. 41, Winnenden 1988

*Goldsworthy, Adrian:* Die Legionen Roms. Das große Handbuch zum Machtinstrument eines tausendjährigen Weltreiches, Frankfurt 2003

*Haensch, Rudolf:* Mogontiacum als „Hauptstadt" der Provinz Germania Superior, in: Die Römer und ihr Erbe, Mainz 2003, S. 71ff

*Höckmann, Olaf:* Mainz als römische Hafenstadt, in: Die Römer und ihr Erbe, Mainz 2003, S. 87ff

*Roland, Bertold (Hrg.):* Landesmuseum Mainz: Römische Steindenkmäler, Mainz 1988

*Rudloff, Andrea:* Lebensbilder römischer Frauen, Mainz 2006

*Sueton:* Leben der Caesaren (übersetzt von André Lambert), Zürich und München 1955

*Schallmayer, Egon:* Der Limes, Geschichte einer Grenze, München 2006

*Schmidts, Thomas:* Göttliche Herrscher. Die Kaiser und ihre Verehrung in der Provinz, in: Rom und sein Imperium, Roms Provinzen an Neckar, Rhein und Donau, Stuttgart 2005, S. 123ff

*Schumacher, Leonhard:* Mogontia, in: Die Römer und ihr Erbe, Mainz 2003, S. 1ff

*Ternes, Charles-Marie:* Die Römer an Rhein und Mosel, Stuttgart 1975

*Witschel, Christian:* Domitian, in: *Clauss, Manfred (Hrg.):* Die römischen Kaiser, 55 historische Porträts von Caesar bis Iustinian, München 2005

*Witteyer, Marion/ Fasold, Peter:* Des Lichtes beraubt, Totenehrung in der römischen Gräberstraße von Mainz-Weisenau, Wiesbaden 1995

*Witteyer, Marion:* Das Heiligtum für Isis und Magna Mater, Mainz 2004

**Die Autorin:**
Franziska Franke, in Leipzig geboren, hat nach ihrer Schulzeit, die sie in Essen, Schwetzingen und Wiesbaden verbrachte, an den Universitäten von Mainz und Frankfurt Kunstgeschichte, Klassische Archäologie und Kunstpädagogik studiert. *Der Tod des Jucundus* ist ihr dritter historisch basierter Kriminalroman.

**Lieben Sie Römerkrimis, die in Mogontiacum spielen?**
**Wir haben noch einen ...**

**Claudia Platz: Die falschen Caesaren.**
**Ein historischer Krimi aus dem römischen Mainz**
Im Jahr 27 n. Chr. reisen auf Geheiß des Kaisers Tiberius der erfahrene Architekt Claudius und sein junger Kollege Marius nach Mogontiacum, um dort eine feste Brücke über den Rhenus zu bauen. Sie erreichen die Hauptstadt des obergermanischen Heeresbezirkes rechtzeitig, um an den im ganzen Imperium berühmten Drusus-Festspielen teilnehmen zu können. Doch gleich am ersten Abend der Festspiele findet Marius einen ihrer Reisebegleiter als Opfer eines Mordanschlages ...
ISBN 978-3-937782-65-2, Broschur, 314 S., 11,90 € – 2. Auflage!

**Wir haben noch mehr Autoren und Autorinnen, die Rheinhessenkrimis schreiben. Nebenbei: Im Leinpfad Verlag veröffentlicht die Crème de la Crème der rheinhessischen Krimi-Szene wie zum Beispiel:**

**ANTJE FRIES:** Egal ob es um einen Kunstfälscher (Kaltgestellt oder: Die Rechte des Fälschers), um Pflanzengifte (Knielings Garten), um einen Serientäter (Kleine Schwestern) oder die Nibelungenfestspiele (Nibelungen-Tod) geht – Spannung, skurrile Plots, eine unprätentiöse Sprache, Rheinhessen pur und viel Witz sind die Markenzeichen der Osthofener Autorin Antje Fries. Und ihre Kommissarin Anne Mettenheimer ist mittlerweile Kult!
Kaltgestellt oder: Die Rechte des Fälschers, ISBN 3-937782-43-5, Broschur, 252 Seiten, 10,90 €
*Knielings Garten oder: Gegen jeden ist ein Kraut gewachsen*,
ISBN 978-3-937782-69-0, Broschur, 240 S., 10,90 €
*Kleine Schwestern*, ISBN 978-3-937782-81-2, Broschur, 188 Seiten, 9,90 €
*Nibelungen-Tod*, ISBN 978-3-937782-97-3, Broschur, 256 Seiten, 10,90 €

**JÜRGEN HEIMBACH:** „Heimbach schaut in die tiefsten Abgründe menschlichen Handelns, entlarvt unerträglich zynische, brutale und selbstgerechte Menschen." (ZDF-Kontakt 11/2009) Dabei bewegt er sich im Milieu von Prostitution und Pornografie (Plötzlicher Tod einer Nutte) ebenso genau und stilsicher wie in seiner Geschichte rund um die Erpressung der Mainzer Chagallfenster und eine rätselhafte Mordserie (Chagalls Rache).
*Plötzlicher Tod ...*, ISBN 978-3-937782-86-7, Broschur, 312 Seiten, 11,90 €
*Chagalls Rache*, ISBN 978-3-942291-19-4, Broschur, 324 Seiten, 11,90 €

**PETER JACKOB:** Der Erfinder des schnoddrigen, etwas „babbischen" Kommissars Schack Bekker, einem echten Mainzer Original, glänzt in seinem Krimi „Narren-Mord" mit dichter Atmosphäre und äußerster Spannung. Dabei kann diese Story nirgendwo anders spielen als in Mainz während der Fastnachtstage.
*Narren-Mord*, ISBN 978-3-937782-87-4, ca. 200 Seiten, Broschur, 9,90 €

**CHRISTIAN PFARR:** In seinen Krimis fließt weder viel Blut noch stapeln sich die Leichen. Man könnte sie als respektvoll-augenzwinkernde Hommagen an Sherlock Holmes und Co. bezeichnen. Sie spielen in Mainz und Umgebung, mal im Uni-Milieu (Zaubernuss), mal im Dom-Museum (Königsweg oder: Der steinerne Zeuge), und verdanken ihren Charme der detailreichen Betrachtung von Land und Leuten.

*Zaubernuss*, ISBN 978-3-937782-78-2, Broschur, 206 Seiten, 9,90 €
*Königsweg oder: Der steinerne Zeuge*, ISBN 978-3-937782-84-3, Hardcover, 80 Seiten, 9,90 €

**ANDREAS WAGNER:** Was kann er besser – Wein machen oder Winzerkrimis schreiben? Schließlich ist Andreas Wagner der einzige Winzer unter den Weinkrimiautoren! Mit seinem Ermittler, dem Bezirkspolizisten Paul Kendzierski, hat er einen unverwechselbaren Typ geschaffen, der für viel Situationskomik gut ist: *„Das Besondere an Wagners Krimis ist die unaufdringliche Art, in der das Weinwissen mit der Geschichte verwoben ist. Während andere kulinarische Krimis sich wie Weinlexika lesen, neben denen unmotiviert eine Krimihandlung steht, hat es bei Wagner immer dramaturgische Gründe, wenn eine der Figuren über Wein spricht. Dabei bekommt man außergewöhnliche Einblicke in die Arbeit der Winzer."* (Slowfood)

*Abgefüllt*, ISBN 978-3-937782-73-7, Broschur, 236 S., 10,90 €
*Gebrannt*, ISBN 978-3-937782-85-0, Broschur, 232 Seiten, 10,90 €
*Letzter Abstich*, ISBN 978-3-942291-08-8, 208 Seiten, Broschur, 9,90 €

Und für alle, die's gerne kürzer mögen, haben wir die beiden Anthologien mit Kurzkrimis aus dem **MÖRDERISCHEN RHEINHESSEN**:

*Perfekte Opfer*, ISBN 978-3-937782-89-8, Hardcover, 240 S., 14,90 €
*Gleich nebenan*, ISBN 978-3-942291-05-7, 232 Seiten, Broschur, 10,90 €

*„In 13 Kurzgeschichten verwandelt sich das sonst so beschauliche Rheinhessen in eine Krimi-Kulisse. Mal lesen sich 20 Seiten so rasant wie ein Roadmovie, mal wird akribisch ein Leichenschmaus bereitet, mal wird brutal gemordet, mancher schlittert per Zufall ins Verbrechen: Die zum Krimi-Festival „Mörderisches Rheinhessen" im Ingelheimer Leinpfad Verlag erschienene Anthologie bietet auf 240 Seiten Krimi-Kost der kurzweiligen Art, 13 Geschichten, die mit mordsmäßigem Vergnügen zu lesen sind."* (Eva Fauth, AZ)

*„Vielen Autoren tut es gut, sich jenseits der längeren Kriminalromane auf kürzere Prosa zu stürzen. Dieses Buch ist ein Beleg dafür. Die meisten der 13 Geschichten kommen origineller und unkonventioneller daher, als es der Leser von seinen Autoren gewohnt ist. Hier spielen sie mit wechselnden Perspektiven, ungewöhnlichen Ideen."* (Gerd Blase, Mainzer Rhein-Zeitung)

**Leinpfad Verlag –**
**der kleine Verlag mit dem großen regionalen Programm!**
Leinpfad Verlag, Leinpfad 5, 55218 Ingelheim, Tel. 06132/8369, Fax: 896951
www.leinpfadverlag.com, info@leinpfadverlag.de
**Wir schicken Ihnen gerne unser Programm!**